भारत में
पिछड़ा वर्ग आंदोलन और परिवर्तन का
नया समाजशास्त्र

भारत में
पिछड़ा वर्ग आंदोलन और परिवर्तन का
नया समाजशास्त्र

डॉ. हरिनारायण ठाकुर

कल्पज़ पब्लिकेशन्स

दिल्ली–110052

भारत में पिछड़ा वर्ग आंदोलन और परिवर्तन
का नया समाजशास्त्र

रुपये 575

ISBN: 978-81-7835-741-6

प्रकाशन वर्ष 2009
कल्पज़ पब्लिकेशन्स
सी-30, सत्यवती नगर, दिल्ली-110052
ई-मेल: kalpaz@hotmail.com
अक्षर मुद्रांकन: क्विक मीडिया, दिल्ली
जी प्रिन्ट प्रोसेस, दिल्ली

समर्पण

पारिवारिक विपन्नता एवं
सामाजिक विद्रूपताओं से अनवरत संघर्ष करनेवाले
स्मृति-शेष पिताश्री पासपत ठाकुर
एवं माताश्री देवरति देवी को
जिन्होंने भूखों रहकर भी मुझे
पढ़ना-लिखना सिखाया
अशिक्षित होकर भी
समय और श्रम की
कीमत बतायी
और हारकर भी
जीवन से लड़ना सिखाया।
भ्राताश्री राम लक्षण ठाकुर एवं स्व. विलट ठाकुर के
उस कठिन श्रम और संघर्ष को
जिसने
मेरी पढ़ाई जारी रखने में कोई कसर न छोड़ी।
अपने छोटे से कस्बे खैरबा और मेजरगंज के
उस समस्त ग्रामीण समाज को
जिसने
मेरी संभावनाओं को हमेशा प्रेरित और प्रोत्साहित किया।

***

विषय-सूची

भूमिका

परिवर्तन की प्रामाणिक पड़ताल

❑ प्रो. श्यामलाल

डॉ. हरिनारायण ठाकुर की प्रस्तुत पुस्तक भारत में परिवर्तन के समाजशास्त्र पर केन्द्रित है। किन्तु न तो परिवर्तन कोई नयी चीज है और न मानव समाज। अनादि काल से परिवर्तन होते आये हैं। फिर इसमें नया क्या है? नया है–परिवर्तन की गति, वह भी दलित–पिछड़े समाज में। यदि हम परिवर्तन की गति पर गौर करें, तो पायेंगे कि प्राचीन काल से लेकर अब तक इसमें उत्तरोत्तर वृद्धि हुई है। समय और समाज का द्वन्द्व हमेशा जारी रहता है। समय की गति समाज से तेज होती है। ज्ञान–विज्ञान और भौतिक विकास के साथ समय हमेशा समाज से आगे चलता है। समाज अपनी रूढ़ि और मान्यताओं से बंधा होता है। वह समय के परिवर्तन से पहले चौंकता हैं, घबड़ाता है और फिर उससे सामंजस्य बिठाने की कोशिश करता है। तब तक समय फिर आगे बढ़ जाता है। समाज का अपनी सीमा का अतिक्रमण कर समय के साथ सामंजन का प्रयास ही परिवर्तन और क्रांति को जन्म देता है। जिस समाज में सामंजन की यह गति जितनी तेज होती है, वह समाज उतना ही विकसित और प्रगतिशील कहा जाता है।

भारतीय समाज बद्धमूल समाज रहा है। वह परिवर्तनों से हमेशा घबड़ाता रहा है। इसलिए वैश्विक स्तर पर उसका विकास अपेक्षाकृत कम हुआ है। किन्तु आधुनिक काल में भारतीय समाज में अभूतपूर्व परिवर्तन हुए हैं। नवजागरण और ब्रिटिशकालीन अंग्रेजी शिक्षा ने इसके लिए विकास के दसों दरवाजे खोल दिये। पहले यह जागरण धार्मिक–सांस्कृतिक क्षेत्र में आया, फिर राजनीति में, आर्थिक क्षेत्र में तो यह और बाद में आया। किन्तु राजनीतिक परिवर्तन की गति सबसे तेज होती है। इसलिए आधुनिक भारत में जब यह परिवर्तन शुरू हुआ, तो इसने नवजागरण के सामाजिक परिवर्तन को पीछे छोड़ दिया। राजनीति ने समाज को भी प्रभावित करना शुरू कर दिया और फूले, पेरियार, गाँधी, अम्बेदकर, लोहिया

और कर्पूरी के बाद आज करुणानिधि, लालू यादव, मुलायम सिंह, कांशीराम और मायावती आदि परिवर्तन के राजनीतिक प्रतीक बन गये हैं। इसे संयुक्त रूप से फूले-अम्बेदकरी चेतना कहा जा सकता है, जो आज विभिन्न रूपों में दिखायी पड़ रही है। इसने देश में दलित-पिछड़े वर्ग के जीवन को सबसे अधिक प्रभावित किया है। इसलिए परिवर्तन भी इसी वर्ग में अधिक हुए हैं। किन्तु यह पढ़े लिखे मध्यम वर्ग तक ही सीमित है। देश की आम जनता अभी इससे कोसों दूर हैं। आर्थिक क्षेत्र में तो वह और भी पीछे है।

पुस्तक के लेखक डॉ. हरिनारायण ठाकुर ने परिवर्तन के इन्हीं परिदृश्यों पर विचार किया है। स्वतंत्रता, समानता और बंधुत्व के लोकतांत्रिक सूत्र ने विगत 100 वर्षों में कुंठाओं पर लगातार प्रहार किये हैं। वर्जनाएँ टूटीं हैं और 60 वर्षों का लोकतंत्र और मजबूत हुआ है। किन्तु समानता अभी कोसों दूर है। आज भी यह देश जाति, वर्ण और लिंगभेद की कुंठाओं में जकड़ा हुआ है। लेखक का यह कथन सही है कि "चाहे यहाँ का हिन्दू हो या मुसलमान, सिक्ख हो या ईसाई, बौद्ध हो या जैन -समाज के हर वर्ग में यह जातीय व्यवस्था संक्रमित होकर भारतीय जीवन दर्शन का अंग बनी हुई है। यह भारतीय जीवन के रग-रग में व्याप्त है। इसने घृणा की हद तक मनुष्य को बाँट दिया है।" (लेखक की भूमिका से) संविधान सभा में दिये गये अपने अंतिम भाषण में बाबा साहब अम्बेदकर ने कहा था कि-"राजनीति के मामले में हमारे यहाँ समानता होगी, पर आर्थिक और सामाजिक जीवन असमानताओं से भरा होगा। 'एक व्यक्ति एक वोट' और हर वोट का समान महत्त्व के सिद्धांत को हम मानेंगे। किन्तु अपने सामाजिक-आर्थिक जीवन में.....सामाजिक-आर्थिक ढाँचे के कारण ही, 'एक व्यक्ति, एक वोट' के सिद्धांत को नकारना जारी रखेंगे। ....अगर यह नकारना ज्यादा लम्बे समय तक चला, तो हम अपने राजनैतिक लोकतंत्र को ही संकट में डालेंगे।" (लोकतांत्रिक राजनीति : एन.सी.ई.आर.टी, नयी दिल्ली) जाहिर है यह नकार आज कम हुआ है। इसका श्रेय दलित-पिछड़े आंदोलनों को ही जाता है। पुस्तक में इन बातों पर विचार किया गया है।

लेखक ने सभी ग्रंथों, संदर्भों और सूचनाओं को छानकर प्राचीन काल से लेकर अब तक 'भारत में पिछड़ा वर्ग आंदोलन' पर विचार किया है। प्राचीन भारत में शूद्रों के भी कई राजवंश हुए। बौद्धों और वैदिकों के द्वन्द्व लगातार चलते रहे। मध्यकाल में यह द्वन्द्व ज्ञान और भक्ति के रूप में समाज में परिलक्षित हुआ। किन्तु आधुनिक काल आते-आते तमाम परिवर्तन शुरू हो गये। यहाँ दलित-पिछड़ी

चेतना का जबर्दस्त विकास हुआ। पुस्तक में इन तमाम बातों पर विस्तार से विचार किया गया है। नवजागरण से शुरू हुआ पिछड़ा वर्ग आंदोलन आज परिवर्तनकारी मोड़ पर खड़ा है। इसे राजनीति में 'सत्ता विमर्श' और समाज में 'संस्कृति विमर्श' के रूप में भी देखा जा सकता है। लेखक की पैनी दृष्टि ने परिवर्तन के राजनीतिक और मनो-सामाजिक पक्षों को गहराई से पकड़ा है। फिर भी पुस्तक में सारी बातें नहीं आ सकी है। मसलन पूरब और पश्चिम के जनजातीय जागरण और अल्पसंख्यक तथा सिक्खों के आंदोलन। पुस्तक की सीमा को देखते हुए यह स्वाभाविक भी है। बावजूद इसके 'भारत में पिछड़ा वर्ग आंदोलन और पविर्तन का नया समाजशास्त्र' देश की एक मुक्कमल राष्ट्रीय तस्वीर पेश करती है। यह पिछड़े वर्ग का इतिहास भी है और समाजशास्त्र भी। डॉ. हरिनारायण ठाकुर ने इसे परिश्रमपूर्वक तैयार किया है। इसे पढ़कर हिन्दी पाठकों की सोच को निश्चय ही एक नयी दिशा मिलेगी। प्रस्तुत पुस्तक दलित-पिछड़ी चेतना के इतिहास में एक महत्त्वपूर्ण प्रतिष्ठा अर्जित करनेवाली है। मेरी समस्त शुभकामनाएँ।

❑ **प्रो. श्यामलाल**

दिनांक : 04.09.2008

कुलपति, पटना विश्वविद्यालय, पटना (बिहार)

भूमिका

पुस्तक के बारे में

भारतीय समाजशास्त्र और संस्कृति के इतिहास में कुछ ऐसी बातें हैं, जिन पर गर्व किया जा सकता है। मसलन, हमारे जीवन की विविधता, रूप-रंग, वेश-भूषा और पेशे की विविधता। कश्मीर की वादियों की अपनी सुंदरता है, तो कन्याकुमारी और चेन्नई की समुद्री लहरों की अपनी विशेषता। पूरब-पश्चिम, उत्तर-दक्षिण सभी जगह संस्कृतियाँ अपनी छटा बिखेरे खड़ी हैं। होली, दीवाली, दशहरे से लेकर ईद-बकरीद, क्रिसमस तक सभी धर्म, सभी वर्ग, सभी समुदाय जीवन के राग-रंग में विभोर रहते हैं। इन सांस्कृतिक और धार्मिक विविधताओं में कभी-कभार थोड़ी-बहुत टकराहटें भी होती हैं। किन्तु परस्पर घृणा भाव शायद ही देखने को मिले। जनजातियों की भी अपनी जीवन शैली है। पर पूरे देश की इन सांस्कृतिक विविधताओं के बीच एक चीज ऐसी अवश्य है, जो भारतीय समाज में आज भी हर जगह कॉमन है। वह है जाति और वर्ण-व्यवस्था। यद्यपि यह हिन्दू धर्म और संस्कृति की जीवन-पद्धति रही है, पर इसने भारत के सभी समुदायों, संस्कृतियों और धर्मों को अपने में निगल लिया है, समाज को टुकड़ों में बाँट दिया है। चाहे यहाँ का हिन्दू हो या मुसलमान, सिक्ख हो या ईसाई, बौद्ध हो या जैन -समाज के हर वर्ग में यह जातीय व्यवस्था संक्रमित होकर भारतीय जीवन दर्शन का अंग बनी हुई है। यह भारतीय जीवन के रग-रग में व्याप्त है। इसने घृणा की हद तक मनुष्य को बाँट दिया है।

यह सही है कि किसी भी समाज में मनुष्य की एक पहचान होती है। लेकिन वह पहचान मनुष्यता के दायरे में ही होनी चाहिए। पर दुर्भाग्यवश ऐसा नहीं है। पशु, पक्षी और जानवरों के नाम भी यद्यपि मनुष्यों के दिये हुए हैं, किन्तु जाति के रूप में उनकी पूरी अस्मिता की पहचान शामिल होती है। अर्थात् गाय को गाय ही कहा जाता है, चाहे वह काली, भूरी या उजली हो। उसी प्रकार कौवे को कौवा, कोयल को कोयल और घोड़ा को घोड़ा ही कहा जाता है। किन्तु

मनुष्य की जातीय पहचान श्रेष्ठ-अश्रेष्ठ और ऊँच-नीच की भावना और आचार की घृणास्पद हद तक पहुँचती रही है। पश्चिम में नस्ल-भेद और भारत में जाति-भेद इसके प्रत्यक्ष उदाहरण हैं। नस्ल-भेद तो बहुत हद तक मिट चुका है; पर भारत में जाति-भेद अब भी समाज का अभिशाप बना हुआ है। मानवीय पहचान की अन्य अनेक कोटियाँ हो सकती हैं, मसलन पेशेगत पहचान-जैसे, डाक्टर, इंजीनियर, शिक्षक, व्यापारी, किसान, मजदूर आदि। ऐसे नाम न तो साम्प्रदायिक होते हैं, न घृणास्पद। भारत में वर्ण और जाति के मनुवादी इतिहास ने इसके सामाजिक-आर्थिक विकास में कोई सकारात्मक भूमिका नहीं निभायी है। इस वर्गीकरण ने समाज में अनेक असमानताएँ फैलायी है। इससे एक सीमित वर्ग को ही लाभ हुआ, समाज का बहुसंख्यक हिस्सा हाशिये पर चला गया। उन्हें बुनियादी मानवाधिकारों से भी वंचित रखा गया। अनेक सारे सामाजिक और आर्थिक वर्ग बनते चले गये।

आजादी के बाद इस सामाजिक, शैक्षणिक और आर्थिक असमानता को दूर करने के लिए संविधान में समानता के अधिकार के तहत उन्हें मुख्यधारा से जोड़ने और समान सामाजिक, शैक्षणिक और आर्थिक आधार प्रदान करने के अनेक प्रावधान किये गये। किन्तु आजादी के 60 वर्षों बाद भी उनकी स्थिति में अपेक्षित सुधार नहीं आया। सामाजिक और आर्थिक स्तर पर आज भी दलित और पिछड़े वर्गों की स्थिति ज्यों-की-त्यों बनी हुई है। अब थोड़ी-बहुत शिक्षा और नागरिक अधिकारों के ज्ञान से इस वर्ग में अपनी सामाजिक और आर्थिक स्थिति के प्रति थोड़ी जागरूकता आयी है। इसलिए अब वे हाशिये से केन्द्र की ओर बढ़ने लगे हैं। यद्यपि उनकी शैक्षणिक और सामाजिक स्थिति में बहुत परिवर्तन नहीं हुआ है; किन्तु राजनीतिक स्थिति में बहुत सारे बदलाव आये हैं। इसलिए आज के परिदृश्य में दलित-पिछड़े समाज की संस्कृति, परम्परा और चेतनागत परिवर्तन पर विचार करने की जरूरत महसूस की जा रही है।

प्राचीन काल से अब तक इतिहास की सीमा इतनी लम्बी है कि एक पुस्तक में सारी परिस्थितियों को बांध पाना मुश्किल काम है। फिर भी संक्षेप में विचार कर उन पर एक राय बनाने की कोशिश की गयी है। आज के दलित-पिछड़े प्राचीन काल के शूद्र और अति-शूद्र (अंत्यज) ही हैं। पुस्तक में प्राचीन काल से लेकर मध्यकाल तक और आधुनिक नवजागरण से लेकर आजाद भारत में आज तक पिछड़े वर्ग की सामाजिक, सांस्कृतिक, आर्थिक और राजनीतिक स्थिति का आकलन करते हुए मौजूदा समय और समाज में उनकी

पड़ताल करने की कोशिश की गयी हैं। पिछड़े वर्ग के कुछ पुराने प्रतीकों के अलावे इस वर्ग के आज के ओजस्वी-तेजस्वी राजनेताओं, समाजसेवियों और महिलाओं की भी चर्चा की गयी है।

ज्ञात इतिहास और सूचनाओं के अनुसार भारतीय समाज में वर्ण-व्यवस्था तो कर्म और पेशे के आधार पर उत्पन्न हुई; किन्तु जाति-व्यवस्था वर्ण-व्यवस्था के आपसी घालमेल, अनुलोम-प्रतिलोम विवाह आदि से उत्पन्न है। कालान्तर में इसे जन्म पर आधारित कर दिया गया। गाँव और शहर से दूर जंगल और पहाड़ों में रहनेवाली आदिम जातियाँ, जिन्होंने आर्यों की अधीनता नहीं मानी अथवा अपने मूल द्रविड़ नस्लों को शुद्ध रखा, उनमें भी धीरे-धीरे आर्य प्रभाव आ गये और वे भी मुंडा, उरांव, भुटिया आदि जातियों में बंट गये। इससे तथाकथित उच्च जाति के लोगों की सामाजिक, आर्थिक और राजनीतिक स्थिति तो ऊँची और श्रेष्ठ होती गयी, किन्तु अपेक्षाकृत निचली जातियों की स्थिति उतनी ही निम्न और दयनीय हो गयी। सामाजिक श्रेणीक्रम की श्रेष्ठ-अश्रेष्ठ भावना के कारण छुआछूत, भेदभाव, बंधुआ मजदूरी, सामाजिक शोषण आदि अनेक बुराइयाँ पैदा हुईं। इससे ये जातियाँ लगातार हाशिये पर आती चली गयीं। आज स्थिति यह है कि इनकी संख्या आबादी की तीन चौथाई से भी अधिक है। आज का दलित-पिछड़ा वर्ग यही समाज है।

शूद्र और अतिशूद्रों की प्राचीन परम्परा वैदिक चिंतन, बौद्ध और जैन धर्म तथा सूफी सम्प्रदायों से भी जुड़ती हैं। वैदिक राजा जानश्रुति, ऋषि महिदास, वाल्मीकि और व्यास सहित शूद्रातिशूद्र संत, कवि और विचारकों के रूप में दलित-पिछड़े वर्ग के अनेक महापुरुष और बौद्ध भिक्षु-भिक्षुणियाँ दिखायी पड़ते हैं। बुद्ध के प्रिय शिष्य महामती उपाली से लेकर 'थेरीगाथा' की अधिकांश बौद्ध भिक्षुणियाँ इसी वर्ग की थीं। सरहप्पा, शबरप्पा, लुईप्पा, दारिकप्पा, डोंबिप्पा, भुसुकप्पा, कण्हप्पा, तन्तिप्पा, मीनप्पा, भादेप्पा, कमरिप्पा, विरूप्पा इत्यादि सिद्ध साधकों में भी अधिकांश दलित-पिछड़े वर्ग से ही आते थे। अलवारों में 'अन्दाल' (दक्षिण भारत) और सूफियों में 'राबिया' जैसी दलित और अतिशूद्र स्त्री भक्त हुईं। हिन्दी साहित्य में कबीर, जायसी, कुतुबन, मंझन, मुल्ला दाऊद, अमीर खुसरो आदि में भी शूद्रों की चेतना दिखाई पड़ती है। पुस्तक में महात्मा फूले, पेरियार, डॉ. अम्बेदकर, महात्मा गाँधी, शाहूजी, डॉ. राम मनोहर लोहिया, वीपी सिंह, जननायक कर्पूरी ठाकुर, जुब्बा सहनी, लोचन मल्लाह, शहीद भगवान लाल, जगदेव प्रसाद और आज के चर्चित समाजसेवियों पर भी विचार

किया गया है। दलित-पिछड़ों के सामाजिक-सांस्कृतिक चेतना के विकास में नाच-गान, तमाशों और लोकगाथाओं का बड़ा महत्त्व है। पुस्तक में लोककलाकार भिखारी ठाकुर के अवदानों की भी चर्चा की गई है।

प्राचीन वर्ण और जातिगत विभाजन तो केवल सामाजिक विभाजन थे। किन्तु आज का वर्गीय विभाजन संवैधानिक है। इसे आजाद भारत के संविधान ने बांटा है। भारत में पिछड़ी जातियों को मुख्य रूप से दो वर्गों में बांटकर कानूनी मुहर लगा दी गयी है-दलित (अनुसूचित जाति/जनजाति) और पिछड़ा। बिहार जैसे कुछ प्रांतों में पिछड़े वर्ग को भी दो वर्गों में बांटा गया है-पिछड़ा और अति पिछड़ा। बिहार में तो अब दलितों को भी दो वर्गों में बांट दिया गया है-दलित और अति या महादलित। तो क्या राज्य या संविधान जाति-प्रथा पर मुहर लगाकर इसे और पक्का कर रहा है? इससे जातिवाद को बढ़ावा मिल रहा है? ऊपरी तौर पर देखने से यही लगता है।

पर विषय की गंभीरता को गहराई से देखने पर ऐसा नहीं है। इसके लिए देश की आजादी से भी पूर्व भक्ति आंदोलन और नवजागरण की परिस्थितियों पर विचार करना होगा। जैन और बौद्ध कालों की याद ताजा करनी पड़ेगी। सारे के सारे आंदोलन जाति और वर्ण-भेद मिटाने के ही आंदोलन थे। देश में समाज और संस्कृति सुधार के आंदोलन पहले चले; आजादी की राजनैतिक लड़ाई तो सुधार आंदोलन के 'बाई-प्रोडक्ट' के रूप में बाद में निकल आयी। और जब निकली, तो फूले, पेरियार और अम्बेदकर जैसे महापुरुषों ने जाति-तोड़क आंदोलन चलाये। उन्हें उस समय मुख्यधारा का समर्थन तो नहीं ही मिला, आजादी के बाद जब संविधान बनने लगे, तब भी जाति-प्रथा पर पाबंदी नहीं लगाई गयी। डॉ. अम्बेदकर के चाहने पर भी इसे अपराध घोषित नहीं किया गया। देश जब आजाद हुआ, तो कायदे से छुआछूत की तरह जाति-प्रथा को भी अपराध घोषित कर दिया जाना चाहिए था और सदियों से इस अभिशाप तले दबी जनता की तरक्की और उन्हें मुख्यधारा से जोड़ने के लिए भूमिसुधार सहित, शिक्षा, रोजगार आदि से संबंधित कोई वैकल्पिक व्यवस्था करनी चाहिए थी।

पर दुर्भाय से ऐसा नहीं हुआ। इसके लिए किसी एक गाँधी या नेहरू को दोषी नहीं ठहराया जा सकता। इसमें आयी मनो-सामाजिक अड़चनों से देश की बुद्धिजीवी जनता परिचित है। इस कार्य के लिए तत्कालीन कांग्रेस समेत देश की मुख्यधारा की पूरी मानसिकता जबावदेह है। यह भी गौर करने की बात है

कि भारत में समाजसुधार आंदोलन अधिकतर दलित-पिछड़े समाज से ही चले थे। कबीर आदि संतों से लेकर आधुनिक भारत में फूले, पेरियार, नारायण गुरु, शाहूजी और अम्बेदकर आदि का तो मिशन ही यही था। पहले समाज तो ठीक हो जाये, फिर राजकाज और राजसत्ता को देखेंगे। सामाज पर तो राज का सीधा कानून नहीं चलता, व्यक्ति पर चलता है। यह बात आज के लोकतंत्र में भी उतनी ही सच है, जितनी पहले थी। लेकिन मुख्यधारा का तर्क था पहले शासन और सत्ता की आजादी मिल जाये, फिर समाज को भी देख लेंगे। इन सबके विपरीत यह आश्चर्यजनक सच्चाई है कि अंग्रेजी सत्ता में ही समाज सुधार को गति मिली। बल्कि अंग्रेजों ने ही आगे बढ़कर यहाँ के समाज सुधार कार्यक्रम को आगे बढ़ाया। यह कहना अतिशयोक्ति नहीं होगी कि यदि अंग्रेज नहीं होते, तो राजाराम मोहन राय भी नहीं होते, दयानंद सरस्वती, फूले, अम्बेदकर, पेरियार में से कोई नहीं होते। इसलिए महात्मा फूले ने अंग्रेजों को दलितों (शूद्र-अतिशूद्रों) का मसीहा कहा था। डॉ. अम्बेदकर ने तो यहाँ तक कह डाला कि 'अंग्रेज देरी से आये और जल्दी चले गये।' इन कथनों में भारतीय सामाज व्यवस्था की पीड़ा-जनक सच्चाई ही बोलती है।

विषय का दूसरा पक्ष है। आज अंग्रेज नहीं है। देशी महाप्रभु है, राजनेता हैं, लोकतंत्र है, शासन और सत्ता है। लेकिन कौन-सा लोकतंत्र? कैसा लोकतंत्र? जिसमें बहुसंख्यक जनता हाशिये पर है, उसे भला लोकतंत्र कौन कहेगा? यदि लोकतंत्र है भी, तो इस बहुसंख्यक जनता को देश की मुख्यधारा से जोड़ने का कौन सा आश्वासन है? दूसरा कौन-सा क्या उपाय था? ले-देकर विशेष अवसर और आरक्षण का मामला, जो संविधान में है। इससे तो देश की 5% जनता भी लाभान्वित नहीं है। यह देश सबका है। इसलिए सत्ता से लेकर समाज, अर्थतंत्र, शिक्षा, संस्कृति, भूमि और उद्योग पर सबका अधिकार है। जिस दलित आरक्षण और मंडल कमीशन के पीछे लोग हाथ धोकर पड़े हैं, वह पूरी तरह लागू ही कहाँ है? मंडल कमीशन के 10 सूत्रों में तो एक ही सूत्र सेवा में आरक्षण लागू है। फिर संवैधानिक वर्गीकरण ने तो देश की सामाजिक व्यवस्था का कल्याण ही किया है। इसने कम से कम इतना तो किया ही है कि सैकड़ों जातियों में बंटे भारतीय समाज को केवल दो वर्गों तक सीमित कर दिया- अगड़ा और पिछड़ा। दलित भी पिछड़ा ही है। इससे राष्ट्रीय एकता मजबूत हुई है। इसलिए इस प्रश्न पर सकारात्मक दृष्टि से विचार करने की जरूरत है। इस बड़े विषय पर बड़े फलक और गहराई की जरूरत है।

पर पुस्तक में विषय के एक छोटे से आयाम को ही छूने का प्रयास किया गया है, जो अपनी सीमा में कम बड़ा नहीं है। यहाँ हम देश में पिछड़े वर्ग की मनो-सामाजिक और सांस्कृतिक स्थिति और उसके राजनीतिकरण पर ही विचार करेंगे। देश में पिछड़े वर्ग की जातियों की संख्या सर्वाधिक है और यह देश की पूरी आबादी की लगभग 52% है। लेकिन इनकी आर्थिक-सामाजिक स्थिति उतनी ही बुरी है। सत्ता की राजनीति में राजनीतिक दलों ने इसका दोहन-शोषण ही किया है। अपने वोट-बैंक के रूप में इसके लेबल का उपयोग किया है और बदले में इसे कुछ भी नहीं मिला। ऐसा नहीं है कि इस वर्ग में प्रतिभावानों की कमी है।

अपनी विपन्नता में भी इस वर्ग के लोगों ने अपने बलबूते जीवन के हर क्षेत्र में कीर्तिमान बनाया है। महात्मा फूले और पेरियार सहित देश में अनेक समाजसुधारक पिछड़े वर्ग के ही थे। जननायक कर्पूरी ठाकुर को कौन नहीं जानता? बिहार के इस जुझारू सपूत ने अति पिछड़े वर्ग में जन्म लेकर भी न केवल बिहार की, बल्कि देश की राजनीति की भी दिशा मोड़ दी। उन्होंने केवल ब्रिटिशकालीन बर्बरता के खिलाफ संघर्ष नहीं किया; बल्कि स्वतंत्र भारत में सामंतवादी मानसिकता और ब्रिटिशवादी शासन और सत्ता के खिलाफ भी उसी जोश-खरोश के साथ लड़ाइयाँ लड़ीं। बिहार के इस गाँधी के कारनामों से देश की जनता परिचित है। लेकिन कर्पूरी ठाकुर केवल पिछड़ों के ही नेता नहीं थे। वे जन-जन के नेता थे। इसलिए वे जननायक कहलाये। इस सूची में और अनेक नाम जुड़ते चले गये। आज संतोष की बात है कि देश में पिछड़ों के अनेक नेता हैं। उनकी पार्टियाँ भी हैं। पर यह समाज आर्थिक, सामाजिक और शैक्षणिक मोर्चे पर उसी तरह विफल है, जैसे पहले था।

इस पुस्तक के प्रकाशन का उद्देश्य समाज में अपने व्यापक त्याग, बलिदान और संघर्षों के बावजूद हाशिये में पड़े लोगों को उभारना और केन्द्र में लाना है। राजनीति या समाज के किसी हिस्से में किसी व्यक्ति या विचारधारा का अनावश्यक प्रचार या प्रशंसा इसके उद्देश्य की सीमा में शामिल नहीं है और न किसी वर्ग विशेष के सत्ता-विमर्श को अनावश्यक बढ़ावा देना है। पुस्तक जैसी है आप सुधी पाठकों और विद्वानों के समक्ष है।

पुस्तक निर्माण में अनेक तकनीकी और मानसिक प्रक्रियाओं से गुजरना पड़ता है। इस पुस्तक के प्रणयन के पीछे जिन लोगों की प्रेरणा रही है, उनमें नगर विधायक (मुज.) श्री विजेन्द्र चौधरी, अमर शहीद जुब्बा सहनी के वंशज

श्री महेन्द्र सहनी सांसद (राज्य सभा), वरीय लेखक और समाजवादी चिंतक श्री अनिल प्रकाश, पूर्व मंत्री डॉ. शीतल राम, युवा समाजसेवी श्री अनिल सहनी, श्री विवेक कुमार, श्री राज नारायण गुप्ता (शिक्षक), शिक्षक मित्र रमेश प्र. गुप्ता, डॉ. अब्दुल रब अंसारी, डॉ. सुधा विश्वकर्मा, डॉ. सुनीति मिश्रा, डॉ. सत्येन्द्र, श्री जय नारायण ठाकुर, डॉ. विकास नारायण उपाध्याय, डॉ. अरुण कुमार सिंह, डॉ. सी.एस. राय तथा दलित-पिछड़े आंदोलन के सक्रिय साथी ललन भगत, श्री सत्येन्द्र कुमार 'सत्येन', श्री रामवृक्ष राम 'चकपुरी', श्री अशोक चौधरी, श्री राजेश राम, श्री सखीचंद बैठा, श्री रघुनाथ बैठा, पड़ोसी मित्र श्री गोनू राय, रमेश कुमार और सुजित कुमार प्रमुख हैं। मैं इन तमाम साथी और मित्रों का अभार व्यक्त करता हूँ।

रामदयालु सिंह महाविद्यालय के वर्तमान प्राचार्य डॉ. अमरेन्द्र नारायण यादव, पूर्व प्राचार्य डॉ. व्यास मिश्रा, डॉ. टी. आलम और पुस्तकालय अध्यक्ष रघुनाथजी का भी मैं हृदय से आभार व्यक्त करता हूँ, जिन्होंने महाविद्यालय पुस्तकालय द्वारा आवश्यक पुस्तक और संदर्भ-ग्रंथ उपलब्ध कराये और आवश्यकतानुरूप अनेक नयी पुस्तकें भी मंगवाई। रचना के लिए सामग्री संचयन, स्रोतों की खोज आदि के लिए कर्पूरी ठाकुर की पुत्री और बिहार प्रदेश राजद की महासचिव श्रीमती रेणु शर्मा, दामाद डॉ. रमेश चन्द्र शर्मा, समाजसेवी और कवि श्री महेन्द्र मधुप, कवि डॉ. रामविलास, बी.आर. अम्बेदकर बिहार विश्वविद्यालय के प्रोफेसर और समाजवादी चिंतक डॉ. कुमार गणेश का मैं हृदय से आभारी हूँ, जिन्होंने जेपी आंदोलन एवं कर्पूरी जी के सानिध्य के अपने विस्तृत अनुभव से लाभान्वित कराया।

आदरणीया रमणिका गुप्ता, राजेन्द्र यादव, मोहनदास नैमिशराय, ओमप्रकाश वाल्मीकि, जयप्रकाश कर्दम, डॉ. धर्मवीर और सूरजपाल चौहान सहित मैं उन तमाम लेखक, विद्वान और संपादकों का आभारी हूँ, जिनकी पुस्तक, आलेख और पत्र-पत्रिकाओं से मुझे पुस्तक लेखन में सहायता मिली। देश के सुपरिचित समाजशास्त्री, 'अनटोल्ड स्टोरी ऑफ ए भंगी वाइस चांसलर' के चर्चित लेखक और पटना विश्वविद्यालय (बिहार) के वर्तमान कुलपति प्रो. श्यामलाल का मैं हृदय से आभारी हूँ, जिन्होंने अपनी तमाम व्यस्तताओं के बावजूद न केवल पुस्तक की पांडुलिपि पढ़ी, बल्कि उस पर अपनी बहुमूल्य सम्मति भी जाहिर की, जो पुस्तक की भूमिका के रूप में शामिल है।

अंत में मैं अपने परिजनों का धन्यवाद करना चाहूँगा, जिनके सहयोग के बिना इस पुस्तक का आकार ग्रहण करना मुश्किल था। पत्नी शशिकला और

बेटी आशा इसे जल्द से जल्द पूरा करने के लिए हमेशा पीठ पर सवार रहीं। पुत्र राजीव, दीपक और नीरज ने मिलजुल कर पुस्तक की पांडुलिपि को कम्प्यूटर पर टंकित किया। अनुज प्रकाश, भ्रातृज रवि शंकर, पुत्री गिरीशा, पुत्रवधू पिंकी और साले डॉ. राम विनोद ने बारी-बारी से प्रूफ रीडिंग एवं संशोधन कर पांडुलिपि को अंतिम रूप दिया।

मैं 'ज्ञान बुक्स' के प्रकाशन निदेशक श्री अमित गर्ग जी का आभारी हूँ, जिन्होंने 'बयान' पत्रिका में प्रकाशित मेरे एक आलेख को पढ़कर मुझसे न केवल यह पुस्तक लिखवायी, बल्कि समय पर इसे प्रकाशित कर हिन्दी जगत को सुलभ भी कराया। पुस्तक प्रकाशन के लिए मैं सम्पूर्ण 'ज्ञान बुक्स' परिवार और उनसे जुड़े हिन्दी प्रकाशन समूह 'कल्पज़ पब्लिकेशन', दिल्ली का भी हृदय से आभार व्यक्त करता हूँ।

इति !

दिनांक : 15 सितम्बर, 2008

डॉ. हरिनारायण ठाकुर

1

हड़प्पा संस्कृति : मूल निवासी अनार्य या शूद्रों की संस्कृति

वैदिक ग्रंथों में हमें देवासुर-संग्राम का मिथक मिलता है और हडप्पा-मोहनजोदड़ों की खुदाई से हमें वैदिक सभ्यता से इतर एक बड़ी ही उन्नत सभ्यता का पता चलता है। इस पर बहुत सारे ग्रंथ लिखे जा चुके हैं। यहाँ मूल विषय पर आने के लिए हम निष्कर्ष स्वरूप इतना ही कहना चाहेंगे कि वैदिक सभ्यता हड़प्पा-संस्कृति की परवर्ती सभ्यता थी। इसके देवासुर-संग्राम के देवता वैदिक सभ्यता के इन्द्रादि आर्य थे और असुर और कोई नहीं, हड़प्पावासी भारत के मूल निवासी ही थे, जिन्हें वैदिक ग्रंथों में कभी दस्यु तो कभी असुर कहा गया है। देवासुर-संग्राम का मिथक हड़प्पा और वैदिक सभ्यता के निवासियों के युद्ध को ही इंगित करते हैं। निश्चय ही हड़प्पा जैसी उन्नत सभ्यता के निवासियों को पराजित कर वैदिक सभ्यता का निर्माण और विकास एक चामत्कारिक घटना है। इस द्वन्द्व की गहराई में छिपे अनेक तथ्य हो सकते हैं, जिसकी पहचान अभी बाकी है।

खुदाई से जो नगर-सभ्यता के प्रमाण मिले हैं, उनसे पता चलता है कि वैदिक सभ्यता के पूर्व की हड़प्पा संस्कृति अधिक विकसित और शिष्ट संस्कृति रही होगी। किन्तु बाद की वैदिक सभ्यता उससे अधिक बर्बर कैसे हो गयी? यह एक शोध का विषय है। क्योंकि किसी सभ्यता की कब्र पर जब दूसरी सभ्यता खड़ी होती है, तो पूर्ववर्ती सभ्यता के बीज किसी न किसी रूप में उसमें विद्यमान होते हैं और कुछ न कुछ अवदान वह पुरानी सभ्यता से अवश्य ग्रहण करती है। इस दृष्टि से यदि हम हड़प्पा और वैदिक सभ्यता की तुलना करें, तो पायेंगे कि वैदिक सभ्यता कृषि-प्रधान सभ्यता थी, जबकि पूर्ववर्ती हड़प्पा-संस्कृति नागर संस्कृति। वैदिक सभ्यता युद्ध प्रधान सभ्यता थी, जबकि हड़प्पा संस्कृति शांतिप्रिय और अहिंसावादी। प्रमाण स्वरूप हड़प्पा-मोहनजोदड़ों की खुदाई से मिले अवशेषों में अस्त्र-शस्त्रों का अभाव

देखा जा सकता है। देवी-देवताओं की शांतचित्त मूर्तियाँ भी इसके प्रमाण हैं। तो ऐसा क्यों न समझा जाये कि हड़प्पा संस्कृति जैन और बौद्धों की संस्कृति थी और वैदिक सभ्यता हिंसा और युद्धप्रिय आर्यों की सभ्यता?

यदि हम इतिहास को मार्क्सवादी नजरिये से देखें, तो पायेंगे कि भारत का इतिहास परिवर्तित वर्ग संघर्ष का इतिहास नहीं है। यहाँ का समाज अपरिवर्तनीय वर्ण और जातियों का समुदाय रहा है। इसलिए कार्ल मार्क्स लिखते हैं-"भारतीय अतीत का चेहरा कितना भी परिवर्तनशील प्रतीत क्यों न हो, सुदूर अतीत से लेकर 19वीं सदी के प्रथम दशक तक, उसकी सामाजिक अवस्था अपरिवर्तनीय रही है। ...भारतीय समाज का कोई जाना-पहचाना इतिहास नहीं है। भारत का ज्ञात इतिहास यदि कुछ है, तो वह एक के बाद एक बाह्य आक्रमणकारियों का इतिहास है, जो इस अप्रतिरोधी और अपरिवर्तनशील समाज की निष्क्रियता के कारण अपना साम्राज्य स्थापित करते रहे।" (मार्क्स एंजिल्स सेलेक्टेड कॉरेस्पॉडेंस वॉलम-1, पृष्ठ-489 के हवाले से स्वपन कुमार विश्वास)

इसलिए उपलब्ध प्राचीन वैदिक ग्रंथों में जो वर्ग-संघर्ष दिखायी पड़ता है, वह बौद्ध धर्म और ब्राह्मण धर्म के बीच का संघर्ष प्रतीत होता है। बौद्ध श्रमण यहाँ के मूल निवासी और सामान्य बहुजन हैं, जबकि ब्राह्मण आक्रमणकारी आर्य और साधन-सम्पन्न प्रभु वर्ग। डॉ. अम्बेदकर भी लिखते हैं-

"The history of India is nothing but a history of conflict between Buddhism and Brhmanism...the history of struggle for supremacy between Buddhism and Brhmanism. भारत का इतिहास और कुछ नहीं, यह बुद्धिज्म और ब्राह्मनिज्म के द्वन्द्व का इतिहास है।...इनके बीच का संघर्ष बौद्धों और ब्राह्मणों के बीच वर्चस्व का संघर्ष है।" (बाबा साहब अम्बेदकर डब्ल्यू एण्ड एस वाल्युम-3 के हवाले से एस.के. विश्वास)

यदि हम गौर करें तो अनादि काल से आज तक यह देवासुर-संग्राम या आर्य-अनार्य, वैदिक-अवैदिक चिंतन अनवरत रूप से चला आ रहा है। इसकी सामानान्तर धारा कभी अवरूद्ध होती हैं, तो कभी विरुद्ध। किन्तु कोई धारा कभी मरती नहीं है।

हड़प्पा कालीन मोहरें, मुद्रा, बर्तन एवं मूर्तियों पर अंकित लिपियाँ अभी तक पढ़ी नहीं जा सकी हैं। किन्तु आश्चर्य तब होता है, जब मौर्य सम्राट्

अशोक के शिलालेखों से हड़प्पा की लिपियाँ बहुत हद तक मेल खाने लगती हैं। भारत की प्राचीनतम लिपि ब्राह्मी या खरोष्ठी है। ये दोनों लिपियाँ अशोक के शिलालेखों में पायी जाती हैं। इसके अतिरिक्त हड़प्पा की मोहरों, बर्तनों एवं अन्य कलाकृतियों में अंकित लिपि भी लगभग उसी प्रकार की लिपि है।

जाहिर है हड़प्पा और प्राचीन मौर्य काल (ई.पू. 300) तक वह लिपि पढ़ी और जानी जाती थी, तभी तो सम्राट अशोक ने सड़कों और मुख्य इमारतों के किनारे पत्थर के साइन बोर्ड पर बौद्ध धर्म के उपदेश एवं राज्य संचालन के शांति संदेश आदि को खुदवाया था। मौर्यकालीन जनता उन लिपियों से अवश्य परिचित रही होंगी। आर्यों ने जानबूझकर या अनजानते में उन लिपि और भाषाओं को नष्ट कर दिया। फिर इसके पूर्व या बाद में जिन आर्य भाषाओं का विकास हुआ, वे क्या विदेशी भाषाएँ थीं? क्योंकि आर्य लोग विदेशी थे, इसलिए ऐसा अनुमान सहज ही लगाया जा सकता है कि वे अपने साथ अपनी भाषाओं को लेकर आये होंगे। किन्तु प्राचीन वैदिक वाङ्मय को पढ़ने से ऐसा बिल्कुल ही प्रतीत नहीं होता। उनमें वर्णित समस्त भूगोल भारत के ही है, इतिहास और संस्कृति की जो बातें वहाँ उपलब्ध हैं, वे सभी यहीं से सम्बद्ध हैं। इससे पता चलता है कि वैदिक संस्कृत आदि आर्य भाषाएँ यहीं निर्मित हुई थीं।

इस सम्बंध में प्रसिद्ध भाषाविद् और आर्य भाषाओं के विशेषज्ञ डॉ. सुनीति कुमार चट्टोपाध्याय कहते हैं- "आर्य जब ई.पू. 1500 में विदेश से भारत में आये, उस समय लेखन विद्या उनके लिए बिल्कुल अनजान थी। भारतवर्ष में आकर ही उन्होंने सिन्धु-हड़प्पा अंचल की भारतीय भाषा का आश्रय लेकर लगभग 1000 वर्ष ई.पू. से वैदिक साहित्य विकसित किया।" (भारत के मूल निवासी और आर्य आक्रमण: एस.के. विश्वास, पृष्ठ-33) हड़प्पा-मोहनजोदड़ो से अशोक तक ब्राह्मी और खरोष्ठी लिपियों का अविच्छिन्न प्रवाह इस बात की पुष्टि करते हैं। इसलिए यह अनुमान लगाना सहज है कि वैदिक संस्कृत सहित अनेक आर्य भाषाओं की लिपियाँ प्राचीन ब्राह्मी और खरोष्ठी लिपियों के संस्करण मात्र हैं। पूर्वोत्तर की सांध्य भाषा सहित देश की अनेक प्राचीन लिपियाँ अब तक पढ़ी नहीं जा सकी हैं।

निष्कर्षत: हम कह सकते हैं कि आर्य बर्बर समुदाय के लोग थे, जिन्होंने भारत के मूल निवासियों पर हमला कर उनकी मूल भाषा और संस्कृतियों को

नष्ट कर दिया, पर वह पूर्णतः नष्ट नहीं हुई। परवर्ती वैदिक संस्कृति में प्राचीन भाषा और संस्कृति के बीज वर्तमान हैं। "वैदिक साहित्य की विषय-वस्तु, आर्यों की होने के बावजूद भाषा-सौंदर्य एवं रचना-प्रकरण सभी प्राक्-वैदिक मूल भारतीय सभ्यता और संस्कृति की स्मृति वहन करते हैं। यह भाषा वास्तव में कर्तित जिह्वा, अँगूठा कटे एकलव्य और सिरकटे शम्बूकों से चुराई हुई भाषा है।" (वही)

वैदिक साहित्य में आये दास, दस्यु, असुर, रक्षस, पणि, यतुधान, निषाद, शबर आदि शब्द भारत के मूल निवासी अनार्यों के लिए व्यवहृत शब्द हैं, जिन्हें वे अपना दुश्मन समझते हैं और प्रायः उनसे युद्ध करते हैं। इन अनार्यों की मूल परम्परा जैन-बौद्ध या प्राचीन आजीवक परम्परा जान पड़ती हैं, जो श्रम पर आधारित परम्परा है और जिन्हें सम्मिलित रूप से श्रमण संस्कृति कहा गया। प्राचीन शूद्र और आज के दलित और पिछड़े वर्ग के लोग इसी श्रमण संस्कृति की परम्परा में आते हैं। इसकी सामानान्तर धारा अनादि काल से अब तक भारतीय संस्कृति में विद्यमान है।

बौद्ध साहित्य और समाज : प्राचीन बौद्ध साहित्य तो भारत से लुप्त हो गये, किन्तु तिब्बत, चीन आदि से आये त्रिपिटक आदि में जो वर्णन है, उसके अनुसार प्राचीन भारतीय समाज इतना रूढ़िग्रस्त नहीं था। अनेक विद्वान बताते हैं कि बौद्ध और जैन परम्परा गौतम बुद्ध और महावीर से भी सैकड़ों वर्ष पुरानी थी। 'ऋग्वेद' में आये ऋषभदेव और अरिष्टनेमी नामों से इसकी प्राचीनता स्वतः सिद्ध है। क्योंकि ये दोनों जैनियों के आदि तीर्थंकर और आचार्य बताये गये हैं। बौद्ध समाज में जाति और लिंग-भेद प्रायः नहीं थे। बुद्ध ने भी अपने भिक्षुओं को छूत-अछूत सबके घर से भिक्षाटन का आदेश दिया था। बौद्ध-संघ एक प्रकार से शूद्रों का ही संघ था। सर्वाधिक संख्या शूद्र भिक्षुओं की ही थी। नारियों के प्रति बुद्ध की दृष्टि विकृत वैदिक परम्परा की देन लगती है। किन्तु जब बाद में बौद्ध संघ में स्त्रियों का प्रवेश हुआ, तो स्त्रियों ने बौद्ध चिंतन को एक नया आयाम दे दिया। 'थेरी गाथा' की स्त्रियों की जो चिंता है, वह पुरुषवादी समाज को बदलने की चिंता है। बौद्ध त्रि-पिटक धर्म और समाज के आचार ग्रंथ हैं, जिनमें जीवन के सहज मार्ग का उपदेश दिया गया है। गृहस्थों के लिए आचार धर्म अलग हैं और संन्यासियों के लिए अलग। जैन और बौद्ध धर्म से सम्बन्धित विपुल साहित्य इस काल में लिखे गये, जो ब्राह्मण-श्रमण विवाद के कारण नष्ट कर दिये गये। बाद में जिन्हें विद्वानों ने

विदेशी बौद्धों से या अन्य स्रोतों से प्राप्त किया। इन्हीं ग्रंथों में बौद्धों के त्रि-पिटक हैं, जिनमें बुद्ध और उनके उपदेशों को अनेक दृष्टांतों के सहारे सुन्दर ढंग से प्रस्तुत किया गया है। 'थेरीगाथाएँ' बौद्ध भिक्षुणियों के गीतों का संग्रह है, जिनमें उनके स्त्री जीवन की त्रासदी, सामाजिक स्थिति, दुख और संघर्षों का चित्रण है। नागार्जुन, स्वयंभू, हेमचंद्र, पुष्पदंत आदि के ग्रंथ, नीतिग्रंथ आदि में स्त्री और दलितों की तत्कालीन स्थिति को देखा जा सकता है। इन ग्रंथों में समानता, बंधुत्व और भेद-मुक्त जीवन की कल्पना की गयी है, जो दलित चेतना के अनुकूल है। इनमें वर्ण-व्यवस्था और लिंग-भेद पर सीधा प्रहार किया गया है। ये सभी काव्य संस्कृत को छोड़कर लोकभाषा पालि, प्राकृत या अपभ्रंश में लिखे गये हैं, जिसे आम जनता आसानी से समझ सके। बाद में जो सिद्ध-नाथ पंथ और उसके आचार-विचार निकले, वे बौद्ध-साधना के ही अंग थे।

सिद्धों का साहित्य : हिन्दी साहित्य में भक्तिकाल 12वीं 13वीं शताब्दी से शुरू होता है। इसके पूर्व बहुतायत से सिद्ध और नाथों के साहित्य मिलते हैं। बौद्ध-सिद्धों का समय लगभग 8वीं सदी से 13वीं सदी तक माना जाता है। किन्तु आधुनिक शोधों से पता चलता है कि इनका समय और भी पुराना रहा होगा। इनका विस्तार बिहार, बंगाल, उड़ीसा असम आदि पूर्वोत्तर भारत में था। बिहार इनका प्रमुख केन्द्र था। विश्वविख्यात नालंदा और विक्रमशिला विश्वविद्यालय इन्हीं बौद्ध-सिद्धों की साधना और शिक्षा के केन्द्र थे। यह भी प्रसिद्ध है कि बौद्ध बिहारों की अधिकता के कारण ही इस राज्य का नाम बिहार पड़ा। ब्राह्मण और तुर्क-अफगानों के सम्मिलित षड्यंत्र से जब इन विश्वविद्यालयों को नष्ट कर दिया गया, तो ये बौद्ध-सिद्ध इधर-उधर बिखर गये। इतिहास में चौरासी सिद्धों की चर्चा आती है, जिनमें अधिकांश निम्न जाति के थे। इनमें से प्रसिद्ध थे-सरहप्पा, शबरप्पा, लुईप्पा, दारिकप्पा, डोंबिप्पा, भुसुकप्पा, कण्हप्पा, विरूप्पा इत्यादि। चर्यागीतों और दोहाकोश के रचयिता सरहप्पा को कुछ लोग ब्राह्मण, कुछ क्षत्रिय तो कुछ लोग शूद्र (शबर, बहेलिया) मानते हैं।

इनके अलावे 8वें सिद्ध मीनप्पा मछुआ या मल्लाह कुल के थे। इनका जन्म कामरूप (आसाम) में हुआ था। 13वें सिद्ध तन्तिप्पा का जन्म अवन्ति नगर (उज्जैन) में हुआ था। ये जाति के कोरी (तांती, तंतवां) थे। बाद में ये प्रसिद्ध सिद्ध जालंधर के शिष्य हो गये।। 32वें सिद्ध भादेप्पा श्रावस्ती के

चित्रकार थे। बाद में ये कण्हप्पा के शिष्य हो गये। 37वें सिद्ध महीप्पा भी शूद्र कुल में ही जन्में थे। ये भी कण्हप्पा के शिष्य थे। 45वें सिद्ध कमरिप्पा भी शूद्र ही थे। 55वें सिद्ध गुण्डरीप्पा कर्मकार (लोहार) कुल में जन्मे थे। साहित्य के इतिहास में ये वज्रयानी सिद्ध अपने वामाचारों के लिए बदनाम हैं।

किन्तु यदि यही सच है, तो जिस नालंदा और विक्रमशिला विश्वविद्यालयों में अध्ययन हेतु विश्व के अनेक विद्वान तरसते थे, जहाँ नामांकन होना गौरव की बात थी, जहाँ चीनी यात्री ह्वेनसांग, फाहियान आदि अध्ययन हेतु आये, सरहप्पा आदि उपर्युक्त सभी सिद्ध उसी विश्वविद्यालय के छात्र और आचार्य भी थे। ये सभी सिद्ध नालंदा विश्वविद्यालय के सम्मानित आचार्य और गुरु थे। फिर यह कैसे हो सकता है कि अपने समय और समाज में वे उतने ही गर्हित और उपहास के पात्र भी रहे होंगे। जाहिर है, इन सिद्धों के सम्बंध में केवल वे ही बातें सही नहीं हैं, जो अनुमान के आधार पर इतिहास में प्रचारित कर दी गयी हैं। इन सिद्धों के पंच मकार और साधना में स्त्रिगें की सहभागिता पर प्रश्न उठाये गये हैं।

औरों की बात छोड़ दीजिए, दलितों के सबसे तेज-तर्रार और मुखर विचारक डॉ. धर्मवीर **'मातृसत्ता, पितृसत्ता और जारसत्ता'** श्रृंखला में प्रेमचंद पर लिखते हुए कहते हैं कि "घर से बाहर स्त्री उन्हें (हिन्दुओं को) इसी परदारा और परकीया रूप में मंजूर थी-वह 'गीतगोविंद' की राधा हो या सिद्धों की कोई और-अर्थात् 'चाण्डाल कन्या'।" (प्रेमचंद : सामंत का मुंशी). स्वाभाविक है कि सिद्ध परम्परा में कुछ ब्राह्मण सिद्धों के नाम देखकर वे ऐसा विचार रखते हों। किन्तु जैसा कि बार-बार ब्राह्मण लेखक और विचारकों ने भी माना है कि सिद्ध सम्प्रदाय मूलतः शूद्रों का सम्प्रदाय था। ऐसे में यदि कुछ ब्राह्मणों ने आकर अपनी उपस्थिति दर्ज कर दी, तो इसमें कौन सा पहाड़ टूट जाता है? सवाल यहाँ जाति का नहीं, विचारधारा का है। यह बौद्ध परम्परा का रूप था-विकृत ही सही। चूँकि डोम्ब (डोम) जाति के लोग समाज से बाहर श्मशान या किसी सूनसान वन-प्रदेश में घर बनाकर रहते थे; इसलिए स्वाभाविक है कि समाज से बाहर रहने के कारण उनकी स्त्रियाँ वामाचार में आसानी से शामिल हो गयी होगी। किन्तु सिद्धों की त्रिपुर-साधना के फलस्वरूप उनमें जो तेज, चमत्कार और सामाजिक प्रभाव उत्पन्न होते थे, उसके सामने बड़े-बड़े राजा-महाराजाओं के सिर भी श्रद्धा से झुक जाया करते थे और नारी के इस

महिमामंडित पद को पाने के लिए बड़े-बड़े राजघराने की रानी और राजकुमारियाँ भी तरसने लगीं।

सच तो यह है कि तत्कालीन राज-घरानों की अनेक रानियाँ और राजकुमारियाँ भी सिद्धों की त्रिपुर-साधना के लिए स्वेच्छा से गृह-त्याग कर देती थीं। इतिहास में ऐसे कई उदाहरण मिलते हैं। (देखिए, हजारी प्रसाद द्विवेदी का 'चारुचंद्रलेख' और 'बाणभट्ट की आत्मकथा') प्राचीन काल में लोकचेतना में स्त्री-शक्ति को जो प्रतिष्ठा प्राप्त हुई, उसका श्रेय बहुत हद तक इन सिद्ध साधकों को ही जाता है। महामुद्रा की अवधारणा समाज में स्त्री की निम्न स्थिति के विरुद्ध खुला विद्रोह है। फिर सबसे बड़ी बात जो इन साधकों में दिखाई पड़ती है, वह है जाति और लिंग-भेद का विरोध करते हुए समानता और भाईचारा की स्थापना करना। इन लोगों ने सामाजिक-धार्मिक आडम्बरों के खिलाफ जो आंदोलन छेड़ा, भारतीय इतिहास में अन्यत्र दुर्लभ है। इस साधना-पद्धति ने समाज को जो कुछ दिया, वह कम महत्त्वपूर्ण नहीं है। कम से कम स्त्री और दलित शक्ति को तो इस कृच्छ-साधना ने महत्त्व जरूर ही दिया। गुरु के प्रति श्रद्धा, कर्मकांडों का विरोध, ऊँच-नीच, जाति-पांति और लिंग-भेद का विरोध, आडम्बर और अंधविश्वासों पर चोट-यह सब सिद्धों ने उस समय किया था, जब आधुनिक सुधार आंदोलन की तरह कोई आंदोलन भी नहीं चल रहा था।

फिर सिद्ध चाहे किसी वर्ण के रहे हों, उनके कुक्कुरिप्पा, चमरिप्पा, कण्हप्पा, भुईप्पा, लुईप्पा आदि नाम शूद्रों की तरह ही विकृत नाम थे, जो तथाकथित सभ्य समाज को चिढ़ाने के लिए काफी थे। साहित्य के क्षेत्र में सिद्धों ने चर्यापद और दोहे जैसे छंद दिये। विचार के क्षेत्र में सामाजिक रूढ़ियों का उग्रत्तम विरोध सिद्धों की ही देन है, जिसे बाद में कबीर आदि संतों ने अपनाया।

नाथों का साहित्य : सिद्धों के बाद बौद्ध-साधना का ही दूसरा आंदोलन नाथों का है। नाथपंथ के प्रवर्त्तक बाबा गोरखनाथ थे। नाथों की संख्या नौ बतायी जाती है। सिद्धों मे जब तंत्रवाद की विकृति आने लगी, तो उसी परम्परा में नाथपंथ का प्रवर्त्तन हुआ। सिद्धों ने तंत्र का पल्ला छोड़कर योगमार्ग अपनाया। गोरखनाथ के गुरु बाबा मत्स्येन्द्रनाथ सिद्ध-तांत्रिक ही थे। गोरखनाथ के समय, जन्म-स्थान और जाति के सम्बंध में विद्वानों में मतभेद है। इनका

समय 10वीं-11वीं शताब्दी के बीच बताया जाता है। कुछ लोग उन्हें दक्षिण भारत, कुछ लोग नेपाल तो कुछ लोग पंजाब का निवासी मानते हैं। किन्तु अधिकांश विद्वानों की राय में उनका जन्म पंजाब के कांगड़ा में हुआ था। इसी प्रकार अधिकांश विद्वान इन्हें ब्राह्मण मानते हैं। भारतीय समाज में जातीयता बहुत बड़ी सच्चाई हैं; फिर भी महत्त्व विचारधारा का ही है, जाति का नहीं। यदि केवल ऐसा ही होता, तो बुद्ध और महावीर खुद सवर्ण (क्षत्रिय) थे; किन्तु उन्होंने जो व्यवस्था दी, वह शूद्र और अंत्यजों के लिए ज्यादा अनुकूल थी।

वस्तुतः जातीयता धार्मिक और राजनीतिक अवधारणा है, जिसे समाज या राज्य के प्रभु-वर्ग अपने हित में भुनाते रहे हैं और उसका दुष्परिणाम समाज भुगतता रहा है। इसलिए योगियों और संन्यासियों की विचारधारा पर चाहे किसी भी जाति का प्रभुत्व हो, यह अपेक्षाकृत दलित-पिछड़ों के अधिक अनुकूल थी। शंकराचार्य, नानक और कबीर की तरह बाबा गोरखनाथ ने भी लम्बी यात्राएँ की थीं। उन्होंने पंजाब, उत्तर-मध्यदेश, गुजरात, राजस्थान, नेपाल, असम, उड़िसा आदि क्षेत्रों की यात्राएँ की। इसलिए नाथपंथ का प्रभाव विशेष रूप से बिहार से लेकर पश्चिमोत्तर भारत तक फैला है। गोरखनाथ के सम्बंध में हजारी प्रसाद द्विवेदी का मत है कि "शंकराचार्य के बाद इतना प्रभावशाली और इतना महिमान्वित भारतवर्ष में दूसरा नहीं हुआ। भारतवर्ष के कोन-कोने में उनके अनुयायी आज भी पाये जाते हैं।...गोरखनाथ अपने युग के सबसे बड़े नेता थे।" गोरखनाथ के प्रभाव के समय तक भारत में मुस्लिम सत्ता स्थापित होने लगी थी। आम जनता पर हिन्दू और मुसलमान दोनों धर्मों के दबाव बढ़ रहे थे। सिद्धों ने या इससे पूर्व बौद्धों ने जो जाति-पाँति रहित समाज की व्यवस्था चलाई थी, उसमें भारत की अधिसंख्यक दलित जातियाँ रहती आ रही थीं। किन्तु हिन्दू-मुसलमानों के बीच अब धर्म का दबाव दो-तरफा हो गया था। इसलिए नाथपंथ के समय में दलितों सहित आम भारतीय समाज में 'ना हिन्दू ना मुसलमान' की प्रवृत्ति फैलने लगी, जिसका चरम विकास कबीर आदि संतों में हुआ। यह नाथपंथ का ही प्रभाव था।

राहुल सांकृत्यायन ने अपने इतिहास ग्रंथ 'हिन्दी काव्यधारा' में सिद्ध और नाथपंथी योगियों की वाणी पर विस्तार से विचार किया है। जाति-प्रथा का विरोध, अंधविश्वास और कर्मकांडों का खंडन, मानवीय समानता, परम सत्ता में विश्वास आदि नाथपंथियों की देन है। इसके अतिरिक्त इस काल में प्रचुर

संख्या में जैन और बौद्ध साहित्य मिलते हैं, जिनकी शिक्षाएँ दलित-पिछड़ों की चेतना के करीब है। भारत में दिल्ली सल्तनत की स्थापना के साथ ही सूफी धर्म का भी बोलबाला हो जाता है। निजामुद्दीन औलिया, अमीर खुसरो, शेख फरीद आदि सूफी संतों के गीतों, प्रेम और भक्ति की मधुर साधना से भारत की धरती गूँज उठती है। इन सारी परिस्थितियों का प्रभाव भक्ति आंदोलन पर पड़ा है।

2

वैदिक सभ्यता : भारतीय वर्ण-व्यवस्था और पिछड़ा वर्ग

भारत के प्राचीन इतिहास और संस्कृति को जानने के लिए बार-बार कहा जाता है कि यहाँ ऐतिहासिक साक्ष्यों का अभाव है। अंग्रेजों से पूर्व भारतीय सभ्यता का कोई लिखित इतिहास यहाँ उपलब्ध नहीं है। इतिहास की एकमात्र लिखित पुस्तक कल्हण की 'राजतरंगिणी' है, जिसमें कश्मीर के इतिहास का वर्णन है। यह भी कश्मीरी राजवंशों का एकपक्षीय इतिहास है। दिल्ली तुर्क-अफगान और मुगल शासकों के काल में भी केवल तत्कालीन भारतवर्ष का इतिहास लिखा गया। ऐतिहासिक साक्ष्यों को सुरक्षित रखने की परम्परा इस देश में नहीं रही है। इसलिए कहा जाता है कि यह इतिहास नहीं पुराणों का देश है। या तो अज्ञानतावश या जानबूझकर यहाँ के ऐतिहासिक प्रमाणों को नष्ट कर दिया गया।

यहाँ सिलसिलेवार ढंग से इतिहास को जानने की कोशिश ब्रिटिश काल से होती है। 1800 में ईस्ट इंडिया कम्पनी ने कलकत्ते में **'फोर्ड बिलियम कॉलेज'** की स्थापना करके अपने कर्मचारियों को भाषा सिखाने के बहाने यहाँ की भाषा और संस्कृतियों की खोज का बड़ा काम किया; अन्यथा हमने तो वेदों को भी नहीं देखा था। वैदिक ग्रंथों का प्रकाशन उसके बाद ही हुआ। फिर मैक्समूलर, मार्शल, ग्रियर्सन, सुनीति कुमार चटर्जी आदि विद्वानों ने भाषा, साहित्य और इतिहास की खोज की। 1921 से ऐतिहासिक स्थलों के उत्खनन के कार्य आरम्भ हुए। सिंधु क्षेत्र में रेलमार्ग बनाने के क्रम में हुई खुदाई से अचानक हड़प्पा और मोहनजोदड़ों जैसी उन्नत सभ्यता के अवशेष मिले। मार्शल की खुदाई ने भारतीय इतिहास को एक नया मोड़ दिया। यद्यपि सिंधुघाटी की लिपियाँ आज तक ठीक से नहीं पढ़ी जा सकी हैं, फिर भी इनसे प्राचीन अनार्य या अवैदिक सभ्यता के स्रोत आसानी से खोजे जा सकते हैं।

यदि 1921-22 में हड़प्पा-मोहनजोदड़ो के उत्खन, लोथल, कालीवंगा, धौलावीरा, रोपड़ आदि की खुदाई में मिले पुरातात्त्विक प्रमाणों, मार्शल, मैक्समूलर आदि पाश्चात्य विद्वानों के प्रमाणों को छोड़ भी दें, तो आर्यों द्वारा लिखित प्राचीन वैदिक वाङ्मय में ही इतने सारे प्रमाण मिल जाते हैं, जिनसे शूद्रों की हीन और पराजित स्थिति का पता चल जाता है। जब तक पुरातात्त्विक अवशेषों की लिपियाँ पढ़ी नहीं जातीं, तब तक प्राचीन भारतीय संस्कृति और इतिहास को प्रामाणिक रूप में जानने के लिए एकमात्र सहारा ये प्राचीन वैदिक वाङ्मय ही हैं, जो बहुत ही स्पष्ट हैं। इन ग्रंथों को श्रुति और स्मृति कहा गया है और कालान्तर में इन्हें लिपिबद्ध करनेवाले ऋषियों में अनेक शूद्र ऋषि भी गिनाये गये हैं। ऐसा संभव भी है, क्योंकि वे हड़प्पा के पराजित वंशज रहे होंगे, जो लिपियों को जानते होंगे। एस.के. विश्वास के अनुसार ''वेदों के रचनाकार अवश्य ही आर्य देवता ब्राह्मण थे, किन्तु उनके अधिकांश लिपिकार मूल भारतीय मुनि ही थे। क्योंकि उन्हें पढ़ना-लिखना नहीं आता था।'' किन्तु इन बातों पर और अधिक शोध की आवश्यकता है।

शूद्र (पिछड़ी) जातियों की उत्पत्ति का समाजशास्त्र : 'ऋग्वेद' के 'पुरुष सूक्त' में 'विराट् पुरुष (ब्रह्मा)' से वर्णों की उत्पत्ति सम्बंधी उस सिद्धांत की बार-बार चर्चा की जाती है, जिसमें कहा गया है कि -

''ब्राह्मणोऽस्य मुखमासीद् बाहु राजन्यः कृतः
उदरूतस्य यद् वैश्यः पादोभ्याम् शूद्रो अजायत।'' (ऋग्वेद : 10/190)

अर्थात् ब्राह्मण की उत्पत्ति प्रजापति ब्रह्मा के मुख से, क्षत्रिय की बाहु से, वैश्य की उदर से और शूद्रों की उत्पत्ति पैरों से हुई। किन्तु अनेक विद्वान इस मंत्र को प्रक्षिप्त मानते हैं। इसलिए इसे छोड़ भी दिया जाये, तो पुराण और स्मृति आदि ग्रंथों में इस सिद्धांत की बार-बार चर्चा करके वैश्य और शूद्र जातियों की निंदा की गयी है। वर्ण-व्यवस्था का दूसरा आधार कर्म-सिद्धांत है, जिसे बाद में ईश्वर और धर्म से जोड़कर जन्मना बना दिया गया। इसकी चर्चा ऊपर हुई है। वर्ण-व्यवस्था का यह दैवी (जन्मना) सिद्धांत हिन्दू जनता में आज भी लोकप्रिय है। भारतीय सामाजिक संरचना में वर्ण और जातियों का महत्त्वपूर्ण स्थान रहा है। वर्ण-व्यवस्था से ही कालान्तर में जाति-व्यवस्था उत्पन्न हुई। हिन्दू धर्म के पुनर्जन्म, पाप-पुण्य और कर्म-सिद्धांतों ने इसे और पुष्ट किया। प्राचीन वैदिक-अवैदिक वाङ्मय और मध्यकालीन साहित्य और

आधुनिक सामाजिक-सांस्कृतिक परम्परा भी इस बात की जोरदार पुष्टि करते हैं। इसलिए यह व्यवस्था आज भी भारतीय समाज का जीवन यथार्थ बनी हुई है।

प्राचीन भारत में चार वर्ण थे-ब्राह्मण, क्षत्रिय, वैश्य और शूद्र। वर्ण का अर्थ होता है-रंग। इसलिए प्रथम द्रष्ट्या इस वर्गीकरण का आधार रंग ही लगता है। शास्त्रों में बताया भी गया है कि ब्राह्मण का रंग श्वेत, क्षत्रिय का रंग लाल, वैश्य का रंग पीला और शूद्र का रंग काला होता है। कार्य विभाजन या कर्म-सिद्धांत के अनुसार जो लोग पूजा-अनुष्ठान, शिक्षादि बौद्धिक कार्य करते थे, वे ब्राह्मण, जो सैनिक तथा रक्षादि के कार्य करते थे, वे क्षत्रिय, जो कृषि और व्यवसाय से जुड़े थे, वे वैश्य और जो अपने श्रम द्वारा समाज के अन्य लोगों की सेवा करते थे, वे शूद्र थे। आरम्भ में एक-दूसरे वर्ण में वर्गान्तरण संभव था। अर्थात् कोई भी अपना कार्य बदलकर दूसरे वर्ण में जा सकता था। एक ही परिवार में पिता किसी दूसरे वर्ण के, माता किसी दूसरे और पुत्र को किसी अन्य वर्ण के होने के उदाहरण मिलते हैं। महाभारत और पुराणादि ग्रंथों में ऐसे कई उदाहरण मिलते हैं। आरम्भ में तीन ही वर्ण थे। चौथा वर्ण शूद्र बाद में बना।

"ब्राह्मणों का वर्ण श्वेत, क्षत्रियों का लाल, वैश्यों का पीत और शूद्रों का वर्ण श्याम होता है, यह बात केवल़ महाभारत में ही कही गयी है। अन्यत्र 'चातुर्वर्ण्य-विचार' में वर्ण का रंगवाला अर्थ, क्वचित् ही मिलता है। अतएव रंग-भेद पर आधारित चातुर्ववर्ण्य की कल्पना, यथार्थ में, अत्यंत दुर्बल और निराधार है। धर्मशास्त्रों में जाति और वर्ण का प्रयोग समानार्थक है और उसका आधार बीज-क्षेत्र-विचार ही ठहरता है।" (संस्कृति के चार अध्याय : दिनकर)

डॉ. अम्बेदकर ने अपने शोधपूर्ण ग्रंथों में वर्ण-व्यवस्था के रंग-भेद सम्बन्धी मान्यताओं का खंडन किया है। वे कहते हैं कि "वेदों से यह प्रमाणित नहीं होता कि आर्यो का रंग दासों के रंग से भिन्न था। वर्ण का निर्धारण पहले व्यवसाय, स्वभाव, संस्कृति आदि के आधार पर ही था। पीछे जातिवाद के प्रकट होने पर वर्ण का आधार भी बीज-क्षेत्र-विचार हो गया।" (मंगलदेव शास्त्री) डॉ. अम्बेदकर ने श्री सेनार, नेस्फील्ड, सर एच. रिजले, डॉ. केतकर आदि अनेक प्राच्य-पाश्चात्य विद्वानों के जाति सम्बंधी मतों के खंडन-मंडन द्वारा भारत में जाति का जो स्वरूप स्थिर किया है, उसमें रोटी-बेटी का

सम्बंध प्रमुख हैं। उसका सबसे प्रमुख लक्षण है- सजातीय और बहिर्गोत्रीय विवाह। यही **'जाति-प्रथा का मूल'** है। ऋग्वेद में भारतीय प्रजा के लिए सर्वत्र 'विश' शब्द का प्रयोग किया गया है, जिसका अर्थ बसनेवाला होता है। वैश्य शब्द 'ऋग्वेद' में नहीं है। अनुमान है कि जाति-प्रथा के विकास काल में इसी 'विश' शब्द से वैश्य निकल पड़ा। डॉ. मंगलदेव शास्त्री के अनुसार "मूल वैदिक काल में आर्य जनता (विश) में ब्राह्मण, क्षत्रिय और वैश्यों का वर्गीकरण नहीं हुआ था। यह भी ध्यान देने की बात है कि समस्त ऋग्वेद संहिता में 'शूद्र' और 'राजन्य' शब्द केवल एक-एक बार आये हैं।"

इस प्रकार ब्राह्मण, क्षत्रिय और वैश्य जातियों के उद्गमों के संकेत (ब्रह्मन, क्षत्र और विश) तो ऋग्वेद में मिलते हैं, किन्तु **'पुरुष सूक्त'** को पीछे का जोड़ मानने पर "यह बताना असंभव हो जाता है कि शूद्रों का उद्गम क्या था? इसलिए डॉ. अम्बेदकर की यह स्थापना सही लगती है कि 'शूद्र उसी भंडार के है, जिसकी मुख्य शाखा क्षत्रिय जाति के रूप में विकसित हुई।" (वही) अन्य समाजों की तरह ही प्राचीन भारतीय समाज भी चार वर्णों में विभाजित था, ये हैं : (1) ब्राह्मण या पुरोहित वर्ग, (2) क्षत्रिय या सैनिक वर्ग, (3) वैश्य अथवा व्यापारी वर्ग और (4) शूद्र अथवा शिल्पकार और श्रमिक वर्ग। डॉ. अम्बेदकर कहते हैं कि "इस बात पर विशेष ध्यान देना होगा कि आरंभ में अनिवार्य रूप से वर्ग विभाजन के अंतर्गत व्यक्ति दक्षता के आधार पर अपना वर्ण बदल सकता सकता था।....हिन्दू इतिहास में किसी समय पुरोहित वर्ग ने अपना विशिष्ट स्थान बना लिया और इस तरह स्वयं सीमित प्रथा से जातियों का सूत्रपात हुआ। दूसरे वर्ण भी समाज विभाजन के सिद्धांत के अनुसार अलग-अलग खेमों में बंट गये।" (डॉ. अम्बेदकर : सम्पूर्ण वाङ्मय)

कालान्तर में यह व्यवस्था मजबूत और रूढ़ हो गयी और लोगों का एक से दूसरे वर्ण में जाना असंभव हो गया। जो जिस वर्ण के थे, उसी वर्ण में उनका जीना-मरना होने लगा। इस प्रकार वर्ण-व्यवस्था जन्मना हो गयी। किन्तु विभिन्न वर्गों में शादी-विवाह और यौन-सम्बंधों का प्रचलन जारी रहा। अनुलोम-प्रतिलोम विवाह की एक नयी परम्परा आरम्भ हुई। इसी से जातियाँ बनीं। इस प्रथा को सामाजिक प्रतिष्ठा प्राप्त नहीं थीं। शास्त्रों में कहा गया कि शूद्रातिशूद्र जातियाँ इसी से उत्पन्न हुईं। 'स्मृतिकाल' में यह व्यवस्था कठोर हो गयी तथा जाति और वर्णों की उत्पति के सिद्धांत को जन्म, ईश्वर और धर्म से जोड़ दिया गया। 'मनु' ने 'मनुस्मृति' नामक ग्रंथ लिखे, जिसमें इस जाति

और वर्ण-व्यवस्था की जड़ें और मजबूत कर दी गयी और उसी के आधार पर समाज का संचालन होने लगा।

इस व्यवस्था ने वैश्य और शूद्र जातियों को अत्यंत हीन बना दिया। आज का दलित और पिछड़ा वर्ग उसी समाज के भूमि, सम्पति और सम्मान से वंचित समुदाय है। इनमें कुछ को तो अछूत तक बना दिया गया और उनके साथ सदियों तक अमानवीय व्यवहार होते रहें। इन्हें समाज से बहिष्कृत भी कर दिया गया। कल की यही अछूत और बहिष्कृत जातियाँ आज की दलित (हरिजन-आदिवासी) जातियाँ हैं। शूद्र और वैश्यों की बाकी जातियाँ आज की पिछड़ी जातियाँ हैं, जिन्हें संवैधानिक शब्दावली में **'पिछड़ा वर्ग'** कहते हैं। इनमें भी कुछ की स्थिति अत्यंत हीन और बदतर है, जिन्हें आज अति पिछड़ा वर्ग कहते हैं। ये शूद्र वर्ण से निकली जातियाँ ही हैं।

दूसरी मान्यता के अनुसार वैश्य और शूद्र वर्ण की अधिकांश जातियाँ आर्येतर सभ्यता की थीं। ऐतिहासिक-पुरातात्त्विक प्रमाणों के अनुसार इन लोगों का सम्बंध हड़प्पा-मोहनजोदड़ो की सभ्यता से था, जिन्हें आर्यों ने आक्रमण कर ध्वस्त कर दिया था। ये असुर संस्कृति के लोग थे, जिनका सम्बंध असीरियन सभ्यता से था और यही लोग असुर कहलाये और बौद्ध धर्मावलम्बी भी बने। भारत में इनकी संस्कृति द्रविड़ संस्कृति हुई और इनका आर्यों से बराबर संघर्ष चलता रहा। आर्य-अनार्य संघर्ष में इस भूमि पर कई बार इनके राज्य भी स्थापित हुए। किन्तु आर्यों के षड्यंत्र के कारण इन्हें बार-बार हारना पड़ा। वैदिक-पौराणिक साहित्य के देवासुर-संग्राम के रूपक वस्तुतः आर्य-अनार्य संघर्ष के ही रूपक हैं। जिन्हें आसुरी शक्तियाँ कहकर आर्यों के इतिहास और पुराणों में बार-बार पराजित और प्रताड़ित किया जाता रहा, आज की दलित-पिछड़ी जातियाँ असल में वे ही शक्तियाँ हैं।

आर्यों ने उन पर आक्रमण कर उनकी समृद्ध सभ्यता को नष्ट कर डाला और मूल निवासी अनार्यों को दास बना लिया। जिन लोगों ने उनकी अधीनता आसानी से मान ली, वे वैश्य और अहीर, कुर्मी, कहार आदि सछूत जातियाँ कहलायीं। जिन्होंने आसानी से उनकी अधीनता स्वीकार नहीं की, बहुत दिनों तक लड़ने के बाद ही वे पराजित हुए, वे भंगी, चमार आदि अछूत वर्ग के लोग हुए और जिन्होंने आर्यों की अधीनता कभी नहीं स्वीकारी और जंगल, पहाड़ों में जाकर रहने लगे, वे आदिवासी कहलाये। आज भी आदिवासियों की संस्कृति आर्यों से एकदम भिन्न है।

किन्तु कोई पराजित और प्रताड़ित जाति इस प्रकार अवाध रूप से नहीं बढ़ सकती। इसका कारण क्या हो सकता है? कारण स्पष्ट है कि इनमें से कुछ ने आर्यों की अधीनता स्वीकार कर उनसे समझौता कर लिया और कुछ ने अपने विचार और सिद्धांतों से कभी समझौता नहीं किया। जिन्होंने समझौता कर लिया, वे उनके यहाँ मल-मूत्र साफ करने से लेकर दाढ़ी-बाल काटने, कपड़ा धोने, मरे मवेशियों के चमड़ा खालने, तेल चुआने, पालकी ढोने, बर्त्तन आदि बनाने के काम करने लगे। गंदे काम करने के कारण इन्हें शूद्र कहा गया। जिन्होंने समझौता नहीं किया, वे जंगल और पहाड़ों में रहने लगे। इन आदिवासियों की संस्कृति आज भी आर्यों से भिन्न हैं। वे प्रकृतिपूजक हैं। अतः भारतीय संस्कृति में दो सामानान्तर विचार और सिद्धांत आरम्भ से ही जारी रहे-एक वैदिक दूसरे अवैदिक, एक आस्तिक दूसरे नास्तिक। किन्तु वैदिक धारा में भी उसके विरोधी स्वर मिल जाते हैं। उपनिषदों की अनेक स्थापनाएँ वेदों से भिन्न और विपरीत हैं। वेद और उपनिषदों में भी अनेक मंत्र और सूक्तों के रचयिता स्त्री और शूद्र ऋषि बताये जाते हैं। वर्ण-व्यवस्था के दृढ़ हो जाने पर कालान्तर में शूद्र और स्त्रियों को वैदिक ग्रंथों के अध्ययन से वंचित कर दिया गया।

ऊपर के विवेचन से स्पष्ट है कि दलित और पिछड़े वर्ग के लोग या तो आर्येतर संस्कृति के पूर्व निवासी या मूल निवासी थे या आर्यों के बीच से ही अनुलोम-प्रमिलोम विवाह और यौन-सम्बंधों से उत्पन्न हीन लोग। दोनों ही स्थितियों में विचारणीय यह है कि कोई आक्रांता जाति अपने साथ अपनी स्त्रियों को लेकर नहीं आती। अथवा आती भी हैं, तो स्त्रियों की संख्या बहुत कम होती हैं। इसलिए उन्हें पराजित जातियों की स्त्रियों से ही विवाहादि करने पड़ते हैं। आर्यों में भी ऐसे सम्बंध होने लगे। कालान्तर में यह विवाह सम्बंध दो-तरफा हो गया। देवता कहे जानेवाले आर्यों की अधिकांश स्त्रियाँ नागकन्याएँ थीं, जो स्पष्टतः यहाँ के मूलनिवासी अनार्यों की सुंदर कन्याएँ थीं। इसके विपरीत पार्वती आर्यकन्या थीं, जिनका अनार्य देव शंकर के साथ विवाह हुआ।

'मनुस्मृति' में मनु ने इस विषय पर अपनी व्यापक व्यवस्था दी है। उदाहरणार्थ ब्राह्मण या क्षत्रिय पिता तथा शूद्र माता से उत्पन्न संतान **नापित** कहलाती है, द्विज पिता और शूद्र माता से उत्पन्न संतान **उग्र** कहलाती है। वैश्य-क्षत्रिय पिता एवं शूद्र-वैश्य माता से उत्पन्न संतान **कर्ण** होती है। शूद्र

पिता और ब्राह्मण माता से उत्पन्न संतान **शूनिक, निषाद** या **ब्रात्य** कहलाती है। डॉ. काणे ने अपने **'धर्मशास्त्रों का इतिहास'** नामक ग्रंथ में तथा श्री शैलेन्द्रनाथ सेन गुप्त ने प. बंगाल की 1951 ई. वाली जनगणना रिपोर्ट में अनुलोम और प्रतिलोम विवाहों से उत्पन्न होनेवाली जातियों का स्पष्ट वर्गीकरण किया है। श्री सेनगुप्त ने 209 जातियों की गणना की है, जो आर्येतर जातियाँ थीं, जिनका आर्य-समाज में प्रवेश प्रतिलोम या अनुलोम विवाहों के द्वारा हुआ है।

चाहे जैसे भी हों, इतना तो तय ही है कि प्राचीन भारतीय समाज चार वर्णों में बंटा था-ब्राह्मण, क्षत्रिय, वैश्य और शूद्र। यह सामाजिक श्रेणीक्रम समाज में उनकी श्रेष्ठता का भी क्रम था। अर्थात् ब्राह्मण सबसे सम्मानित और श्रेष्ठ थे और शूद्र सबसे हीन और अपमानित। कालान्तर में वर्ण-व्यवस्था से जाति-प्रथा उत्पन्न हुई, जो जन्मना हो गयी। आज की दलित-पिछड़ी जातियाँ वे ही हैं, जो कभी वैश्य और शूद्र वर्ण की हुआ करती थीं। पिछड़ी जातियों में अनेक तो वैश्य वर्णों की भी हैं; किन्तु अति पिछड़ी कही जानेवाली नाई, कहार, कानू, मल्लाह, निषाद, तांती, जुलाहा, माली, कुम्हार आदि जातियाँ शुद्ध रूप से शूद्र श्रेणी से ही आयी हैं। इस प्रकार वर्ण-व्यवस्था से जाति-व्यवस्था के विकास के अनेक चरण और कारण हैं।

जैसा कि पहले भी कहा गया है कि आर्यों के मूलधर्म हिंसा-प्रधान थे। उनमें यज्ञ-बलि की प्रथा थी, जो आज तक चली आ रही है। धर्म के नाम पर अनुष्ठानपूर्वक पशुओं की बलि दी जाती थी। इन हिंसा-प्रधान आचार के विरोध में जैन और बौद्ध धर्म उत्पन्न हुए। जैन और बौद्धों के सिद्धांत अहिंसा पर आधारित थे। **'अहिंसा परमो धर्मः'** उन्हीं का जीवन दर्शन है। बौद्ध भिक्षु श्रमण कहलाते थे। ब्राह्मणों को इनसे शख्त घृणा थी। इतिहास-पुराणों में आर्य-अनार्य, ब्राह्मण-श्रमण विवाद प्रसिद्ध है। कहते हैं 'रामायण', महाभारत' जैसे युद्धग्रंथ बौद्धों की अहिंसा के विरोध में ही लिखे गये। युद्ध को ईश्वर और धर्म से जोड़कर हिंसा को उचित ठहराने की कोशिश की गयी। कहा भी गया है-**'वैदिक हिंसा हिंसा न भवति'।** इन आर्य-अनार्य सम्बंधों से अहिंसा, प्रकृति-पूजा आदि आर्येतर संस्कृतियों की अनेक मान्यताएँ आर्य संस्कृतियों में आयीं; किन्तु भारतीय समाज की मुख्यधारा पर आर्य प्रभाव ही बना रहा। परिणामस्वरूप आर्येतर जातियों की सामाजिक, सांस्कृतिक और आर्थिक स्थिति बद से बदतर होती चली गयी। आज सवाल यह नहीं है कि संस्कृति की

मुख्यधारा आर्य संस्कृति हो या अनार्य संस्कृति। सवाल यह है कि इन पिछड़ी और दलित कही जानेवाली आर्येतर जातियों के मनो-सामाजिक और आर्थिक विकास कैसे हों? संविधान में इसके लिए विशेष अवसर के सिद्धांत के तहत आरक्षण आदि की व्यवस्था है। किन्तु वह पूरी तरह लागू नहीं है।

इतिहास-पुराण में पिछड़े वर्गों की सामाजिक-सांस्कृतिक स्थिति : बार-बार कहा जाता है कि भारत इतिहास नहीं, पुराणों का देश है। यहाँ इतिहास की अवधारणा अंग्रेजी शिक्षा और ज्ञान-विज्ञान के विकास के साथ बाद में आयी। इसलिए यहाँ पुराणों को ही प्राचीन इतिहास मानकर संतोष कर लेना पड़ता है। पहले भी कहा गया है कि पुराणों की बहुत सारी बातें कपोल-कल्पित और अविश्वसनीय सी लगती है; किन्तु प्राचीन भारत को जानने का सबसे सुलभ माध्यम वैदिक-पौराणिक साहित्य और जैन-बौद्ध ग्रंथ ही हैं। प्राचीन भारत की समाज व्यवस्था का पता भी इन्हीं ग्रंथों से चलता है। शूद्रों की स्थिति के उत्स भी ये ही ग्रंथ और शास्त्र हैं। किन्तु इनका अध्ययन रोचक तब हो जाता है, जब इनमें परस्पर विरोधी विचारधाराएँ भी मिलने लगती हैं।

प्राचीन काल में पिछड़े वर्गों की सामाजिक स्थिति : 'स्मृति' आदि ग्रंथों में शूद्रों अर्थात् आज के दलित-पिछड़ों के सम्बंध में अनेक अपमानजनक और आपत्तिजनक बातें कही गयी हैं। **'मनुस्मृति'** तो उसकी पराकाष्ठा ही है। इन ग्रंथों में शूद्रों की सामाजिक, सांस्कृतिक और आर्थिक स्थिति अत्यंत ही हीन और अपमानजनक बतायी गयीं हैं और उन्हें मान-सम्मान और सम्पति आदि के सभी मानवीय अधिकारों से वंचित रखने की साजिश रची गयी है। यह सब संभवतः बाद में हुआ होगा। क्योंकि गीता, महाभारत, स्मृति और पुराणादि **'वेद'** और **'उपनिषदों'** के बाद के ग्रंथ हैं।

गीता में श्रीकृष्ण ने **'चतुर्वर्ण्यं मया सृष्टं'** कहकर वर्ण-व्यवस्था के दैवी और ब्राह्मणी सिद्धांत पर मुहर लगा दी। यही नहीं, उन्होंने वैश्य और शूद्र समुदाय के लोगों को पापयोनी भी कह डाला-

''महिं पार्थ व्यापाश्रित्य स्यू: येऽपि पाप योनया:।
स्त्रियो वैश्यारतथा शूद्रास्तेऽपि यान्ति पराम् गतिम्।।'' (गीता, 9/32)

अर्थात् हे अर्जुन! स्त्री, वैश्य तथा शूद्र पाप योनी (जन्मना पापी) होते हैं।

ये भी मेरी शरण में आ जाये, तो उन्हें परम गति मिल जाती है। पराधीन बनाने का कैसा लुभावना मंत्र है गीता का यह श्लोक?

इस क्षेत्र में 'मनुस्मृति' तो बदनाम है ही; पर एक **'मनुस्मृति'** की बात कौन करे? यहाँ तो 'स्मृति' ही 'स्मृति' हैं। **'व्यास स्मृति'** में कहा गया है कि-

> ''वर्द्धकी नापितो गोपः आशापः कुंभकारकः
> वाणिक्कित कायस्थ मालाकार कुटुंबिनः।
> वरहो मेद चांडालः दासो श्वपचकोलकः
> एषां सम्भाषणात्स्नानं दर्शनादार्क वीक्षणम्।।'' (व्यास स्मृति-1/11-12)

अर्थात् बढ़ई, नाई, ग्वाला, कुम्हार, बनिया, कायस्थ, किरात, माली, भंगी, कोल, चमार ये सभी दास (शूद्र) अछूत हैं। इनसे बात करने पर स्नान करना चाहिए और दर्शन करने पर सूर्य की किरण देखने पर ही शुद्धि होती है।

कितना गिनाया जाये। गौतम स्मृति, अत्रि स्मृति, गीता, महाभारत, पुराणादि से लेकर मध्यकालीन 'रामचरित मानस' में भी शूद्रों की दुदर्शा कर डाली गयी है। मल्लाह, निषाद, कानू, कलवार, नाई, चांडाल, माली, तेली, कुर्मी, कुम्हार, सोनार, ग्वाला, बनिया आदि जातियों के नाम ले-लेकर उनकी नीचता का वर्णन किया गया है। इसके विपरीत उनकी स्त्रियों के संसर्ग से होनेवाले पुण्यादि का भी वीभत्स वर्णन किया गया है। 'स्मृति' आदि ग्रंथों ने व्यवस्था दी है कि 'ब्राह्मण की स्त्रियों पर केवल ब्राह्मण का, क्षत्रिय की स्त्रियों पर ब्राह्मण और क्षत्रियों का, वैश्य की स्त्रियों पर ब्राह्मण, क्षत्रिय और वैश्यों का और शूद्र की स्त्रियों पर सबका (चारो वर्णो का) अधिकार है'- यह है स्मृतियों का चिंतन और आचार धर्म!

दूसरी ओर भारतीय इतिहास और पुराणों में शूद्रों के लिए अनेक गौरवशाली प्रतीक और सत्ता-केन्द्र भी मिलते हैं। हड़प्पा और मोहनजोदड़ों की शैव-संस्कृति की बात छोड़ भी दें, तो इस वर्ग में अनेक वेदकालीन राजा, जैन-बौद्ध परम्परा के सिद्ध-संत, लोकायत के ऋषि और दार्शनिक, पुराण और महाकाव्यों के रचयिता, मध्यकालीन भक्त और संत, नवजागरण और आधुनिक काल के क्रांतिकारी सुधारक और अनेक आंदोलनों के संचालक, विद्वान, नेता-अभिनेता और स्वतंत्रता सेनानी बहुतायत में मिल जायेंगे। दलित-पिछड़ों की एक लम्बी परम्परा प्राचीन काल से अब तक आ रही है। किन्तु आज भी उनकी स्थिति

दोयम दर्जे की बनी हुई है। समाज, संस्कृति और आर्थिक क्षेत्रों में इनकी स्थिति अत्यंत दयनीय है। इसलिए इस वर्ग के पुराने प्रतीक पुरुषों और प्राचीन गौरव पर एक बार फिर से विचार करने की जरूरत जान पड़ती है।

पुरातात्त्विक प्रमाण बताते हैं कि यह विकसित सभ्यता असुरों, द्रविड़ों या बौद्धों की सभ्यता थी। जरासंध, बालि, सुग्रीव, राजा बलि, विरोचन, ध्रुव, प्रह्लाद आदि इसी सभ्यता के शूर-वीर और प्रतापी लोग थे। वैदिक संहिता, उपनिषद्, ब्राह्मण, रामायण, महाभारत एवं पुराणों में राजा जानश्रुति, महिदास, रैक्व, वाल्मीकि, व्यास, विदुर, जाबालि, शम्बूक, एकलव्य, कर्ण आदि की कथा आती है। ये सभी राजा, ऋषि और योद्धा शूद्र वर्ण के ही थे। व्यास को मल्लाह और वाल्मीकि को चांडाल माता की संतान बताया गया है। एकलव्य तो निषाद राजकुमार ही थे। कर्ण के माता-पिता सूत या सारथी या बढ़ई थे। शम्बूक शुद्ध रूप से माली या भील जाति के शूद्र ऋषि थे। इनमें से अधिकांश की माता तो शूद्रा थीं, पर पिता ब्राह्मण ही थे। उस जमाने में ब्राह्मण को चारों वर्णों की स्त्रियों से यौन-सम्बंध का अवाध अधिकार प्राप्त था। प्रायः उनकी शूद्र स्त्रियों से उत्पन्न वैध या अवैध संतानों को ब्राह्मण होने का अधिकार प्राप्त नहीं था। अतः वे शूद्र ही कहे गये और जीवन भर उन्हें शूद्र होने की सजा भोगनी पड़ी। किन्तु कभी-कभी ब्राह्मण या क्षत्रिय पिता और अप्सरा, निषाद आदि शूद्र माताओं से उत्पन्न पुत्र को ब्राह्मण या क्षत्रिय मान लिया गया। ऋषि वाल्मीकि, अगस्त, याज्ञवल्क्य, वशिष्ठ और विश्वामित्र के जन्म की कथा कुछ ऐसी ही है।

1. **राजा जानश्रुति** : जानश्रुति एक वैदिक मिथकीय चरित्र हैं, जिस प्रकार याज्ञवल्क्य, वशिष्ठ या विश्वामित्र हैं। ऋग्वेदकालीन राजा जानश्रुति की कथा 'छंदोग्य उपनिषद्' सहित कई उपनिषद्रों में मिलती हैं। जानश्रुति राजा तो अवश्य थे, पर उन्हें वेदों का ज्ञान नहीं था। उन्हें शास्त्रों में बार-बार शूद्र राजा कहकर नीच दिखाया गया है। एकबार **ऋषि रैक्व** जो खुद भी गाड़ीवान के पुत्र थे, उनकी पुत्री पर मोहित हो गये। जानश्रुति ने राजकुमारी की शादी रैक्व से कर दी और ऋषि रैक्व ने उन्हें वेद और उपनिषद्रों का ज्ञान दिया। ऐसा लगता है कि जानश्रुति ने अपने लोगों के बीच राज्य तो स्थापित कर लिया था, किन्तु शूद्र होने के कारण उन्हे वेदादि की शिक्षा कोई ब्राह्मण दे नहीं रहा था। ऋषि रैक्व जो खुद भी शूद्र थे और बचपन से ही आबादी से दूर जंगल में रहते थे, उन्होंने आरम्भ में किसी गुरु से और बाद में अपनी साधना और

स्वाध्याय के बल पर वेदादि का अध्ययन किया होगा। कालान्तर में उन्होंने राजा जानश्रुति को भी शास्त्रों की शिक्षा दी।

2. **ऋषि रैक्व :** ऋषि रैक्व बचपन से ही अपने गुरु के साथ वन में रहते थे। उन्होंने अपनी माता को भी नहीं देखा था। जन्म देकर उनकी माता मर गयी थीं। ऐसा लगता है कि वे शूद्र अथवा दासी थीं। ऋषि पिता के साथ वे वन में साधना करते थे। युवाकाल में ही उन्हें अनेक सिद्धियाँ प्राप्त हो गयीं। वे जीवन के मूल तत्त्व का अनुसंधान करना चाहते थे। सबसे पहले उन्होंने जल को जीवन सत्य मानकर जल की साधना की। अपनी इच्छा से वे नदी की धारा में बैठकर चलने लगते थे। जल को ही उन्होंने जीवन का असली तत्त्व मान लिया था।

किन्तु एकबार वे नदी किनारे जल की साधना कर रहे थे कि तेज आंधी उन्हें उड़ा ले गयी। आंधी के बाद उन्होंने वन में एक सुंदर तरुणी को एक टूटी बैलगाड़ी (रथ) के पास बेहोश पाया। वह राजा जानश्रुति की युवा राजकुमारी थी, जो पास ही अपने किसी रिश्तेदार के यहाँ जा रही थी, पर आंधी में घिरकर उसका रथ टूट गया, बैल और सारथी भी मर गये और वह खुद गिरकर बेहोश हो गयी। रैक्व ने उसे होश में लाने की कोशिश की। प्राणवायु (सांस) शेष रहने पर ही कोई जीवित रह सकता है। ऐसा उन्होंने माना। तब से वे हवा की ही साधना करने लगे। वे हवा में उड़ने लगते थे, जल पर चलने लगते थे; किन्तु इससे जीवन की किसी समस्या का समाधान नहीं होता था। अत: अंत में उन्होंने कर्म-संकुल जीवन और उसकी समस्याओं को ही सत्य मानकर जीवन में प्रवेश करने का निर्णय किया। उन्होंने राजा जानश्रुति की उसी पुत्री, जो गाड़ी से गिरकर बेहोश हो गयी थी और जिसके कारण उन्होंने हवा की साधना की थी, से विवाह किया और गृहस्थ आश्रम में प्रवेश करके दीन-दुखियों की सेवा में लग गये। वे शूद्र जाति के ऋषि थे, जिन्हें सारथी या गाड़ीवान पुत्र भी कहा गया है।

3. **महिदास :** महिदास की कथा उपनिषदों में आती है। वे शूद्र वर्ण के ऋषि थे। वे किसी ब्राह्मण की इतरा नामक दासी से उत्पन्न थे। जाहिर है उनके पिता ब्राह्मण ही रहे होंगे। **'ऋग्वेद'** संहिता के **'ऐतरेय ब्राह्मण'**, **'ऐतरेय अरण्यक'** और **'ऐतरेय उपनिषद्'** उन्हीं के लिखे ग्रंथ बताये जाते हैं। इतरा से 'ऐतरेय' होना स्वाभाविक है। उपनिषदों की कथा के अनुसार वे

116 वर्ष तक जीवित रहे। वे अनेक रोगों से ग्रस्त हुए। पर कहा जाता है कि उन्होंने रोगों को चुनौती दे दी कि तुम चाहो कितना सताओ, मैं तुम्हारे कष्टों के कारण नहीं मरूँगा। यह शोध का विषय का हो सकता है कि मूल ऋग्वेद संहिता के ब्राह्मण, अरण्यक और उपनिषदों के रचयिता एक ही ऋषि थे या अलग-अलग। सभी के नाम एक ही बताया जाता है। किन्तु इतना तय है कि महिदास इतरा दासी के ही पुत्र थे, इसलिए दास या शूद्र थे। इनके लिखे ग्रंथों को **'ऐतरेय'** कहा गया है। इससे जाहिर है कि ये इतर मत के थे। महि का अर्थ भूमि होता है। इसलिए इनका भूमि से भी जुड़ाव लगता है। ये धरतीपुत्र या धरती की सेवा करनेवाले किसी खेतीहर कबीले से जुड़े जान पड़ते हैं, जो शूद्र अथवा वैश्यों के काम हैं। इसलिए महिदास शूद्र ऋषि ही ठहरते हैं।

4. **वाल्मीकि :** प्राचीन ग्रंथों में वाल्मीकि नाम के कई महापुरुषों की चर्चा है। 'भक्तमाल' में दो वाल्मीकियों की कथा आती है। गुरुग्रंथ साहब में सात वाल्मीकियों की चर्चा की गयी है। किन्तु वाल्मीकि की ख्याति संस्कृत भाषा के आदिकवि और आदिकाव्य 'रामायण' के रचयिता एक ऋषि के रूप में हैं। "इनके पिता महर्षि कश्यप के पुत्र वरुण या आदित्य थे। उपनिषद् के विवरण के अनुसार ये भी अपने भाई भृगु की भांति परम ज्ञानी थे। एकबार ध्यान में बैठे हुए वरूण-पुत्र के शरीर को दीमकों ने अपना ढूह (बांबी) बनाकर ढँक लिया था। साधना पूरी करके जब ये दीमक-ढूह से जिसे वाल्मीकि कहते हैं, बाहर निकले तो लोग इन्हें वाल्मीकि कहने लगे।" (भारतीय संस्कृति कोश)

किन्तु वाल्मीकि का सम्बंध भील और चांडाल (भंगी) जाति से भी जुड़ा हुआ है। भंगी लोग 'वाल्मीकि जयंती' मनाते हैं और उनकी 'रामायण' को पवित्र ग्रंथ के रूप में पूजते हैं। इस परम्परा की जड़ में **'भागवत् पुराण'** और **'योग वशिष्ठ'** की एक कथा है। "भागवत् के छठे स्कंध के 18 वें अध्याय में बताया गया है कि ब्रह्मा के पुत्र वरुण की पत्नी चार्षिणी के गर्भ से वाल्मीकि का जन्म हुआ। बचपन में ही वाल्मीकि को एक भीलनी उठाकर ले गयी और उन्हें पाला-पोषा। उनका नाम 'रत्नाकर' पड़ा। जवान होने पर 'रत्नाकर' भी कुछ भीलों के कर्म बटमारी करने लगे। वाल्मीकि ने खुद भी अपने को चांडाल या भंगी कहा है। एक कथा आती है महाभारत की।" ('श्री वाल्मीकि प्रकाश' के आधार पर)

एक बार पांडवों ने एक यज्ञ किया। श्री कृष्ण ने इस यज्ञ की सफलता के लिए एक शंख रख दिया और कहा कि जब यज्ञ निर्विघ्न पूरा हो जायेगा, तो शंख अपने आप बज उठेगा। किन्तु यज्ञ पूरा हो जाने पर भी शंख नहीं बजा। युधिष्ठिर द्वारा कारण पूछने पर श्रीकृष्ण ने बताया कि संभव है कोई भक्त इस यज्ञ में भोजन करने से वंचित रह गया हो। खोजने पर वाल्मीकि पांडवों की अश्वशाला में अकेले बैठे मिले। पांचों पांडव सहित श्रीकृष्ण उनके पास आये और उनसे यज्ञ का भोजन ग्रहण करने का अनुरोध किया। किन्तु वाल्मीकि ने यह कहकर इनकार कर दिया कि मैं चांडाल हूँ और आपलोगों को चांडालों के दर्शन मात्र से छूत लग जाती है। इसलिए मैं दूर से ही यज्ञ देखकर पुण्य प्राप्त कर रहा हूँ। तब कृष्ण ने कहा कि हे मुने, मुझे अपना चांडाल भक्त भी बहुत प्रिय है। आपसे कोई घृणा नहीं करेगा, न कोई छूत ही मानेगा।

किन्तु सारे व्यंजनों और भोज्य पदार्थों को एक साथ मिलाकर खाते देख द्रौपदी के मन में घृणा उत्पन्न हो गयी और उसने मन ही मन सोचा- हे भगवान, यह तो सचमुच ही नीच है। वाल्मीकि ने भोजन कर लिया। फिर भी शंख नहीं बजा। तब पांडवों को फिर चिंता हुई। कृष्ण ने कहा कि जरूर द्रौपदी से कोई भूल हुई होगी। द्रौपदी ने अपनी भूल स्वीकार की और फिर से भोजन बनाकर शुद्ध मन से मुनि को भोजन कराया, तभी जाकर शंख बजा।

कथा प्रसिद्ध है कि तमसा नदी के तट पर एक व्याधे ने मैथूनरत क्रौंच पक्षी के जोड़े में से एक को मार डाला। आहत क्रौंच वहीं पर छटपटाकर मर गया। वाल्मीकि के भावुक कवि ने यह सब अपनी आँखों से देखा। व्याध के इस क्रूरतापूर्ण आचरण और आहत पक्षी की करूणा से प्लावित वाल्मीकि के मुँह से स्वतः एक छंद निकल पड़ा। इसमें व्याधा के लिए अभिशाप के अनियंत्रित उद्‌गार थे, जो लौकिक छंद में एक श्लोक के रूप में निकले। इसे अनुष्टुप छंद कहा गया-

''मा निषाद प्रतिष्ठांत्वं अगमः शाश्वतीः समाः।
यत्क्रौंच मिथुनादेकं अवधीः काममोहितम्।।'' (वाल्मीकि रामायण)

इसी छंद में वाल्मीकि ने नारद से सुनी रामकथा के आधार पर रामायण की रचना की। ''कुछ लोगों का अनुमान है कि हो सकता है, महाभारत की

भांति रामायण भी समय-समय पर कई व्यक्तियों ने लिखी हो और अंतिम रूप किसी एक ने दिया हो और वह वाल्मीकि की शिष्य परंपरा का ही हों।'' (भारतीय संस्कृति कोश)

एक कथा डाकू वाल्मीकि की भी है। किन्तु ''जिस वाल्मीकि के डाकू का जीवन बिताने का उल्लेख मिलता है, उसे रामायण के रचयिता से भिन्न माना जाता है।'' पौराणिक विवरणों के अनुसार कथा प्रसिद्ध है कि यह रत्नाकर नाम का दस्यु था और यात्रियों को मारकर या लूटकर उनके धन से अपना परिवार पालता था। एक दिन नारदजी भी इनके चक्कर में पड़ गए। जब रत्नाकर ने उन्हें भी मारकर लूटना चाहा तो नारद ने पूछा--जिस परिवार के लिए तुम इतने अपराध करते हो, क्या वह तुम्हारे पापों का भागीदार बनने को तैयार है? रत्नाकर नारद को पेड़ से बांधकर इस प्रश्न का उत्तर जानने के लिए घर गया। पर वह यह जानकर दंग रह गया कि परिवार का कोई भी व्यक्ति उसके पाप का भागीदार बनने को तैयार नहीं है। लौटकर उसने नारद के चरण पकड़ लिए और डाकू का जीवन छोडकर तपस्या करने लगा। इसी में उसके शरीर को दीमकों ने अपना घर बनाकर ढँक लिया, जिसके कारण वह भी वाल्मीकि के नाम से प्रसिद्ध हुआ।

एक अन्य विवरण के अनुसार इसका नाम अग्निशर्मा था और इसे 'हर' उलटकर कहने में रस आता था। इसलिए ऋषियों ने डाकू जीवन में इसे 'मरा' शब्द का जाप करने की राय दी। तेरह वर्ष तक 'मरा-मरा' रटते-रटते यही शब्द 'राम' हो गया। किन्तु वाल्मीकि की अंत:कथा, रामायण में वर्णित तथ्य एवं उनके विचारों से ऐसा नहीं लगता कि वाल्मीकि कोई मूर्ख, गँवार या उद्दत व्यक्ति रहे होंगे। यदि क्षेपकों को छोड़ दिया जाये, तो उनकी रामकथा कहीं से भी दलित विरोधी और वर्णाश्रम धर्म की समर्थक नहीं लगती।

5. **व्यास :** व्यास की कथा महाभारत सहित कई पुराणों में भी आती है। व्यास के नाम से अनेक वैदिक-पौराणिक ग्रंथ प्रसिद्ध हैं। ऋग्वेद सहित चारों वेद, महाभारत, अनेक स्मृति, उपनिषद् और पुराणों की रचना का श्रेय व्यास को ही दिया गया है। किन्तु वेद से लेकर पुराणों तक की रचना में सैकड़ों वर्षों का अन्तराल है। इसलिए व्यास कोई एक व्यक्ति नहीं जान पड़ते। व्यास एक परम्परा है। किन्तु महाभारत के रचयिता जिस व्यास की कथा आती है, उनके जीवन यथार्थ से लगता है कि महाभारत कालीन वर्ण-व्यवस्था

अपेक्षाकृत उदार थी और व्यास एक शूद्र ऋषि थे। वे कृष्ण (काले) वर्ण के थे और एक द्वीप में उनका जन्म हुआ था, इसलिए उनका एक नाम 'कृष्ण द्वैपायन' भी है।

कथा आती है कि सत्यवती नाम की एक धीवर (मलाह) कन्या थी, जो नाव चलाती थी। एक बार पराशर ऋषि उसके नाव पर सवार हुए। उसकी सुंदरता देखकर वे मोहित हो गये और उसके साथ यौन-सम्बंध बना बैठे। इस कारण कुमारी अवस्था में ही उससे एक पुत्र उत्पन्न हुआ। सत्यवती के उस पुत्र का जन्म धीवरों के एक द्वीप में हुआ था। यही बालक व्यास या कृष्णद्वैपायन व्यास कहलाया। बाद में इसी सत्यवती का विवाह भीष्म के पिता महाराज शांतनु से हुआ। इस प्रकार व्यास माता की ओर से शूद्र वर्ण के ही थे। वे विद्वान तो थे ही, पवित्र और श्रेष्ठ भी समझे जाते थे। बाद में सत्यवती और शांतनु के पुत्र विचित्रवीर्य के निःसंतान मर जाने के कारण व्यास के नियोग द्वारा ही उनकी पत्नियों से धृतराष्ट्र और पांडु नामक पुत्र हुए, जिनसे कुरुवंश चला। व्यास ने ज्ञान की साधना बद्रीकाश्रम में की थी, इसीलिए उन्हें बादरायण भी कहा जाता है। महाभारत की कथा में 'वर्ण-व्यवस्था' की उदारता और वर्णान्तरण से ज़ान पड़ता है कि इसके रचयिता की सहानुभूति शूद्रों के प्रति है। महाभारत के संवादों में वर्ण-व्यवस्था को प्रशंसा की दृष्टि से नहीं देख गया है। यहाँ वर्ण-व्यवस्था के कर्म-सिद्धांत को पूरी प्रतिष्ठा मिली है। ऐसी मानिसिकता किसी ब्राह्मण ऋषि की नहीं हो सकती। इसलिए कहा जा सकता है कि व्यास का सम्बंध निश्चय ही किसी शूद्र वर्ण से है।

6. **व्यासपुत्र विदुर** : धृतराष्ट्र के अंधे और पांडु के पीलिया रोग से ग्रस्त होने के कारण हस्तिनापुर के राजकाज के लिए दोनों ही बालकों के अयोग्य होने की आशंका हो गयी। ऐसा समझकर सत्यवती ने पुनः व्यास को दासी से नियोग द्वारा पुत्र उत्पन्न करने को कहा। व्यास काले और कुरूप थे। कहा जाता है कि नियोग के दौरान विचित्रवीर्य की पहली पत्नी अम्बिका ने शर्म से अथवा उनकी कुरूपता से भयभीत होकर आँखें बंद कर ली, इसलिए उसके गर्भ से उत्पन्न पुत्र धृतराष्ट्र अंधे थे। दूसरी पत्नी अम्बालिका ने आँखें तो बंद नहीं कीं, पर भय के कारण अथवा शर्म निवारण के लिए उसने अपने पूरे शरीर में पीली मिट्टी का लेप चढ़ा लिया, जिससे उसके गर्भ से उत्पन्न पुत्र पांडु जन्म से ही पीला अर्थात् पीलिया रोग से ग्रस्त निकला। व्यास ने नियोग के पश्चात् ही सत्यवती को दोनों बातें बता दी थीं। इसलिए सत्यवती

ने व्यास को दासी के साथ नियोग के लिए प्रेरित किया। दासी ने नियोग के दौरान वैसा कुछ भी नहीं किया। वह प्रसन्न मन से स्त्री-पुरुष के स्वाभाविक मिलन को अंगीकार किया। इसलिए उसके गर्भ से उत्पन्न पुत्र अत्यंत मेधावी और विलक्षण हुआ, जिसने समय-समय पर कौरव और पांडवों को उचित राय देकर कुरु वंश की रक्षा की। यही दासीपुत्र महाराज विदुर हुए, जिनकी महिमा शास्त्रों में गायी गयी है। विदुर अपने ज्ञान और नीतियों के लिए प्रसिद्ध हैं। भारतीय संस्कृति और मिथक के इतिहास में 'विदुर नीति' प्रसिद्ध है।

7. **दासी पुत्र जाबालि (सत्यकाम) :** जाबाला नामक दासी का पुत्र जाबालि जब शिक्षा प्राप्ति के लिए आश्रम गया, तो परम्परावश गुरु ने उसके पिता का नाम, वर्ण, कुल-गोत्र आदि पूछे। किन्तु जाबालि केवल अपनी माता का नाम ही जानता था। गुरु ने उसे माता से सब बातें पूछकर आने को कहा। माता ने उसे बताया कि बेटा, तुम्हारे गर्भाधान के दौरान मैंने अनेक मालिकों के यहाँ दासीकर्म किये हैं। मैंने उन सबकी समान सेवा की है। उनमें तुम्हारा जन्म किस पुरुष से हुआ, मैं नहीं बता सकती। जाबालि ने गुरु के पास जाकर सबकुछ सच-सच बता दिया। गुरु ने कहा कि इतना सत्यवादी कोई ब्राह्मण बालक ही हो सकता है। इसलिए तुम जरूर ब्राह्मण ही हो और उन्होंने जाबालि को शिक्षा ग्रहण करने की अनुमति प्रदान कर दी। एक दिन जाबालि एक महान ऋषि हुआ। एक उपनिषद् एवं कुछ अन्य वैदिक ग्रंथ भी जाबालि के लिखे बताये जाते हैं। जाबालि को भले ही ब्राह्मण बालक के रूप में स्वीकृति मिली हो, किन्तु वह दासी पुत्र शूद्र ही था, जिसमें अपार प्रतिभा थी।

8. **शम्बूक :** बहुचर्चित शम्बूक **'रामकथा'** का एक पात्र है, जिसे शूद्र होने के कारण 'शूद्रक' भी कहा गया है। कहीं उन्हें माली जाति का, कहीं निषाद, कहीं शबर तो कहीं बहेलिया बताया गया है। शम्बूक की चर्चा दो रूपों में आती हैं।

एक प्रसिद्ध कथा राम से जुड़ी हुई है। रामायण में बताया गया है कि वे शूद्र ऋषि थे, जिनकी तपस्या के कारण एक ब्राह्मण-शिशु मर गया था। शूद्र के लिए तपस्या करना निषिद्ध था। इसलिए राम ने उसकी हत्या कर दी, जिससे ब्राह्मण-पुत्र जीवित हो उठा। दूसरी कथा **'पउम चरित'** में आती है, जिसमें उसे रावण के भानजे खरदूषण का पुत्र बताया गया है। वह सूर्पनखा (चंद्रनखा) का पुत्र था। उसने बारह वर्ष और सात दिनों तक एकांत वन-प्रांत

में शस्त्राभ्यास एवं तपस्या करने का व्रत ले रखा था। इस अवधि में वहाँ किसी को जाने की इजाज़त नहीं थी।

किन्तु पंचवटी में वनवास के समय लक्ष्मण भूल से वहाँ चला गया और उसने पास में पड़े शम्बूक की तलवार से बाँस की झाड़ी पर प्रहार किया। इससे शम्बूक का सिर कटकर लक्ष्मण की गोद में गिर गया। जब उसकी माता सूर्पनखा को मालूम हुआ, तो वह लक्ष्मण की हत्या हेतु उसके पास गयी। पर राम-लक्ष्मण के रूप को देखकर मोहित हो गयी। आगे की कथा सभी जानते हैं।

किन्तु वाल्मीकि-रामायणवाली कथा ही अधिक उपयुक्त और तर्कपूर्ण लगती है। रामायण में कहा गया है कि रामराज्य में सभी अपने धर्मानुकूल कर्म करते थे। कहने की आवश्यकता नहीं कि धर्म वर्ण-व्यवस्था द्वारा निर्धारित कर्म ही थे। एक दिन एक ब्राह्मण अपने मरे हुए बालक को गोद में लेकर राम-दरबार में पहुँचा और राम को भला-बुरा कहने लगा। रामराज्य में किसी की अकाल मृत्यु नहीं हो सकती। ऐसे में ब्राह्मण के इस पुत्र की अकाल मृत्यु का कारण क्या है? पूछने पर वशिष्ठादि गुरु और नारद ने बताया कि जरूर कोई शूद्र अपने नियत कर्म को छोड़कर ब्राह्मणोचित कर्म कर रहा होगा। पता करने पर यह बात सही सिद्ध हुई।

नारद ने बताया-

''न मिथ्याहं वदं राम देवलोक जिणीषया।
शूद्रमा विद्धि काकुत्स्थ शम्बूके नाम नामतः।।
भाषतस्तस्य शूद्रस्य खगं सुरूविर प्रभूः।
निकृष्य कोशात विमलं शिरश्चिक्छैद राघवः।।''

(वा. रा. उत्तरकांड, 7-76-2-4)

राम ने पुष्पक विमान से चारो दिशाओं में उस शूद्र को खोजा। अंत में दक्षिण में शैवल नामक पर्वत पर सरोवर के किनारे शम्बूक तपस्या करता हुआ पाया गया। पूछने पर उसने अपना परिचय शूद्र ऋषि के रूप में दिया। किन्तु राम ने धर्म विरुद्ध कर्म करने के कारण उसकी हत्या कर डाली। शम्बूक अपने शूद्र भाइयों को अच्छे कर्म का उपदेश देने के लिए ही तपस्या कर रहा था। इस घटना के सम्बंध में अधिक तर्कसंगत तथ्य यह हो सकता है

कि शूद्रों की हीन स्थिति को देखते हुए वह ब्राह्मण धर्म की विसंगतियों के विरुद्ध अपने शूद्र भाइयों को उपदेश देकर संगठित कर रहा होगा, जो जाहिर है राम के ब्राह्मण-धर्माश्रित राज्य के प्रतिकूल रहा हो। इसलिए उसकी हत्या कर डाली गयी। **'वर्ण-व्यवस्था'** के कठोर नियमों से संचालित किसी भी राज्य में ऐसा होना स्वाभाविक है। यह व्यवस्था की विसंगति थी, किसी व्यक्ति अथवा राजा की नहीं।

9. **एकलव्य :** एकलव्य की कथा **'महाभारत'** में आती है। महाभारत के आदिपर्व अध्याय 131 में श्लोक सं. 32 से 59 तक में 'एकलव्य' की कथा आई है। **'हरिवंश पुराण'** में भी एकलव्य की कथा कही गयी है। भारतीय धर्म और संस्कृति के इतिहास में 'एकलव्य' और 'कर्ण' की कहानी वर्णवादी व्यवस्था और ब्राह्मण धर्म पर एक कलंक है। यह छल-कपट और प्रपंचपूर्ण आचरण की पराकाष्ठा है। ऐसे में हमें अपने तथाकथित गुरुओं के आचरण पर संदेह हो जाता है और **'गुरुगीता'** के 'गुरुर्ब्रह्मा, गुरुर्विष्णु...' जैसी उद्घोषणा 'गुरुडम' फैलाने के षड्यंत्र से अधिक कुछ भी नहीं लगता। किन्तु इसके लिए किसी एक परशुराम या द्रोणाचार्य को दोषी नहीं ठहराया जा सकता; इस प्रकरण में पूरी व्यवस्था ही दोषी नजर आती है।

'एकलव्य' निषादराज हिरण्यधनु का मेधावी पुत्र था। उसे धनुर्विद्या सीखने का बड़ा शौक था। खेल-खेल में ही उसने तीर चलाने में महारत हासिल कर ली थी। किन्तु शस्त्र संचालन और धनुर्विद्या को सही दिशा देने के लिए उसे एक गुरु की तलाश थी। उस समय द्रोणाचार्य कौरव और पांडवों के नामी गुरु थे। उनकी ख्याति दूर-दूर तक फैली थी। इसी ख्याति से आकर्षित होकर 'एकलव्य' भी द्रोण के आश्रम में शस्त्रविद्या सीखने गया। किन्तु गुरु द्रोण ने उसे शूद्र कहकर धनुर्विद्या सिखाने से इनकार कर दिया। उस समय विद्या केवल ब्राह्मण और क्षत्रियों की ही चीज थी। दूसरों के लिए वह धर्मविरुद्ध थी। निराश होकर 'एकलव्य' खुद ही अभ्यास करने लगा। संभव है वह गुरु द्रोण की शिक्षा को छिपकर ग्रहण करता रहा हो। उसने प्रतीकस्वरूप गुरु द्रोण की प्रतिमा स्थापित कर ली और उसी प्रतिमा को गुरु मानकर अभ्यास करने लगा। वह धनुर्विद्या में पारंगत हो गया।

कहा जाता है कि एक बार द्रोणाचार्य अपने शिष्यों के साथ शिकार खेलने वन में उधर से ही निकले, जिधर एकलव्य अभ्यास करता था। साथ में द्रोणाचार्य का एक कुत्ता भी था, जो लगातार भौंकता हुआ आगे-आगे चल

रहा था। एकलव्य उस समय अभ्यास कर रहा था। कुत्ते के भौंकने से उसके अभ्यास में विघ्न उपस्थित हो रहा था। इसलिए उसने एक ही बार में ऐसे सात बाण चलाये, जिससे कुत्ता का मुँह भी बंद हो गया और वह घायल भी नहीं हुआ। बाण से बिंधे मुँह लिये जब कुत्ता वापस समूह की ओर आया, तो द्रोण बाण संचालन की करामात देखकर दंग रह गये। यह विद्या तो उन्हें भी नहीं आती थी। वे तो अर्जुन को ही दुनिया का सबसे बड़ा धनुर्धर बनाना चाहते हैं। यह अद्‌भुत धनुर्धर कौन है? उन्होंने वाण चलाने वाले की खोज शुरू कर दी। कुछ ही दूरी पर उन्हें बाण संचालन का अभ्यास करता हुआ एकलव्य मिल गया। सामने द्रोण ने अपनी प्रतिमा लगी देखी। एकलव्य ने गुरु को प्रणाम किया और पूछने पर सारी बातें सच-सच बता दी। खुश होने के बदले गुरु की भृकुटियाँ तन गयी। लेकिन उन्होंने संयम से काम लिया। अपने गुरुडम का सहारा लेते हुए उन्होंने छल से गुरु दक्षिणा मांग ली।

गुरु द्वारा दक्षिणा मांगने पर एक़लव्य धन्य हो गया। वह भी राजकुमार था। उसे किस चीज की कमी थी। उसने साष्टांग दण्डवत् करके गुरु से दक्षिणा मांगने की याचना की। किन्तु गुरु का प्रपंची मन तो डोल रहा था। वह जानता था कि वह जो मांगने जा रहा है, वह एकलव्य क्या, दुनिया का कोई भी शिष्य आसानी से नहीं दे सकता है। इसलिए द्रोण ने एकलव्य से प्रतिज्ञा करवा ली कि वह जो मांगेगा, वही मिलेगा। एकलव्य ने कुश लेकर संकल्प कर दिया। फिर तो जो होना था, वही हुआ। गुरुदक्षिणा में उससे उसका दाहीना अंगूठा मांग लिया गया, जिससे वह बाण चलाने में हमेशा के लिये अक्षम हो जाये। 'एकलव्य' सब कुछ जान गया। किन्तु अब उपाय क्या था। उसने अपने ही हाथों अपना अंगूठा काटकर गुरु को दे दिया।

अंगूठा कटने पर भी एकलव्य ने केवल अंगुलियों के सहारे बाण संचालन का अभ्यास किया और दुनिया का नामी धनुर्धर हुआ। कहा जाता है कि बलराम को युद्ध में एकलव्य ने ही हराया था। इस प्रकार एक प्रतिभावान शूद्र छात्र को केवल नीच जाति के होने के कारण वह सजा मिली, जिसे सुनकर दुनिया का कोई भी समाज शर्म से सिर झुका लेगा।

10. **कर्ण** : एकलव्य की कथा गुरु-प्रपंच की पहली कहानी नहीं है। वैदिक-पौराणिक गुरुओं की दुष्टता और द्वेषभाव की कथा और भी है। **'महाभारत'** में ही एक और कथा महादानी और विख्यात वीर कर्ण की आती है। कर्ण

अपने पराक्रम, श्रेष्ठ धनुर्विद्या और दानवीरता के लिए महाभारत के पात्रों में सर्वाधिक प्रसिद्ध हैं।

वैसे तो सम्पूर्ण महाभारत ही वर्ण-संकरों का वंश है, किन्तु कर्ण को कुंवारी माँ का वर्ण-संकर बताया गया है। विवाह होने पर भी पति पांडु रोगग्रस्त और संतानोत्पति में अशक्त निकला। इसलिए कुंती ने क्रमशः धर्म, इन्द्र, पवन और अश्विनी कुमारों के संसर्ग से युधिष्ठिरादि पाँचों पांडवों को जन्म दिया। अर्जुन इन्द्र का पुत्र था। किन्तु कर्ण कुंवारी कुंती के गर्भ से जन्मा सूर्य का पुत्र था। कुंती ने लोकलाज के भय से कर्ण को एक संदुकची में रखकर पानी में बहा दिया। वह संदुकची अधिरथ नामक एक सूत (सारथी) को मिला। उसकी पत्नी राधा निःसंतान थी। उसने उस बालक का नाम वसुषेण रखा। उसने बड़े ही स्नेह और ममता से कर्ण का पालन-पोषण किया। कर्ण ने भी माता राधा के प्रति अपनी असीम भक्तिभावना दिखायी। इसी मातृभक्ति के कारण कर्ण को राधेय (राधा का पुत्र) भी कहा गया।

कुछ भी हो, कर्ण था तो सूत (शूद्र) पुत्र ही। कर्ण के साथ दो-दो बार छल हुआ। जाति के कारण अपमान तो उसे जीवन भर झेलना पड़ा। वह प्रसिद्ध गुरु परशुराम का शिष्य था। विद्याध्ययन के लिए गुरु द्रोणाचार्य से निराश होकर वह द्रोण के भी गुरु परशुराम के पास पहुँचा था। उसे अपनी जाति छिपानी पड़ी थी। वह जानता था कि सूतपुत्र बताने पर द्रोण की तरह परशुराम भी विद्या सिखाने से इनकार कर देंगे। क्योंकि उस समय शूद्रों को शिक्षा ग्रहण करने का अधिकार नहीं था। इसलिए उसने अपने आपको ब्राह्मण बताकर परशुराम की सेवा में प्रस्तुत किया। परशुराम ने उसकी निष्ठा-भक्ति से प्रभावित होकर उसे सारे शस्त्रास्त्रों की शिक्षा दी। किन्तु कर्ण की इसी निष्ठा ने उसके जाति की पोल भी खोल दी।

एक दिन गुरु परशुराम कर्ण की जंघा पर सिर रखकर सो रहे थे। इसी बीच एक कीड़ा कर्ण की जांघ में काटने लगा। कर्ण को दर्द हुआ। किन्तु यह सोचकर कि जांघ हिलाने पर गुरु की नींद टूट जायेगी, कर्ण चुपचाप दर्द को सहता रहा। पर वह कीड़ा जांघ को छेदकर अंदर तक घुस गया और कर्ण की जांघ से रक्त की धारा फूट पड़ी। रक्त की ऊष्णता से गुरु की नींद उछट गयी। वे चौंक पड़े। उन्होंने सोचा कोई ब्राह्मण का बालक इतना कष्ट नहीं सह सकता। उन्हें कर्ण की निष्ठा पर शक होने लगा। उन्होंने कर्ण को गौर से

देखा और कड़ककर पूछा-सच-सच बता, तू किस वर्ण का है? कर्ण ने सच-सच बता दिया। परशुराम ने उसे शाप दे दिया कि जाओ ब्रह्मास्त्र विद्या तुम्हें काम न आयेगी। यह ब्राह्मणों की विद्या है, तुम इसे समय पर भूल जाओगे।

अपनी वर्णहीनता के कारण कर्ण को पग-पग पर अपमानित होना पड़ता था। विद्याप्राप्ति के बाद राजदरबार के खुले प्रांगण में जनता के बीच द्रोणाचार्य अर्जुनादि शिष्यों द्वारा शस्त्र संचालन कर राजकुमारों की वीरता का प्रदर्शन करवा रहे थे। दर्शकों में कर्ण भी शामिल था। अर्जुन के प्रदर्शन के बाद कर्ण ने उसे चुनौती दे दी कि अर्जुन सबसे बड़ा धनुर्धर नहीं है। उससे अधिक तो मैं ही करतब दिखा सकता हूँ। ऐसा कहकर उसने करतरब दिखाना शुरू कर दिया। उसकी क्षमता को देखकर सभी दंग रह गये। इसी बीच कृपाचार्य बीच में आये और उससे परिचय पूछा। परिचय जानकर भरी सभा में उसका अपमान होने लगा। उससे कहा गया कि राजपुत्र से प्रतिद्वन्द्विता कोई राजपुत्र ही कर सकता है। यदि अर्जुन से स्पर्द्धा करनी है, तो जाओ, पहले कोई राज अर्जित करो। यह सुनकर दुर्योधन आगे आये और उसने अपना मुकुट उतारकर उसके माथे पर रखा और कहा कि वीरों का इस प्रकार अपमान नहीं किया जाना चाहिए। कर्ण को मैं अंग देश का राजा बनाता हूँ। तब से कर्ण कौरवों के पक्ष में चला गया। महाभारत युद्ध में उसने अर्जुन सहित पांडव सेना के छक्के छुड़ा दिये थे। यदि उसके साथ छल नहीं हुआ होता, तो युद्ध में संभवतः कौरवों की ही जीत होती।

द्रौपदी के स्वयंवर के समय कर्ण ने अर्जुन से पहले ही लक्ष्य-भेदन कर डाला था, किन्तु द्रौपदी ने सूतपुत्र से विवाह करने से साफ मना कर दिया। यह न केवल अन्याय था, बल्कि कर्ण का बहुत बड़ा अपमान भी था। भीष्म पितामह सहित प्रायः सभी कौरव और पांडवों ने जाति को लेकर कर्ण का अपमान किया था। भीष्म ने तो कभी उसे महारथी माना ही नहीं।

कहते हैं कर्ण छाती पर रक्षाकवच और कान में कुंडल लेकर ही पैदा हुआ था। इन जन्मजात रक्षा कवचों के रहते उसे कोई मार नहीं सकता था। इसलिए महाभारत युद्ध में जब अर्जुन की रक्षा की बात आयी, तो सूर्यपूजा के समय ब्राह्मण का कपटी वेश धारण कर अर्जुन के पिता इन्द्र ने छल से उससे कवच और कुंडल दान में ले लिये। अर्जुन और कर्ण में प्रतिद्वंद्विता थी। इस प्रकार कर्ण को जीवन भर शूद्र होने की सजा मिली।

11. **नंदवंश, मौर्य वंश और गुप्त राजवंश :** प्राचीन भारत (उत्तर वैदिक काल) में राजवंशों का इतिहास (पुराण) देखें, तो गौतम बुद्ध के वंश शाक्य राजवंश को भी कोयरी जाति (पिछड़ा वर्ग) का राजवंश बताया जाता है। प्राचीन 'नंद' और 'मौर्य' राजवंश शूद्रों का राजवंश था। फ्रांसीसी और यूनानी विद्वानों ने भी इन्हें शूद्रों का राजवंश बताया है। पुराणों में महापद्मनंद की कथा आती है। उनके राजवंश को **'नंद वंश'** कहा जाता है। महापद्मनंद मगध के आरंभिक राजा थे। बिंबिसार और अजातशत्रु के बाद वे मगध के सबसे प्रतापी राजा हुए। ये राजा नाईवंशीय बताये जाते हैं। रोमिला थापर लिखती हैं कि "नंद लोग, जिन्होंने शिशुनाग वंश से सिंहासन छीना था, नीच कुल के थे। कुछ स्रोतों का कथन है कि नंदवंश का संस्थापक महापद्म एक शूद्र माता का पुत्र था। कुछ दूसरे स्रोतों का कथन है कि वह एक नाई और एक वेश्या के संयोग से पैदा हुआ था। यह बड़ी विचित्र बात है कि क्षत्रियेतर वंशों की श्रृंखला में नंदों का राजवंश पहला था। इसके बाद से उत्तर भारत के अधिकांश प्रमुख राजवंश क्षत्रियेतर वर्णों के हुए और यह क्रम एक हजार वर्ष पश्चात राजपूतों के आगमन तक चलता रहा।" (भारत का इतिहास : रोमिला थापर, राजकमल प्रकाशन, नयी दिल्ली, पृष्ठ-50)

शूद्रों का यह राजवंश इतना प्रभावशाली था कि इसके राजाओं की वीरता के आगे किसी को सर उठाने की हिम्मत नहीं थी। "नंदों को कभी-कभी भारत के प्रथम साम्राज्य निर्माता कहा जाता है। उन्हें मगध का राज्य विरासत में मिला था और वे उसकी सीमाओं का और अधिक विस्तार करना चाहते थे। इस उद्देश्य के लिए उन्होंने एक विशाल सेना का संगठन किया, जिसकी न्यूनतम संख्या, यूनानी लेखकों के अनुसार (जो अत्युक्तिपूर्ण है) 20,000 अश्वारोही, 2,00,000 पदातिक, 2,000 रथवाहिनी एवं 3,000 गज सेना बतायी जाती है। किन्तु यूनानियों के विरुद्ध इस सेना का उपयोग करने का अवसर नंदों को कभी नहीं मिला, क्योंकि सिकंदर का आक्रमण पंजाब में ही समाप्त हो गया था।" (रोमिला थापर, वही)

जाहिर है, जो राजा यूनानियों के आक्रमण के लिए इतनी बड़ी सैनिक तैयारी करता हो, वह कितना बड़ा साहसी और पराक्रमी रहा होगा। सिकंदर जैसे महान योद्धा का सामना करना हँसी-खेल नहीं था। सारे पश्चिमोत्तर प्रांतों के राजाओं ने बिना लड़े ही उसकी अधीनता मान ली थी। एक पोरस (पंजाब) की बहादुर चुनौती उसे मिली, वह भी हारे हुए पोरस की, जिससे उसका

राज्य लौटा दिया गया। उस सिकंदर या उसके सेनापति सेल्यूकस से लड़ने के लिए घननंद पहले ही से तैयार था। ऐसे राजा को इतिहास ने अत्याचारी घोषित कर अपना पल्ला झाड़ लिया। सच तो यह है कि चन्द्रगुप्त और चाणक्य ने अगर सेल्यूकस आदि यूनानी राजाओं की मदद नहीं ली होती, तो संभवत: घननंद को हराना मुश्किल काम था। बाद में इसी राजा घननंद को चाणक्य ने कूटनीति से चंद्रगुप्त जैसे शूद्र युवक से परास्त करवाया। चाणक्य ने देख लिया था कि शूद्र को ब्राह्मण से परास्त करवाना संभव नहीं है, क्योंकि पूरे उत्तर भारत में प्राय: ब्राह्मण और क्षत्रियों से अलग शूद्रों के इसी राजवंश का बोलवाला था। इसलिए चाणक्य ने इसके लिए एक शूद्र युवक को ही चुना। दूसरी बात यह है कि भले ही बुद्ध बिंबिसार और अजातशत्रु के समय में पैदा हुए हों, किन्तु बौद्ध और जैनों की एक क्षीण परम्परा पहले से ही आ रही थी, जिसे आजीवक या लोकायत परम्परा कहते हैं। अधिकांश वैश्य और शूद्र समुदाय के लोग इसी परम्परा को माननेवाले थे। बाद में महावीर को वैश्यों से और बुद्ध को शूद्रों से जो इतना भारी समर्थन मिला, उसका कारण यही था।

घननंद के पश्चात 321 ई.पू. में चंद्रगुप्त मौर्य मगध की गद्दी पर बैठा। रोमिला थापर के अनुसार "चन्द्रगुप्त का सम्बंध मोरिया जन से था, परन्तु वह निम्न वर्ण का था और उसका परिवार स्पष्टतया वैश्य था।" (भारत का इतिहास, पृष्ठ-62) कुछ अन्य स्रोतों से चन्द्रगुप्त को शूद्र बताया गया है। उसकी माता मुरा नामक एक दासी थी। कहते हैं चंद्रगुप्त ने बाद में जैन धर्म स्वीकार कर लिया और अपने पुत्र को राज्य का दायित्व देकर खुद दक्षिण चले गये। वहीं उनकी मृत्यु हो गयी। चन्द्रगुप्त के इसी मौर्यवंश में अशोक जैसे महाप्रतापी राजा हुए, जिन्होंने न केवल बौद्ध धर्म को स्वीकार किया, बल्कि उसे पूरे एशिया में फैला दिया।

पुष्यमित्र शुंग द्वारा ब्राह्मण धर्म की स्थापना के बाद इसी के आस-पास 'मनुस्मृति' आदि ग्रंथ लिखे गये। शुंग काल में ब्राह्मण धर्म की फिर से स्थापना हो गयी, पुराने कर्मकांड और पाखंड फैल गये और राज्य शक्ति कमजोर पड़ गयी। इससे विदेशियों के हमले शुरू हो गये। शुंगों के बाद कुषाणों के हमले हुए। कुषाण वंश के ही राजा कनिष्क थे, जिन्होंने बौद्ध धर्म का सर्वाधिक प्रचार-प्रसार किया। उसका राज्य प्राचीन भारत का सबसे बड़ा राज्य था। आज के बलूचिस्तान-अफगानिस्तान से लेकर पूरब में कामरूप

और उत्तर में चीन से लेकर दक्षिण में विंध्याचल तक उसका राज्य था। उसे प्राचीन भारत का राष्ट्र निर्माता कहा जाता है। गुप्त राजवंश तो पूरा का पूरा वैश्यों का ही राजवंश था, जिसमें ब्राह्मण-श्रमण विवाद जोरों पर रहा। किन्तु एक आश्चर्यजनक विरोधाभास यह है कि जहाँ पतनोन्मुख ब्राह्मण धर्म को इस काल में पुनः प्रतिष्ठा मिली, वहीं इन राजाओं ने बौद्ध विहार और गुफाओं को भी खूब दान दिये।

ब्राह्मण धर्म की पुनर्प्रतिष्ठा के कारण इसे प्राचीन भारतीय इतिहास का **'स्वर्ण युग'** कहा जाता है। गुप्तों के दरबार में ही कालिदास जैसे संस्कृत के महाकवि हुए। इसका कारण यह था कि राज्य पर तो वैश्यों का शासन था, किन्तु धर्म पर प्रत्येक काल में किसी-न-किसी रूप में ब्राह्मणों का ही शासन रहा है। सो ब्राह्मणों ने ऐसी नीति बना दी कि जो भी राजा हों, उसे क्षत्रिय घोषित कर दिया जाये, जिससे उनके धर्म को संरक्षण मिले। गुप्त राजाओं के साथ भी ऐसा ही हुआ। किन्तु गुप्तकाल में बौद्ध साहित्य और कलाओं का जो विकास हुआ, वह अभूतपूर्व है। इसका एक कारण यह जान पड़ता है कि वे जानते रहे होंगे कि उनके पूर्वज जैन और बौद्ध थे, इसलिए भले ही उन्होंने ब्राह्मण धर्म को स्वीकार कर लिया हो, किन्तु राज्य की ओर से जैन और बौद्धों को कोई नुकसान नहीं पहुँचाया। गुप्त राजाओं ने शुंगों की तरह बौद्ध बिहारों को ध्वस्त करने एवं श्रमणों को मारने में कोई दिलचस्पी नहीं दिखायी, बल्कि उल्टे उन्हें संरक्षण दिया।

3

मध्यकाल में पिछड़े वर्गों की सामाजिक स्थिति

मध्यकाल आते-आते भारत में मुगलों का शासन स्थापित हो चुका था। इसके पूर्व औस्ट्रिक, यवन, शक, हूण, कुषाण आदि जो भी जातियाँ यहाँ आयीं, प्राय: सबने बौद्ध धर्म को स्वीकार कर लिया। किन्तु मुगलों के आगमन के साथ ही हिन्दू और मुस्लिम दो संस्कृतियाँ हमारे यहाँ स्पष्ट रूप से कायम रहीं। मुगल शासकों को हिन्दुओं की वर्ण-व्यवस्था और जातिभेद से कुछ लेना-देना नहीं था। उन्होंने उनकी अंदरूनी धार्मिक-सांस्कृतिक व्यवस्था में हस्तक्षेप नहीं किया। उन्हें राजकाज से मतलब था। बहुत हुआ, तो इस्लाम की समानता और भाईचारे की भावना से प्रेरित हो जिन हिन्दू जातियों ने इस्लाम कबूल करना चाहा, उन्हें उन्होंने अपने में मिला लिया। किन्तु सबसे आश्चर्य तो यह हुआ कि इतना बड़ा इस्लाम और इतनी बड़ी मुस्लिम जाति हिन्दुस्तान में आकर खुद भी हिन्दुओं की जाति-पांति और भेदभाव की चपेट में आ गयी। उनमें छुआछूत तो नहीं आयी, किन्तु जातिभेद बुरी तरह उत्पन्न हो गये और जातिजनित ऊँच-नीच, श्रेष्ठ-अश्रेष्ठ, पाक-नापाक भावना उनमें भी उत्पन्न हो गयी और शादी विवाह में जातियों का ख्याल किया जाने लगा।

मध्यकाल में कबीर आदि संतों ने इन्हीं जाति-व्यवस्था और छुआछूत के अमानवीय व्यवहारों के खिलाफ आंदोलन छेड़ा। उनका निर्गुण पंथ धूमधाम से चल निकला। कबीर ने हिन्दू और मुसलमान दोनों को समान रूप से फटकारा और दोंनों के धार्मिक आडम्बरों पर प्रहार करते हुए एक समान मानव धर्म की स्थापना की। कबीर जाति के जुलाहा थे, जिसे शूद्र श्रेणी में रखा जाता है, वह आज का अति पिछड़ा वर्ग है। 'भक्ति आंदोलन' के प्रमुख कवियों और संतों में धर्मदास जाति के बनिया, दादू दयाल मोची या धुनिया, कुबाजी कुम्हार, सुंदरदास (दादू के शिष्य, बनिया), मलूक दास खत्री, कुतुबन दलित मुसलमान, कासिमशाह मुसलमान, नूर मुहम्मद मुसलमान, सेन महाराज नाई, पीपा (दलित), नाभादास डोम या चमार, कृष्णदास (दलित), रसखान मुसलमान,

लालच दास हलवाई, और मनोहर कवि कछवाहा थे। इसी प्रकार दक्षिण भारत में दलित-पिछड़े वर्ग के संत-माहत्माओं ने भक्ति के माध्यम से समाजसुधार का उद्घोष किया। इन संत-महात्माओं में तिरुवल्लूवर, नामदेव, तुकाराम, अंदाल आदि प्रमुख थे। यहाँ संक्षेप में उनमें से कुछ के धार्मिक-सामाजिक आंदोलनों पर विचार किया जा रहा है।

1. **तिरुवल्लूवर और मानव धर्म :** तिरुवल्लूवर दक्षिण भारत के महान संत और समाजसुधारक थे। उन्होंने तमिल भाषा में **'तिरुक्कुरल्'** की रचना की, जिसे **'प्रबंधम्'** की तरह तमिल भाषा में बड़ा ही पवित्र और महत्त्वपूर्ण स्थान प्राप्त है। कहा जाता है कि तिरुवल्लुवर कबीर की तरह क्रांतिकारी कवि और समाजसुधारक थे।

तिरुवल्लुवर और कबीर में बहुत सारी समानता है। दोनों के जन्म और माता-पिता आदि की कहानी लगभग एक जैसी है। दोनों ने ही कर्मकांड, जाति-भेद और धार्मिक आडम्बरों का विरोध किया है। दोनों ही संत साधु होते हुए भी कामकाजी गृहस्थ थे। दोनों ने ही जीवन में प्रवृत्ति मार्ग का समर्थन किया। दोनों ही का जन्म जुलाहा परिवार में हुआ था। दोनों ही ने भक्ति के गीत गाते हुए समाज सुधार का क्रांतिकारी प्रयास किया। इसीलिए 'तिरुवल्लुवर' को दक्षिण भारत के संतों में सर्वाधिक सम्मानजनक स्थान प्राप्त है। तमिल भाषा में 'तिरु' का अर्थ 'श्रेष्ठ' या 'पूज्य' होता है। इसे हिन्दी के श्री का समानार्थी माना जा सकता है।

तिरुवल्लुवर के जन्म आदि के सम्बंध में प्रचलित किंवदन्ति के अनुसार उनकी माता 'आदि' नाम की एक शूद्र कन्या थी। उनके पिता का नाम भगवान था, जो जाति के ब्राह्मण थे। भगवान ने पत्नी के साथ सदा घूमते रहने का व्रत ले रखा था। वे एक दिन से अधिक कहीं नहीं टिकते थे। इस बीच उनके यदि कोई बच्चा हो जाता, तो वे उसे वहीं छोड़कर आगे की राह लेते। तिरुवल्लुवर भी उनका ऐसा ही बच्चा था, जो वल्लुव नामक किसी जुलाहे की पत्नी 'वल्लुव' को एक पेड़ के नीचे पत्तियों पर लेटा मिला था। वल्लुव का अर्थ भी जुलाहा ही होता है। इसलिए उस बालक का नाम तिरुवल्लुवर पड़ा। संयोग से उस जुलाहे दम्पति को कोई संतान नहीं थी। इसलिए पति की सहमति से वल्लुव ने उस बालक को अपने पास रख लिया। उसे बड़े ही लाड़-प्यार और यत्न से पाला।

तिरुवल्लुवर बचपन से ही मेधावी, शांत और धार्मिक स्वभाव के थे। उनके मन में गौतम बुद्ध और कबीर की तरह जीवन और जगत् के रहस्यों के सम्बंध में जानने की इच्छा थी। इसलिए बड़े होने पर वे माता-पिता से आज्ञा लेकर तपस्या करने चल पड़े। वन में तपस्वियों के साथ उन्होंने कठिन तप किया और तंत्र-मंत्र आदि की सिद्धियाँ भी प्राप्त कीं। किन्तु उन्हें संतोष न मिला। ये सारी सिद्धियाँ उन्हें अनुपयोगी और बेकार लगीं। उन्होंने सोचा कि जब संसार के प्राणी इतने दुखी हैं, तो केवल एक आदमी के तप आदि कर लेने से क्या होगा। सबसे बड़ा तप तो सेवा है। समाज के लोगों के बीच रहकर उनकी सेवा और उनके दुखों को दूर करने से बड़ा दूसरा कोई धर्म नहीं है। इसलिए वे जंगल छोड़कर नगर में आ गये और माता-पिता के साथ परिवार में रहने लगे। वे घूम-घूमकर लोगों का कुशल-क्षेम जानते और दुखी लोगों की सहायता करने की कोशिश करते।

एक दिन वे एक धनवान व्यक्ति मार्गसहाय के यहाँ पहुँचे। तिरुवल्लुवर ने किसी संकट में फंसे मार्गसहाय के कष्ट को दूर कर दिया। इस पर खुश होकर उसने अपनी रूपवती कन्या वासुकी का विवाह उनसे कर दिया। "विवाह के बाद तिरुवल्लुवर अपनी पत्नी के साथ अपने गाँव 'मयलापुर' आकर रहने लगे। आजीविका के लिए उन्होंने अपना पैतृक व्यवसाय बुनाई का काम आरंभ किया।" (संत कवि तिरुवल्लुवर : नरेन्द्र व्यास, भारती भाग-1 : राष्ट्रीय शैक्षणिक विकास एवं अनुसंधान परिषद्, नयी दिल्ली) कहते हैं कि उनकी आदर्श गृहस्थी देखकर बहुत से संन्यासी भी गृहस्थ बन गये। तिरुवल्लुवर के विचार बहुत हद तक लोकायतवादियों के विचारों से मिलते-जुलते हैं। किन्तु उन्होंने बिना परिश्रम सुख की बात कभी नहीं की। अन्य संतों के विपरीत भौतिक-सामाजिक जीवन और उसके सुखों को जितना तिरुवल्लुवर ने समझा है, उतना किसी संत या कवि ने नहीं।

भारतीय धर्म और भक्ति साधना में बार-बार त्याग की बात कही गयी है। नारी को माया और संसार को मृगतृष्णा कहकर सांसारिक जीवन की उपेक्षा की गयी है। कबीर ने भी नारी को माया कहा है। लेकिन तिरुवल्लुवर ने ऐसा कभी नहीं कहा। इसके विपरीत उन्होंने गृहस्थी में रहकर सुखपूर्वक जीने का उपदेश दिया। उनकी नजर में सर्वाधिक महत्त्व अन्न का था। कहा जाता है कि भोजन करते वक्त वे एक कटोरे में साफ पानी और एक सूई रखा करते थे। इसका प्रयोजन यह था कि जब अन्न का कोई दाना धोखे से जमीन पर

गिर जाये तो उसे सूई से उठा लिया जाये, ताकि पानी से धोकर उसे फिर से खाया जा सके। किन्तु उनकी पत्नी वासवी इतनी होशियार थी कि ऐसी नौबत उसने कभी आने ही नहीं दी। पत्नी ने जीवन भर उस सूई और पानी का रहस्य पति से नहीं पूछा। किन्तु जब वह मरने लगी, तो उसने इसका रहस्य पूछ ही लिया। सच्ची बात जानकर पत्नी की आँखों में आँसू आ गये। क्योंकि अन्न की कीमत कोई गृहिणी ही जान सकती है। वह पति के सामने ही चैन और संतोष से मर गयी।

पत्नी की मृत्यु के बाद तिरुवल्लुवर इतने मर्माहत हुए कि उनकी कवित्व शक्ति झरने की तरह फूट पड़ी। उसके बाद ही उन्होंने **'कुरलों'** की रचना की, जिनसे उनका ग्रंथ **'तिरुक्कुरल्'** बना। ''कुरल् का अर्थ है 'छोटा'। यह आकार की दृष्टि से तमिल भाषा का सबसे छोटा छंद है, जिसमें एक पूरा भाव पिरोया रहता है। यह लगभग पौने दो पंक्तियों का होता है, यानी आकार में दोहे और शेर से भी छोटा, जैसे-

'तीय्वै तीय पयतलाल कीयवै।

तीयिनुम अंज पडुय'।।

अर्थात् बुरे कर्म का फल बुरा होता है, इसलिए इनसे बाघ से भी ज्यादा डरना चाहिए।'' (वही) तिरुवल्लुवर सच्चे गृहस्थ और मानवतावादी संत थे। इसलिए उन्होंने मोक्ष या मुक्ति जैसी अलौकिक बातें नहीं की। उनके ग्रंथ मनुष्य और केवल मनुष्य के लिए ही हैं। इसीलिए उसमें जीवन के तीन ही पुरुषार्थों की चर्चा हैं धर्म, अर्थ और काम- जो मानव जीवन और गृहस्थाश्रम के लिए उपयोगी हैं। 'तिरुक्कुरल्' के **'धर्म खंड'** में गृहस्थ, संन्यासी आदि समाज के विभिन्न प्राणियों के धर्म आदि का महत्त्व, **'अर्थ खंड'** में शासन, राजा के कर्म, शिक्षा-अशिक्षा, सेना, मंत्री समय और स्थानादि का बोध तथा **'काम खंड'** में स्त्री-पुरुष सम्बंधों का वर्णन और शिक्षा है। इन तीनों भागों के उपदेशों का नियम पूर्वक पालन करके ही कोई प्राणी मुक्ति प्राप्त कर सकता है।

इस प्रकार तिरुवल्लुवर की शिक्षा और विचार दलित-पिछड़ों के चिंतन और विचारों के करीब हैं। उनका जीवन और चिंतन शुरू से अंत तक समाज में वर्ग और वर्णरहित आदर्शों की स्थापना के उदाहरण हैं। उनका जीवन चाहे मिथक और किंवदन्ती ही क्यों न हो, उनकी रचनाओं में जो सच्चाई है, उससे

जान पड़ता है कि वे या तो अन्तर्जातीय विवाह से उत्पन्न एक मेधावी संत हैं या फिर नीच वंश के अति उच्च महापुरुष। उनका मत ब्राह्मण धर्म का विरोधी मत है और उन्हें दलित-पिछड़ों की परम्परा से आसानी से जोड़ा जा सकता है। तिरुवल्लुवर ने जाति-भेद और कर्मकांडो का घोर विरोध किया है और अहिंसा पर बल दिया। इस प्रकार उनके मत जैन और बौद्धों के भी करीब दिखाई पड़ते हैं।

2. **नामदेव और अखंड ईश्वर की अवधारणा :** दक्षिण के संत तुकाराम, ज्ञानेश्वर और नामदेव का नाम विट्ठल सम्प्रदाय से जुड़ा हुआ है। नामदेव ने 'विट्ठल' की उपासना की। इसमें नाम-स्मरण का बहुत महत्त्व है। यह विट्ठल सम्प्रदाय सन् 1209 ई. के लगभग दक्षिण में पंढरपुर नामक स्थान में प्रचारित हुआ। पंढरपुर में शिवलिंग को शीश पर चढ़ाये हुए विष्णु की मूर्ति है। इसी मूर्ति का नाम विट्ठल है। इसके प्रचारक कन्नड़ सन्त पुंडलीक हैं। विट्ठल-सम्प्रदाय, वैष्णव-सम्प्रदाय और शैव सम्प्रदाय के बीच का सम्प्रदाय है। इस सम्प्रदाय में विष्णु और शिव में कोई अन्तर नहीं है। दोनों के समन्वय से एक ऐसे अखंड ईश्वर की कल्पना की गयी है, जो सभी प्राणियों में समान रूप से व्याप्त है। उसकी नजर में मनुष्य-मनुष्य में कोई भेद-भाव नहीं है। सभी एक ही ईश्वर की संतान हैं।

नामदेव इसी सर्वव्याप्त और सर्वज्ञ ईश्वर 'विट्ठल' के उपासक थे। महाराष्ट्र में जन्में नामदेव ऐसे संत और कवि थे, जिन्होंने देश में पहली बार अखंड ईश्वर के गुणों से सम्पन्न **'निर्गुण सम्प्रदाय'** की पृष्ठभूमि तैयार की। मराठी भाषा में रचे उनके अभंग (मराठी शैली का छंद) महाराष्ट्र की जनता में आज भी लोकप्रिय है। लोग इसे प्रेम ओर भक्तिपूर्वक गाते हैं। नामदेव ने हिन्दी में भी कविताएँ लिखीं। इसलिए वे एक ही साथ मराठी और हिन्दी दोनों ही भाषाओं के कवि और संत माने जाते हैं। उन्होंने जाति-भेद, छुआछूत और दलित-पीड़ित जनता पर हो रहे अत्याचार का प्रबल विरोध किया। उनकी कविताएँ मानवीय समानता और उदात्त जीवन-मूल्यों से ओत-प्रोत है। कहा जाता है कि वे "संत ज्ञानेश्वर के समकालीन थे और उनके साथ मिलकर उत्तर भारत में भक्ति का प्रचार किया था।" (भारतीय संस्कृति कोश)

यद्यपि नामदेव के जन्मकाल के सम्बंध में विद्वानों में मतभेद है, फिर भी भंडारकर आदि अधिकांश विद्वानों के अनुसार उनका जन्म 'सतारा जिले

के नरसी-वमनी में सन् 1270 ई. में हुआ था।' वे दलित जाति के छीपा (दर्जी) थे। हिन्दी साहित्य कोश के अनुसार "उनके पिता का नाम दमशेती था। उनकी पत्नी का नाम राजाबाई था, जिनसे उन्हें चार पुत्र हुए-नारायण, महादेव, गोविन्द और बिट्ठल। उनकी मृत्यु 80 वर्ष की अवस्था में सन् 1350 ई. में हो गयी।"

आठवीं शताब्दी के शैव धर्म से ग्यारहवीं शताब्दी के वैष्णव धर्म का समझौता विट्ठल सम्प्रदाय के रूप में हुआ और इसके सबसे बड़े संत नामदेव हुए। इस भक्ति में मूर्ति पूजा से अधिक नाम-स्मरण पर ध्यान दिया जाता है। नाम स्मरण से भक्ति का आविर्भाव होता है और भक्ति से आत्मज्ञान मिलता है। इसलिए इसमें एक ही साथ भक्ति और ज्ञान की अवधारणा और साधना पर बल दिया गया है। आत्मज्ञान के बाद भजन, कीर्तन, पूजन आदि किसी सहारे की जरूरत नहीं पड़ती। यह भक्ति की चरमावस्था है, जो निर्गुण और निराकार ईश्वर की ओर ले जाता है। यहीं से निर्गुण भक्ति का आरम्भ होता है। नामदेव भी आरम्भ में मूर्ति-पूजक थे। किन्तु बाद में वे विशुद्ध निर्गुणवादी संत हो गये।

महाराष्ट्र आदि दक्षिणी प्रदेशों में इस भक्ति-सिद्धांत के दो आधार हैं-पहला कर्मकांड की अपेक्षा हृदय की पवित्रता एवं शुद्धता और दूसरा व्यक्तिगत तथा जातिगत संस्कारों से ऊपर उठकर जीवन-मुक्ति के धरातल तक पहुँचना। इस अवस्था में जीवन-मुक्त साधक संत बन जाते हैं। माधवराज अप्पाजी मुले ने नामदेव के काव्य के बारे में लिखा है कि "उसमें सत्त्व, विश्वास और भक्ति का तथा प्रेम में आत्मसमर्पण, प्रकाश तथा लोकोत्तर आनंद का आलोक है। वह हृदय के प्रति हृदय का गीत है।" (वही) नामदेव के काव्य में सरसता, सरलता और सुबोधता का अद्भुत मिश्रण है। उन्होंने ऐसे सहज, सरल और सरस अभंग और गीतों की रचना की, जो उनके जीवनकाल में ही लगभग सम्पूर्ण भारत में लोकप्रिय हो गये थे।

नामदेव के काव्य को तीन श्रेणियों में बाँटा जा सकता है-1. प्रथम उन्मेष की रचनाएँ : जब वे मूर्त्ति-पूजक थे। 2. द्वितीय उन्मेष की रचनाएँ : जब वे परम्परा से मुक्त हो रहे थे। 3. तृतीय उन्मेष की रचनाएँ : जब वे सर्वज्ञ और सर्वव्यापी ईश्वर को जीवन और जगत में सर्वत्र देखने लगे थे। यही उत्तरकालीन रचनाएँ नामदेव को निर्गुणमार्ग के प्रवर्त्तक और परवर्ती भक्ति साहित्य का

संवाहक बनाती हैं। वैसे तो बहुत दिनों तक उनकी रचनाएँ मौखिक रूप से लोकचेतना मे व्याप्त रही, लोगों की जुबान पर भक्ति के भजन बनकर प्रचलित रहीं, किन्तु बाद में लिपिबद्ध होकर साहित्य में अमर हो गयीं। वे समान रूप से मराठी और हिन्दी में लिखते थे। उदाहरण के लिए उनके एक पद की निम्नलिखित पंक्तियों को देख सकते हैं-

''गजेन्द्र गणिकेची राखिली तुवालाज,

उद्धटिला द्विज अजामिल।'' (मराठी)

''तारिले गनिका बिन रूप कुब्जा,

वियाध, अजामिल तारि अले।'' (हिन्दी)

नामदेव के इस 'विट्ठल निर्गुण परम्परा' में बहुत से संत कवि हुए, जिनमें अधिकांश दलित और पिछड़ी जाति के ही थे। इन संत कवि-कवयित्रियों में **गोरा कुम्हार, चोखामेला, जनावाई, कान्होंपात्र (वेश्यापुत्री)** आदि खासे प्रसिद्ध हुए, जिनके पद आज भी महाराष्ट्र में गाये जाते हैं। इन्होंने अपने पदों के माध्यम से जाति-पांति, छुआछूत, वर्ण-व्यवस्था आदि का घोर विरोध किया है।

3. **संत तुकाराम और समानता का शंखनाद** : महाराष्ट्र की संत परम्परा और भारतीय भक्ति साहित्य में तुकाराम का स्थान अग्रणी है। ''संत तुकाराम विश्व इतिहास में उन गिनी-चुनी हस्तियों में हैं, जिन्हें काव्य-रचना की सर्वोच्च क्षमता प्राप्त है और जो अपने समृद्ध आध्यात्मिक अनुभवों को ग्रामीण जनता की भाषा में रखने में सिद्धहस्त हैं।'' (तुकाराम: प्रो. वेलसरे) कबीर की तरह वे भी हिन्दू-मुस्लिम एकता के प्रतीक पुरुष थे। वे धार्मिक और सामाजिक आडम्बर विरोधी थे।

अन्य अनेक भक्त कवियों की तरह संत तुकाराम का जीवन-वृत भी विवाद का विषय है। इस पर निश्चय की भाषा में अधिक कुछ नहीं कहा जा सकता। किन्तु भक्त लीलामृत, तुकाराम के अभंग और उनके समकालीन कवियों की रचनाओं के आधार पर उनके जीवन-वृत के बारे में जो संकेत मिलते हैं, उसके अनुसार तुकाराम का जन्म सन् 1608 में एक कुनबी (शूद्र) परिवार में हुआ था। उनके पिता का नाम वोल्होबा और माता नाम कनकाबाई था। उनके परिवार में विट्ठल भक्ति की परम्परा पीड़ियों से चली आ रही

थी। इस प्रकार भक्ति उन्हें विरासत में मिली थी। वे अपने माता-पिता की पाँच संतानों में दूसरे थे। उनकी प्रारम्भिक शिक्षा-दीक्षा के सम्बंध में कोई ठोस प्रमाण नहीं मिलते। संभव है बचपन में उन्हें कुछ औपचारिक शिक्षा मिली हो। किन्तु उन्हें वास्तविक ज्ञान सत्संग और भ्रमण से ही मिला। तेरह वर्ष की छोटी उम्र में ही उन्हें पारिवारिक कारोबार में लग जाना पड़ा। सत्रह वर्ष की अवस्था होते-होते उनके माता-पिता चल बसे थे।

बचपन में ही तुकाराम की शादी रुखमाबाई से हो गयी, जिससे उन्हें एक पुत्र भी हुआ। किन्तु दमे की मरीज होने और क्षेत्र में हैजे की बीमारी फैलने के कारण पत्नी की तुरत ही मृत्यु हो गयी। इसलिए तुकाराम को जिजाबाई से दूसरा विवाह करना पड़ा। उन्हें छः संतान हुईं। पारिवारिक दायित्वों का निर्वाह करते हुए उनके कुछ दिन ऐसे ही बीत गये। इसी बीच संभवतः हैजे के कारण एक-एक करके उनके बड़े भाई और भाभी मर गये। अब तुकाराम को कोई सहारा देनेवाला नहीं रहा। बचपन से ही संत प्रवृत्ति के तुकाराम भक्ति के मार्ग पर निकल पड़े। और जब वे एक बार घर से निकले तो फिर लौटकर नहीं आये। वे आजीवन ईश्वर भक्ति और समाज सेवा में ही लगे रहे।

देवेन्द्र कुमार बेसन्तरी के अनुसार 'सन् 1629 तक तो तुकाराम अपनी गृहस्थी की गाड़ी जैसे-तैसे खींचते रहे। किन्तु परिस्थितियों ने उनका साथ नहीं दिया। दो वर्षों का लम्बा अकाल पड़ा, फिर उसके बाद जानलेवा हैजे का प्रकोप हुआ। लोग कीट-पतंग की तरह मरने लगे। तुकाराम की पत्नी रुखमा भी 'रोटी-रोटी' कहती हुई तड़पकर कर मरी। उनका एक मात्र बेटा भी हैजे की भेंट चढ़ गया। ससुर ने व्यवसाय चलाने के लिए उन्हें दो सौ रुपये दिये। किन्तु व्यापारिक अनुभव से हीन सीधे-सादे तुकाराम से किसी ठग ने वह रुपया भी ठग लिया। जीवन से विरक्त होने के लिए तुकाराम के लिए ये परिस्थितियाँ पर्याप्त थीं। उनकी सांसारिक अभिलाषाएँ भावमय हो गयीं और वे ईश्वर-भक्ति में तल्लीन हो गये। कुछ लोग तुकाराम को विरक्त संन्यासी और कुछ लोग सामाजिक संत मानते हैं। महिपाल द्वारा लिखित 'भक्त लीलामृत' में उन्हें गरीब और बीमार लोगों की सेवा करनेवाले संत के रूप में दिखाया गया है। उन्होंने अपने पुश्तैनी गोंसाई सम्प्रदाय को मजबूत कर उसमें अनेक सुधार किये और उसे हिन्दू, मुसलमानों के करीब लाया। कहा जाता है कि संत तुकाराम की मृत्यु सन् 1650 में केवल 42 वर्ष की आयु में हो गयी।

तुकाराम के जीवन-वृत के सम्बंध में एक अजीब विडम्बना यह है कि जहाँ अन्य संत-महात्माओं को दीर्घजीवी बताते हुए तत्कालीन ग्रंथों ने उनकी आयु सौ-सौ वर्ष तक मानी है, वहीं तुकाराम को केवल 40-42 वर्षों में ही सीमित कर देना आश्चर्य है। यदि ऐसा है तो इतनी ही कम उम्र में इतनी बड़ी ख्याति प्राप्त कर लेना उनके व्यक्तित्व को विलक्षण और महान सिद्ध करता है।

तुकाराम के समय दक्षिण भारत की सामाजिक स्थिति में बड़ा उथल-पुथल मचा हुआ था। ब्राह्मणों का वर्चस्व मराठों के उदय के साथ ही कम होने लगा था। उनकी सामाजिक, सांस्कृतिक और राजनीतिक छवि को लगभग 12वीं सदी से ही चलनेवाले सुधार आंदोलनों ने धूमिल कर दिया था। "चक्रधर द्वारा स्थापित **'महानुभाव सम्प्रदाय'** ब्राह्मणवाद पर आघात करनेवाला अवैदिकों का आंदोलन था। चैतन्य सम्प्रदाय, जो आरम्भ में महानुभाव आंदोलन से प्रभावित था, हिन्दुओं और मुसलमानों को निकट लाने का पक्षधर था। तुकाराम का अपना पुश्तैनी गोंसाई सम्प्रदाय हिन्दू धर्म की सामाजिक व्यवस्था को नहीं स्वीकारता था। संत ज्ञानेश्वर द्वारा 12वीं सदी में प्रवर्त्तित तथा संत नामदेव एवं एकनाथ द्वारा समर्थित इस सम्प्रदाय में सभी वर्गों और जातियों के लोगों को स्थान प्राप्त था। हिन्दू देवी-देवताओं और पूजा के आडम्बरों के विरोधी 'विट्ठल सम्प्रदाय' का उद्देश्य हिन्दू-मुसलमानों को निकट लाना था। वे कबीर की तरह हिन्दू और मुसलमान दोनों के आडम्बरपूर्ण धार्मिक और सामाजिक सिद्धांत और आचारों का विरोध करते थे। तुकाराम ने हिन्दू समाज की जातिवादी और वर्णवादी व्यवस्था का घोर विरोध किया। उन्होंने सामाजिक समता और बंधुता का प्रचार किया; विषमता, विभेद, पाखण्ड, आलस्य और ब्राह्मणों के अर्थशून्य कर्मकांड को नष्ट करने के लिए कठोर प्रयास किया।" (भारत के सामाजिक क्रांतिकारी)

तुकाराम के पदों के संग्रह का नाम **'अभंग-गाथा'** है, जो मराठी और हिन्दी दोनों भाषाओं में समान रूप से मिलता है। उन्होंने अपनी रचना और सिद्धांतों के माध्यम से जाति-प्रथा और उसकी बुराइयों का जबर्दस्त विरोध किया है। अस्पृश्यता पर व्यंग्यपूर्ण प्रहार करते हुए उन्होंने कहा है कि-

"महार का स्पर्श किया, वह ब्राह्मण नहीं रहा।
उसे प्रायश्चित कोई, बिना देह त्यागे नहीं।।" (वही)

अर्थात् महार के छू जाने से ब्राह्मण को जो छूत लगती है, उसका कोई प्रायश्चित नहीं, उससे मुक्ति पाने के लिए एक ही उपाय है, उस अछूत देह

का त्याग कर देना ही अच्छा है। समाज के अध:पतन के लिए तुकाराम समाज के सभी वर्गों, खासकर समाज और धर्म के नेता ब्राह्मण और मुल्लाओं को जिम्मेवार ठहराते हुए उन्हें फटकार लगाते हैं। कर्म ही किसी की योग्यता और श्रेष्ठता का आधार होना चाहिए, उसकी जाति नहीं। तुकाराम ने चांडाल भक्त को ब्राह्मण और कुपात्र ब्राह्मण को चांडाल कहा है। अपने अभंगों में तुकाराम ने ढोंगी संन्यासियों, साधुओं, कनफटे योगियों और नाना प्रकार के मुद्राओं को धारण कर भोलीभाली जनता को भरमानेवाले ढोंगियों की खूब खबर ली है। व्रत, त्योहार, तीर्थाट्न और मूर्तिपूजा आदि का तुकाराम ने खूब विरोध किया है। उन्होंने व्रत-त्योहार, पूजा-अनुष्ठान एवं शादी-विवाह के अवसरों पर होनवाले फिजूलखर्ची एवं ब्राह्मणों को दिये जानेवाले अपार दान-दक्षिणा का विरोध करते हुए ऐसे अवसरों पर गरीब और दीन-दुखियों को खिलाने और मदद करने की बात की है। इसी प्रकार तुकाराम ने दहेज-प्रथा, कन्या-विक्रय आदि कुरीतियों की तीखी आलोचना की है।

तुकाराम के अभंग पद महाराष्ट्र के मंदिरों में तो गाये ही जाते हैं, नयी और पुरानी सभी पीढ़ियों के लोग उन्हें अपने दैनिक जीवन में भी गाते और गुनगुनाते हैं। वहाँ के कीर्त्तन आदि समारोहों में तुकाराम के अभंग गाकर ही समारोह को समाप्त करने की परम्परा है। उनके अभंगों की संख्या पाँच हजार बतायी जाती है, जिनमें धर्म, अध्यात्म, समाज, संस्कृति आदि जीवन के सभी पक्षों का विशद वर्णन है।

4. **कबीर और सामाजिक क्रांति का परिवर्तनकारी उद्घोष :** कबीर न केवल मध्यकालीन संत-महात्मा और सुधारकों में सबसे ओजस्वी और तेजस्वी हैं, बल्कि मानव समाज के आज तक के इतिहास में वैसा क्रांतिकारी व्यक्तित्व दुर्लभ है। अनेक वाद-विवाद और रूढ़ियों के बीच कबीर का जीवन कपड़ा बुनकर बेचने की दायित्वपूर्ण गृहस्थी से लेकर समाज की तमाम रूढ़ियों, अंधविश्वासों और कुरीतियों के कट्टर विरोध तक फैला हुआ है। इसके अतिरिक्त न वे संन्यासी हैं, न योगी हैं, न अंधभक्त हैं और न किसी वर्ग-सम्प्रदाय के पिछलग्गू हैं। कबीर जो भी हैं, अंदर और बाहर से एक हैं- मस्त-मौला, मुग्ध, विशुद्ध निर्गुनियाँ संत, गृहस्थ और भक्त। रूप-गुण-रहित राम के सेवक कबीर को किसी अन्य देवी-देवता, मंदिर-मस्जिद, कीर्त्तन-नमाज से कोई मतलब नहीं है।

भारतीय साहित्य के इतिहास में कबीर पहले व्यक्ति हैं, जिन्होंने विभिन्न धर्मों, सम्प्रदायों, जातियों, वर्णों आदि को नकारकर ऐसे मानव समाज की स्थापना पर बल दिया, जिसमें धर्म, सम्प्रदाय, जाति-पांति, श्रेष्ठ-अश्रेष्ठ, पवित्र-अपवित्र, ऊँच-नीच आदि भावजनित भेद का कोई स्थान नहीं है। उनके समाज में न कोई हिन्दू है, न मुसलमान है, न ऊँच है, न नीच; न छोटा है, न बड़ा, अगड़ा है न पिछड़ा है, न सवर्ण है, न अवर्ण-सभी मनुष्य हैं, मानव और इंसान। शोषित, पीड़ित, दलित और अवमानित-अपमानित जनसमाज के दुख से जितना सरोकार कबीर का है, उतना भारतीय साहित्य में किसी संत और कवि का नहीं है। इसलिए कबीर आज न केवल दलित-पिछड़ों के बीच, बल्कि मानव मात्र के बीच सबसे प्रिय संत, सुधारक और कवि हैं। लोकप्रियता की दृष्टि से कबीर तुलसी के बराबर और सामानान्तर कवि हैं; किन्तु महत्त्व की दृष्टि से कबीर से बड़ा कोई नहीं है। कबीर में मनुष्य और मानव समाज के सुधार की जो चिंता और मचलन है, वह औरों के यहाँ कहाँ है?

इसलिए कबीर साहित्य के मर्मज्ञ विद्वान डॉ. हजारी प्र. द्विवेदी कहते हैं- "हिन्दी साहित्य के हजार वर्षों के इतिहास में कबीर जैसा व्यक्तित्व लेकर कोई लेखक उत्पन्न नहीं हुआ। महिमा में यह व्यक्तित्व केवल एक ही प्रतिद्वन्द्वी जानता है, तुलसीदास।" (कबीर : डॉ. हजारी प्र. द्विवेदी, पृष्ठ-217) किन्तु दलित साहित्य और संस्कृति के प्रसिद्ध आलोचक और अधिकारी विद्वान डॉ. धर्मवीर कहते हैं-"ब्राह्मणवादी समीक्षकों ने कबीर के दर्शन और सामाजिक संदेश के प्रति तनिक भी सम्मान नहीं बरता। उन्होंने कबीर की नहीं, बल्कि कबीर के भीतर रामानंद ब्राह्मण को बैठाकर उसकी प्रशंसा की है।" (कबीर के आलोचक : डॉ. धर्मवीर, भूमिका से, वाणी प्रकाशन, नयी दिल्ली)

कबीर को लेकर अपने समय और समाज के दो अग्रणी विद्वानों की परस्पर विरोधी विचारधाराओं के बीच चाहे जो भी मतभेद बनते हों; इतना तो तय ही है कि दोनों में से कोई मूल्यांकन कबीर के कद को छोटा नहीं करता। इस बात से इनकार नहीं किया जा सकता कि इतिहास की पहली परम्परा की उपेक्षा के शिकार कबीर को साहित्य की दूसरी परम्परा में डॉ. हजारी प्र. द्विवेदी ने ही स्थापित किया। किन्तु युगानुकूल साहित्य और संस्कृति के मूल्य बदलते हैं।

जिस प्रकार जाति-प्रथा के आरम्भ में इसके प्रवर्त्तकों को ऐसे घातक परिणामों की कोई उम्मीद नहीं रही होगी; उसी प्रकार डॉ. हजारी प्र. द्विवेदीजी

ने भी यह कभी नहीं सोचा होगा कि कोई धर्मवीर जैसा आलोचक आकर उनकी कबीर सम्बंधी सम्मानित मान्यताओं को भी खारिज कर देगा। कहना न होगा यदि डॉ. द्विवेदी न होते तो शायद कबीर को इतना महत्त्व नहीं मिलता। किन्तु आज की बदली हुई परिस्थिति और दलित चेतना के मूल्यों के बीच कबीर का पुनर्मूल्यांकन आवश्यक हो गया है। डॉ. हजारी प्र. द्विवेदी का कबीर सम्बंधी मूल्यांकन डॉ. धर्मवीर की दृष्टि में चाहे जो भी हो; किन्तु इतना तय है कि ब्राह्मण रामानंद को घुसाने के पहले ही ब्राह्मण द्विवेदी ने कबीर की क्रांतिदर्शिता को हजार वर्षों के इतिहास में सर्वोच्च घोषित कर दिया।

फिर धर्मवीर के विचार पर भी गौर करने की जरूरत है। कबीर पर अपनी शोध-श्रृंखला में उन्होंने लगभग सिद्ध कर दिया है कि रामानंद कबीर के गुरु नहीं थे। हो भी नहीं सकते थे; क्योंकि दोनों के समय और विचारों में बहुत बड़ा अन्तर है। फिर रामानंद की ख्याति और वैष्णव सम्प्रदाय के प्रचलन और हिन्दू विद्वानों की उनके प्रति आस्था के कारण कुछ ऐतिहासिक तथ्यों के फेर-बदल से भी इनकार नहीं किया जा सकता। कबीर ने बार-बार कहा है कि वे न हिन्दू हैं न मुसलमान। एक सच्चे इन्सान की तरह मानव मात्र को एक ही परमात्मा का अंश समझकर सबमें समानता और भाईचारे का संदेश देनेवाला कबीर जैसा सच्चा संत सचमुच साहित्य के हजार क्या, लाख वर्षों के इतिहास में मिलना मुश्किल है।

सच पूछा जाये, तो आज कबीर से अधिक प्रासंगिक कोई संत, महात्मा या साहित्यकार नहीं हैं, जो अखिल मानवता को एक सूत्र में जोड़ सके। कबीर मानवता के सच्चे संदेशवाहक हैं। उनका सारा साहित्य डंके की चोट पर इस बात की घोषणा करता है कि 'हिन्दू कहों तो हों नहीं, मुसलमान भी गाली।'

फिर चाहे कबीर किसी विधवा ब्राह्मणी की अवैध औलाद हो या किसी नीमा-नीरू मुसलमान दम्पति का पालित पुत्र- क्या फर्क पड़ता है? किंवदंतियों को यदि छोड़ दिया जाये, तो व्यक्तित्व और कृतित्व (अंत: और बहिर्साक्ष्य) दोनों ही दृष्टियों से कबीर का मुसलमान होना सिद्ध है। यद्यपि हजारी प्र. द्विवेदी ने कबीर को हिन्दू 'वयनजीवी जाति से धर्मान्तरित मुसलमान कुल' का संत बताया है; किन्तु 'गुरुग्रंथ साहब' में संग्रहित संत रैदास के इस पद से कबीर की जाति के सम्बध में कोई संदेह नहीं रह जाता-

"जाके ईद बकरीद कुल गऊरे बधा करहिं, मानियहिं शेख शहीद पीरा।
जाके बाप ऐसी करी, पूत ऐसी करी, तिहुरे परसिध कबीरा।।"

अधिकांश विद्वानों के मत में कबीर का जन्म सन् 1398 ई. और मृत्यु सन् 1518 ई. में हुआ था। कबीर का जीवन-वृत चाहे जो हो, उनकी रचनाओं से ही उनकी धारणा सम्बंधी इतने प्रमाण मिल जाते हैं कि कबीर की विचारधारा के सम्बंध में अधिक विवाद की गुंजाइश नहीं रह जाती। किन्तु पंथ और बाद के क्षेपक-ग्रंथों में उनके नाम पर प्रचलित पद भ्रम अवश्य फैलाते हैं। जीवन भर काशी में रहनेवाले जिस कबीर ने केवल इसलिए मगहर जाकर मरना स्वीकार किया कि इस अंधविश्वास से लोगों को मुक्ति मिल सके कि काशी में मरने से मुक्ति मिलती है और मगहर में मरनेवाला नर्क में जाता है, तो उनके जीवन दर्शन की स्पष्टता में कोई संदेह नहीं रह जाता है-

"जो कबीरा कासी मरै, तो राम हि कौन निहोरा।"

निस्संदेह कबीर मध्ययुग के सबसे बड़े संत थे। कबीर का काल नाना सामाजिक-राजनीतिक विषमता और परस्पर विरोधी विचारधाराओं का काल था। तरह-तरह के धार्मिक आडम्बर प्रचलित थे। हिन्दू और मुसलमान आपस में लड़ रहे थे। सभी सत्ता मद में चूर थे। कोई किसी की बात नहीं सुनता था। ऐसे में क़बीर ने समय और समाज के अनुरूप लोगों को मानवतावादी धर्म सिखाने की कोशिश की। कहा जाता है कबीर पढे-लिखे नहीं थे और उनको कोई शास्त्र-ज्ञान नहीं था। किन्तु धर्मवीर आदि के आधुनिक शोधों से पता चलता है कि कबीर शिक्षित और शास्त्रज्ञान की समझ रखनेवाले संत थे। यह बात सच है कि सिद्ध-नाथ पंथियों के खंडन-मंडन की एक पूर्व परम्परा यहाँ के समाज में बहुत पहले से प्रचलित थी, जिसका कबीर पर प्रभाव पड़ा है। कबीर सूफी विचारधारा से भी प्रभावित थे। इस्लाम के ऐकेश्वरवाद, बौद्धों के शून्यवाद, उपनिषदों के ब्रह्म सम्बंधी विचार आदि कबीर साहित्य की व्यापक पृष्ठभूमि है।

किन्तु कबीर साहित्य का सबसे सबल पक्ष उनका समाज दर्शन है, जिसमें उन्होंने हिन्दू और मुसलमान दोनों को समान रूप से फटकारते हुए एक अखिल मानवता की सृष्टि का प्रयास किया है। कहना न होगा यह और ऐसे विचार वैश्विक समाज-दर्शन (मार्क्स आदि में) और भारतीय चिंतन में कबीर के बहुत बाद में आये। उन्होंने एक ओर जहाँ हिन्दुओं की मूर्तिपूजा की

आलोचना करते हुए कहा है-

"पाहन पूजे हरि मिलै, तो मैं पूजूँ पहार।
ताते यह चक्की भली पीस खाय संसार।।"

तो, दूसरी ओरं दुराग्रही नमाजियों की भी खबर ली है-

"काँकर-पाथर जोरि के, मस्जिद लई चुनाय।
ता चढ़ि मुल्ला बाँग दे, क्या बहिरा हुआ खुदाय।।"

कहने की आवश्यकता नहीं कि कबीर की ये उक्तियाँ उस कट्टर काल की हैं, जिसमें हिन्दू-मुसलमानों की तलवारें एक-दूसरे के विरुद्ध आग उगल रहीं थी और दोनों के मुल्ला-पंडित अपने-अपने धर्म-मजहबों के प्रति अत्यधिक आस्थावान और कट्टर थे। ऐसे समय मे कबीर का पंडित-मुल्लाओं के विरुद्ध नसीहत देना उन्हें अच्छा नहीं लगा होगा और कबीर को बहुत ही विरोध झेलना पड़ा होगा। किन्तु आश्चर्य इस बात का है कि कबीर के काल में ही हिन्दू और मुसलमान समान रूप से कबीर के शिष्य बनते चले गये और यह आस्था उन्हें पूरे भारतवर्ष में घूम-घूम कर बटोरनी पड़ी। कबीर की फक्कड़ भाषा और निर्लिप्त व्यवहार लोगों की आस्था के कारण हैं। तिलमिला देनेवाली भाषा में उन्होंने ऐसी-ऐसी बातें कही हैं, जो आंज के उदारवादी युग में भी लोगों को हजम न होगी। धार्मिक बाह्य-विधानों पर तो उन्होंने प्रहार किया ही; पंडित-मुल्लाओं की वेश-भूषा और आडम्बर पर भी उन्होंने खूब तीर बरसाये-

"माला पहिरे टोपी पहिरे, छाप तिलक अनुमाना।
साखी सबदी गावत भूले, आतम खबर न जाना।।"

या,

'बहुतक देखे पीर औलिया, पढै किताब कुराना।
करैं मुरीद कबर बतलाबैं, उनहूँ खुदा न जाना।।"

कबीर में जीवन का लोकपक्ष इतना मुखर है कि साम्प्रदायिकता की सीमा में बंधा कोई भी सिद्धांत या आचार उनके पास फटक नहीं पाता। ऐसे सभी विचारों को वहाँ जाकर मौन हो जाना पड़ता है। उन्हें न हिन्दुओं के अवतारी राम पसंद है और न मुसलमानों के खुदा और खुदाई। वे तो दोनों से परे एक मात्र मानव धर्म और एक ही ईश्वर की साधना पसंद करते हैं। इसलिए कबीर इस संसार में जीवित और जीवंत उसी को मानते हैं, जो दोनों के बाहरी

आडम्बरों से परे केवल मनुष्य बनकर एक ही ईश्वर परम तत्त्व का ध्यान करता है-

''हिन्दू मूए राम कहि, मुसलमान खुदाई।
कहै कबीर सो जीवता, दुइ मैं के न जाइ।।''

या,

''जो खुदाय मसजीद बसतु हैं, और मुलुक केहि केरा।
तीरथ-मूरत राम निवासी बाहर करे की हेरा।'' (कबीर ग्रंथावली)

कबीर ब्राह्मणी-व्यवस्था के पीछे लाठी लेकर खड़े दिखाई पड़ते हैं। उन्हें ब्राह्मणों की तथाकथित श्रेष्ठता और झूठे आडम्बर पर क्षोभ है। ब्राह्मण खुद को तो धोखा देता ही है, जगत को भी अपने झूठे जाल में भरमाकर मार देता है। वह अपने को संसार का गुरु कहता है और चारों वेदों के झूठे ज्ञान के बीच उलझ-उलझकर मर रहा है और वेदों को प्रमाण बताकर संसार के लोगों को भी मार रहा है। इसीलिए कबीर कहते हैं कि 'ब्राह्मण संसार का गुरु भले ही हो जाये, वह मुझ जैसे साधुओं का गुरु नहीं हो सकता है। अर्थात् वह ज्ञानियों का गुरु नहीं है।' आशय यह कि वे जिस-तिस प्रकार के ब्राह्मणों को अपना गुरु मानने से मना करते हैं-

''ब्राह्मण गुरु जगत का, साधू का गुरु का नाहिं।
उरझि पुरझि करि मरि रह्या, चारिऊँ बेदाँ माँहि।।'' (वही)

इतना ही नहीं कबीर ब्राह्मण को दान देने से भी मना कर रहे हैं। उन्होंने उसके आडम्बरी रूप और धार्मिक पाखण्ड पर प्रहार करते हुए उसे मसखरा तक कह डाला है। अपने ढोंगपूर्ण आचरण के लिए ब्राह्मण खुद तो नरक जाता ही है, यजमान को भी साथ ले जाता है-

''कलि का बाम्हन मसखरा, ताहि न दीजै दान।
सौ कुटुंब नरके चला, साथि लिए जजमान।।'' (वही)

कबीर जब-''ना मैं हिन्दू, ना मैं मुस्लिम' कहते हैं, तो उनके चिंतन में निहित विशाल मानवतावाद को समझा जा सकता है। ब्राह्मणवाद और कुलीनतावाद के खिलाफ ''कबीर ने डंके की चोट पर कहा-'तू बाभन, मैं कासी का जुलाहा।' कितना चुनौती भरा स्वर है यह! आप ब्राह्मण हैं-उच्च वर्ण के मुकुटमणि तो मैं जुलाहा हूँ-निम्न जाति में कमीन। यहीं पर वर्ग संघर्ष का

स्वर मुखर हो उठता है'' (हिन्दी साहित्य का दूसरा इतिहास : डॉ. बच्चन सिंह) और वर्ण-संघर्ष का भी। जुलाहा कपड़ा बुनता है और वर्ण-व्यवस्था में अत्यंत निम्न कोटि का है। ''पर कबीर कहते हैं-'नीच कुल जुलाहरा, भइयो गुनी गंभीरा।' जुलाहा नीच कुल का है तो क्या हुआ? वह 'गुनी गंभीरा' है-तुमसे कहीं भी कम नहीं है। तुम्हें यदि शिकायत है, तो आओ, समझ-बूझकर आओ और दो-दो हाथ कर लो। वह तुमसे उन्नीस नहीं, बीस ही है।'' ऐसे ही चुनौतीपूर्ण वाणियों से कबीर का काव्य भरा पड़ा है। रैदास, धन्ना, अमरदास, रज्जब भी अपने पदों में जातिगत भेदों पर तीखा प्रहार करते हैं।

ईश्वर प्राप्ति में केवल आचरण की पवित्रता और आत्मा की शुद्धि आवश्यक है। प्रेम को कबीर ईश्वर प्राप्ति का सबसे बड़ा सोपान मानते हैं। प्रेम की महत्ता कबीर से अधिक उच्छ्वसित कंठ से मध्ययुग के किसी भी अन्य संत अथवा भक्त कवि ने नहीं घोषित की। कबीर ने प्रेम के इस ढाई आखर पर तो शास्त्रज्ञान को भी न्योछावर कर दिया है-

पोथी पढ़ि-पढ़ि जग मुआ, पंडित भया न कोय।
ढाई अच्छर प्रेम का, पढै सो पंडित होय।।'' (कबीर ग्रंथावली)

यदि कबीर जैसे कवियों ने जाति और धर्म के भेदों को मिथ्या कहकर प्रेम का उदात्त संदेश न दिया होता, तो पता नहीं और कितने दिनों तक हिन्दू और मुसलमानों की तलवारें एक-दूसरे के खून से अपनी प्यास बुझाती रहतीं। कबीर ने राम की अभिनव व्याख्या कर उसे व्यक्ति के बदले निश्चित आदर्शों का प्रतीक बना दिया और किसी अयोध्या या साकेत के बदले जन-जन के दिल में बैठा दिया-

''लाली मेरे लाल की जित देखौं तित लाल।
लाली देखन मैं गयी, मैं भी हो गयीं लाल।।'' (वही)

कबीर ने आत्मपक्ष और लोकपक्ष का जितना अच्छा निर्वाह किया है, उतना किसी ने नहीं। तुलसी का लोकपक्ष कबीर के सामने अधूरा और एकांगी है। कबीर ने लोक भाषाओं को जो सम्मान दिया है, वह अपने आप मे एक विलक्षण बात है। विद्यापति ने तो संस्कृत को केवल 'सक्कअ वाणी'' कहकर लोकभाषा को ''सबजन मिट्ठा'' कहा; लेकिन कबीर ने साहस के साथ संस्कृत को 'कूपजल' कहकर लोकभाषा के 'बहते नीर' से साहित्य की सरस्वती का अभिषेक किया। इसीलिए तो हजारी प्र. द्विवेदी उन्हें वाणी का

'डिक्टेटर' कहते हैं। यह भाषा सीधी होने पर भी ऐसी गहरी चोट करती है कि 'चोट खानेवाला धूल झाड़कर चल देने के सिवा और कोई रास्ता ही नहीं पाता।' "जिस बात को उन्होंने जिस रूप में प्रकट करना चाहा है, उसे उसी रूप में भाषा से कहलवा लिया है-बन गया तो सीधे-सीधे, नहीं तो दरेरा देकर। भाषा कबीर के सामने लाचार सी नजर आती है।" (कबीर : डॉ. हजारी प्र. द्विवेदी)

इस प्रकार कबीर मध्ययुग के सबसे तेजस्वी-ओजस्वी कवि, संत और महात्मा थे, जिनकी प्रासंगिकता जितनी उस काल में थी, उससे भी अधिक आज है और न जाने मानवता के आनेवाले इतिहास में कब तक बनी रहेगी। कबीर का एक ही मंत्र है-

"मोको कहाँ ढूँढै रे बंदे, मैं तो तेरे पास में।
ना मैं देवल ना मैं मस्जिद, ना काबे कैलास में।
ना तो कौनो क्रिया-कर्म में, नहीं योग वैराग में।
खोजी होये, तुरत मिल मिल जैहों, पलभर की तलाश में।
कहत कबीर सुनो भाई साधो, सब सांसों की सांस में।"

(कबीर ग्रंथावली)

या,

"कबीरा खड़ा बाजार में, लिये लुकाठी हाथ।
जो घर जारै आपना, वो चले हमारे साथ।।" (वही)

इस प्रकार कबीर के विचार मानवता के इतिहास में सम्पूर्ण सामाजिक और धार्मिक क्रांति का उद्घोष है, जो आज की दलित-पिछड़ी चेतना के सर्वाधिक करीब है।

5. **सेननाई और सामंती चेतना पर आध्यात्मिक विजय** : भक्ति साहित्य के इतिहास में सेननाई की अधिक चर्चा नहीं हुई है। फिर भी राजस्थान और उत्तर-पूर्वी भारत में उनकी भक्ति और उनके पदों का प्रचार है। नाई समाज उन्हें **'सेन महाराज'** के नाम से जानता है और श्रद्धापूर्वक उनकी पूजा करता है। प्रामाणिक इतिहास के अभाव में उनकी जीवनी के लिए भी किंवदन्तियों पर ही भरोसा करना पड़ता है। वे जाति के नाई थे और राजस्थान के किसी राजा के यहाँ हजामत का काम करते थे। जाहिर है वह अपने कार्य में बहुत

ही दक्ष और निपुण रहे होंगे, तभी तो राजदरबार में उन्हें काम मिला होगा या उनके पूर्वज भी वहाँ पहले से काम करते रहे होंगे। कहा जाता है कि किसी दिन राजा की दाढ़ी काटते समय उनसे कोई चूक हो गयी, जिसके कारण राजा ने उन्हें प्रताड़ित किया और दंड दिया। प्रतिकार स्वरूप उन्होंने ईश्वर भक्ति को अपनाया और जात-पांत जनित भेदभाव के विरुद्ध निर्गुणवादी मतों के अनुसार साधना शुरू की, ताकि उन्हें अपने दलित जीवन से छुटकारा मिले और समाज में उचित स्थान प्राप्त हो सकें।

कठोर साधना और ईश्वर-भक्ति से उन्हें ज्ञान मिला और वे घूम-घूम कर अपने मतों का प्रचार करने लगे। कहा जाता है कि जब उस राजा को उनकी ख्याति का पता चला, तो वे घबड़ाये और सम्मानपूर्वक उन्हें दरबार में बुलाकर उनका उपदेश सुना। यह भी कहा जाता है कि संत सेननाई से प्रभावित होकर वह राजा भी उनका शिष्य बन गया और राजपाट छोड़कर संन्यासी हो गया।

इसी प्रकार मध्यकाल में **धन्ना, बाबा रामदेव, सर्वज्ञ, वेमन्ना** आदि निर्गुण सम्प्रदाय में अनेक कवि और संत हुए, जिन्होंने अपनी सजग चेतना द्वारा दलित-पिछड़े वर्ग के उत्थान के लिए भावात्मक जमीन तैयार की। सूफी संतों में भी अधिकांश दलित और शूद्र कहे जानेवाले हिन्दू-मुसलमान ही थे। राबिया, रज्जब, अमीर खुसरो, जायसी आदि ने जाति-पांति रहित समान मानव धर्म का ही पाठ पढ़या। इन सूफी संत और भक्तों ने भाषा के स्तर पर भी क्रांतिकारी काम किया। सम्पूर्ण भारत में हिन्दी और उर्दू (जो एक ही भाषा है) के विस्तार और प्रचार का श्रेय इन्हीं सूफी संतों को जाता है। इनमें सबसे बड़ा नाम अमीर खुसरो का है, जिन्होंने फारसी, अरबी, रेखता, हिन्दी (हिन्दवी, हिन्दुई) आदि सभी भाषाओं को सरल बनाकर जनता की जुबान बनाने की कोशिश की और हिन्दी के माध्यम से समानता का पाठ पढ़ाने का आजीवन प्रयास किया।

गुरु नानक का सिक्ख धर्म भी दलित-पिछड़ों का ही धर्म था, जिसमें संत मत के अनुरूप ही जाति-पांति, छुआछूत, ऊँच-नीच आदि का खंडन करते हुए मानवीय समानता और भाईचारा का संदेश दिया गया है। इसके माध्यम से 'संगत और पंगत' का सामूहिक सिद्धांत पहली बार धर्म में आया, जिसमें सभी जातियों के लोग एक ही बार एक ही पंक्ति में बैठकर भोजन और भजन करते हैं।

इस प्रकार मध्यकालीन सुधार आंदोलनों में दलित-पिछड़ों का महत्त्वपूर्ण स्थान है। भक्ति का मूल चिंतन ही दलित-पिछड़े भक्त और संतों से शुरू होता है, जिसके सूत्र हम दक्षिण के आलवार संतों में देख सकते हैं। भक्ति का सैद्धांतिक विवेचन भले ही भारतीय और विदेशी ज्ञान-विज्ञान और दर्शन से शुरू हुए हों, पर भक्ति में निराकार की उपासना एवं समर्पण, शरणागत और प्रपत्तिवाद आलवार संतों की देन हैं, जो भारतीय समाज के उपेक्षित, दीन-हीन और दलित-पिछड़े प्राणी थे। और तो और रामानुज और रामानंद आदि भक्ति के सगुण आचार्यों को भी भक्ति इन्हीं आलवार संतों द्वारा प्राप्त हुई। निर्गुनिया संत कबीर, रैदास आदि दलित कवियों ने भक्ति को जो व्यापक रूप दिया, उसमें सम्पूर्ण मानवता समा गयी और मध्यकाल के दिग्भ्रमित समय और समाज से लेकर आनेवाले अनन्त काल तक के लिए भक्ति सबकी चीज हो गयी। ईश्वर राजा-रंक, मूर्ख-विद्वान, संत-असंत, स्वामी-सेवक सबके लिए समान हो गये। भक्ति के क्षेत्र में समता, बंधुत्व और स्वतंत्रता (मुक्ति) आलवर जैसे संतों और कबीर जैसे भक्तों की देन है। इन सभी संत और उनकी विचारधाराओं ने दलित-पिछड़ी चेतना को उभारने में बीज का काम किया। कालान्तर में यही विचाराधारा आधुनिक समाज की विचारधारा बनी और आज का चिंतन इन्हीं चिंतनों के करीब है।

6. **मध्यकालीन भारत में पिछड़ों में राजनीतिक जागरण :** भारतीय इतिहास में तुर्क-अफगान शासकों से लेकर मुगलकाल तक के समय और समाज को मध्यकाल कहते हैं। इसमें यद्यपि भारतीय जनमानस हिन्दू-मुस्लिम जातियों में बँटकर समाज, संस्कृति और राजनीति के दर्शनों का विवेचन करता रहा, सिद्ध-सामंत और सूफियों की विचारधाराओं के बीच इस्लाम का भी बोलवाला होने लगा, राजनीति में तुर्क-अफगानों के बाद मुसलमानों का राज कायम हुआ, फिर भी दलित और पिछड़ी जनता की स्थिति में कोई विशेष अन्तर नहीं आया। ये दलित-पिछड़ी जातियाँ हिन्दुओं के बीच थीं, जो शूद्र और अछूतों के रूप में चिह्नित थीं।

पहले भी बताया जा चुका है कि तुर्क-अफगान या मुगल शासकों को उनसे कोई विशेष मतलब नहीं था। इनकी स्थिति यहाँ भी वही रहीं, जो हिन्दुओं के यहाँ थी। लेकिन सामाजिक-सांस्कृतिक रूप से सूफियों ने और फिर बाद में इस्लाम ने इन्हें अपनाया और उनकी स्थिति में सुधार का प्रयास किया। दिल्ली सल्तनत (तुर्क-अफगान) काल में तो इनका कोई राजवंश दिखायी

नहीं पड़ता है, किन्तु मुगलकाल के अंत में कुछ ओजस्वी-तेजस्वी शूद्र-वीरों का इतिहास हमें दिखायी पड़ने लगता है। आदिवासी कोल-भीलों के रूप में इनके राज्य जंगल और वनों में सिमट चुके थे। किन्तु समाज में भी छिटपुट रूप में इनकी शक्ति और पराक्रम के नमूने मिलने लगे थे। मध्यकालीन शूद्र शूर-वीरों में भामा शाह (तेली, भील) और पन्ना धाय का नाम श्रद्धा से लिया जाता है, जिन्होंने अपने पुत्र और अपनी सेना की कुर्बानी देकर भी क्रमशः राजा उदय सिंह और महाराणा प्रताप सहित पूरे मेवाड़ राज्य की रक्षा की।

7. छत्रपति शिवाजी और पिछड़ी चेतना का राजनीतिक जागरण : शिवाजी की वीरता से कौन परिचित नहीं है? वे मराठा राज्य के संस्थापक थे। शिवाजी के पूर्व दक्षिण में पेशवाओं का राज था, जिसे पहले तुर्क-अफगान शासकों ने, फिर मुगल बादशाह औरंगजेब ने अपने अधीन कर लिया। बीजापुर और गोलकुंडा उनके शक्ति के केन्द्र हो गये। निजामशाही के जमाने में शिवाजी के पिता शाहजी भोसलें ने अपनी योग्यता की बदौलत एक सैनिक से बढ़ते-बढ़ते शासन और सत्ता में उच्च पद प्राप्त कर लिया। कर्नाटक में उन्हें एक छोटी जागीर मिली, जिसे उन्होंने अपने बाहुबल से विस्तारित कर लिया। शाहजी ने दो-दो शादियाँ कीं। पहली पत्नी जीजाबाई से उत्पन्न पुत्र शिवाजी पर उन्होंने कोई ध्यान नहीं दिया। किन्तु शिवाजी इतने प्रतापी निकले कि बीजापुर सहित आस-पास के सभी क्षेत्रों को जीतकर एक स्वतंत्र राज्य बनाने का संकल्प कर लिया। तब तक औरंगजेब का मुगल साम्राज्य दक्षिण में भी स्थापित हो चुका था। बेटे की वीरता को देखकर पिता शाहजी की आँखें खुली और बेटे से 1669 में बीजापुर के साथ अस्थायी समझौता करवा दिया। इससे शिवाजी को मुगल साम्राज्य के अन्य भागों पर आक्रमण करने का अवसर मिल गया।

शिवाजी स्वतंत्र मराठा राज्य के संस्थापक थे। वे जाति के कुनबी (कुर्मी) थे, जो शूद्रों में पिछड़ा वर्ग है। इस जाति को देश के अनेक भागों में अति पिछड़े वर्ग की श्रेणी में रखा गया है। औरंगजेब से युद्ध करने के कारण शिवाजी को इतिहासकारों ने एक स्वर से हिन्दू धर्म का रक्षक घोषित कर डाला। मगर सच्चाई दूसरी ही है। उन्हें तो मुगलों के अतिरिक्त हिन्दू राजाओं से भी खतरा था और बीजापुर गोलकुंडा सहित दक्षिण के अनेक ब्राह्मण रियासतों ने धोखा दिया था। उन्हें बराबर उनसे लड़ना पड़ता था। औरंगजेब तो हिन्दुस्तान के विशाल साम्राज्य के अधिपति थे। "बाद में ब्राह्मण गुरु समर्थ

रामदास के बहाने ब्राह्मणों ने ही उन्हें भड़काया और जब राज्याभिषेक की बारी आयी, तो ब्राह्मणों ने एक शूद्र राजा के राज्याभिषेक से साफ इनकार कर दिया। अनेक अनुनय-विनय के बाद गाघभट्ट नामक एक ब्राह्मण ने उस जमाने में एक लाख इक्कीस हजार रुपये तथा उपहार में सोना आदि प्रभूत दान लेकर उनका राज्याभिषेक किया, वह भी हाथ से नहीं, दाहीने पैर के अंगूठे से। यह कितना बड़ा अपमान था- एक राजा का? शिवाजी ने केवल दिल्ली साम्राज्य और आस-पास के राजाओं से मान्यता प्राप्त करवाने के लिए राज्याभिषेक करवाया था। ऐसा नहीं होने से उस समय की परम्परा के अनुसार उनका राज्य अवैध घोषित हो जाता। कहते हैं इस राज्याभिषेक पर उस जमाने में 426 लाख रुपये खर्च हुए थे।'' (पिछड़ा वर्ग ही असली शूद्र : गुरुचरण बौद्ध)

इस प्रकार काल चाहे कोई भी रहा हो, शूद्र या ब्राह्मणेतर जातियों को आर्थिक-राजनीतिक प्रभुत्व मिल जाने के बाद भी सामाजिक प्रतिष्ठा नहीं मिलती थी। जाहिर है ऐसा समाज पर वर्ण-व्यवस्था और हिन्दू धर्मशास्त्रों के आडम्बरी दबदबे के कारण ही था।

4

आधुनिक काल में पिछड़े वर्गों की सामाजिक स्थिति

आधुनिक काल अंग्रेजों के आगमन और नवजागरण से शुरू होता है। अंग्रेजी राज के स्थापित होते ही शूद्रों (पिछड़े और दलित वर्गों) की सामाजिक स्थिति में सुधार आना शुरू हो गया। ईस्ट इंडिया कम्पनी ने देश के इतिहास में पहली बार अछूतों को सेना में भर्ती किया। डॉ. अम्बेदकर के पिता उसी महार पलटन में सिपाही थे। इसके पूर्व केवल शिवाजी ने अपनी सेना में महार मातंगों को रखा था। जिन अछूत और शूद्र कही जानेवाली जातियों से हिन्दू लोग घृणा करते थे, उनको छूना भी पाप था, उन्हें सम्मानपूर्वक नौकरी देना शूद्रों के लिए एक नयी बात थी। इसलिए महात्मा फूले ने अंग्रेजों को शूद्रातिशूद्रों का भगवान कहा है। देशी रियासतों में शूद्रों में सछूत कही जानेवाली जातियों कोरी, कुनबी, नाई, कहार आदि से तो काम लिया जाता था, किन्तु उनसे कोई सम्मानजनक काम नहीं लिया जाता था और न ही उन्हें उचित वेतनादि ही मिलते थे। अछूतों को तो किसी काम के लिए बहाल ही नहीं किया जाता था। इसलिए कम्पनी के शासन काल में ही हिन्दू धर्म और भारतीय समाज में सुधार के अनेक कार्यक्रम चल पड़े, जो अंग्रेजी सत्ता के सुदृढ हो जाने पर ब्रिटिश काल में भी जारी रहे।

इसी काल में राजाराम मोहन राय, दयानंद सरस्वती, महात्मा फूले आदि समाजसुधारक और क्रांतिकारी हुए, जिन्होंने स्त्री शिक्षा, विधवा विवाह और दलित-पिछड़ों की शिक्षा की शुरुआत करवायी। सती प्रथा, बाल-विवाह, छुआछूत आदि के विरुद्ध कानूनी प्रतिबंध भी इसी काल में लगे। नाई, धोबी आदि के लिए गाँवों में जाकर मालिकों के यहाँ सेवा करने की प्रथा के विकल्प के रूप में फुटपाथ पर दुकान लगाकर काम करने का नया रिवाज शुरू हुआ, जहाँ गृहस्थ और नौकरी पेशा लोग भी उन्हीं के पास जाकर अपना काम करवाने लगे। बाद में इसी प्रथा से धोबियों के लिए लौंड्री और नाईयों के

लिए सैलून का विकास हुआ। इससे दलित-पिछड़े समाज को रोजी-रोटी तो मिली ही, उनके मान-सम्मान में भी वृद्धि हुई।

इस काल में देश में वैसे तो समाजसुधार के अनेक आंदोलन हुए, जिसमें राजाराम मोहन राय के ब्रह्म समाज, केशवचन्द्र के प्रार्थना समाज, एनी वेसेंट की 'थियोसोफिकल सोसाइटी', सर सैयद अहमद, जांभेकर, दारोबा पांडुरंग, भंडारकर, रानाडे, अगरकर, तिलक आदि के उदरवादी-सुधारवादी आंदोलन और विचार आदि शामिल हैं। ये सभी आंदोलन ईसाई मत से प्रभावित थे और उनमें थोड़ी-बहुत भारतीयता मिलाकर वे यहाँ के समाज में सुधार लाना चाहते थे। यद्यपि राजाराम मोहन राय और सर सैयद अहमद आधुनिक हिन्दू और मुस्लिम समाज के विकास में खासे लाभदायक सिद्ध हुए, फिर भी इनकी ईसाईपरश्ती के लिए आज भी इनकी आलोचना की जाती है। लेकिन इनका प्रभाव शहरों के शिक्षित समाज तक ही था। तिलक, गाँधी आदि हिन्दू समाज में केवल सुधार चाहते थे, परिवर्तन नहीं।

किन्तु इन आंदोलनों में दो आंदोलन और विचार ऐसे थे, जिनका सम्पूर्ण भारतवर्ष पर व्यापक असर पड़ा और आनेवाले भारत में वे सबसे महत्त्वपूर्ण हो गये। वे थे-दयानंद सरस्वती के 'आर्य समाज' और महात्मा फूले के 'सत्यशोधक समाज'। 'आर्य समाज' का प्रभाव उत्तर भारत पर पड़ा और 'सत्यशोधक समाज' से दक्षिण भारत प्रभावित हुआ।

1. **आर्यसमाज (दयानंद सरस्वती) और पिछड़ा पिछड़ा वर्ग :** दयानंद सरस्वती का जन्म 1824 ई. में काठियावाड़ (गुजरात) के एक ब्राह्मण परिवार में हुआ था। उन्होंने 7 अप्रैल 1875 ई. को 'आर्य समाज' की स्थापना की। दयानंद ने हिन्दू धर्म के आर्य-अनार्य, जाति-पांति आदि विवादों को एक ही झटके में दूर फेंक दिया। उन्होंने मनुष्य मात्र को ही आर्य कहा और केवल वेदों को प्रमाण मानते हुए हिन्दुओं के सारे वैदिक शास्त्र और पुराणादि ग्रंथों को नकार दिया। वेद, स्मृति और उपनिषदादि के आपत्तिजनक अंशों की उन्होंने नयी व्याख्या की और उन्हें मानवीय दृष्टि से शुद्ध और सकारात्मक बनाया। उन्होंने छुआछूत को नकार दिया और वर्ण-व्यवस्था को गुण एवं कर्म पर आधारित समाज व्यवस्था बताया। अंतजार्तीय विवाह पर बल देकर सभी आर्यों (हिन्दुओं) को एक में मिलाने की कोशिश की गयी। यद्यपि दयानंद हिन्दू समाज में सुधार चाहते थे, परिवर्तन नहीं, फिर भी उनका व्यापक प्रभाव पड़ा।

उन्होंने अपने मतों के प्रचार के लिए हिन्दी भाषा को अपनाया। 'सत्यार्थ प्रकाश' उनका प्रसिद्ध ग्रंथ है, जिसमें उनके विचार संकलित हैं। जिस हिन्दू समाज में अछूतों से छुआ जाने, उनके यहाँ भोजनादि कर लेने या विवाह सम्बंध बना लेने से किसी को अजात या जाति बहिष्कृत कर देना आम बात थी, दयानंद सरस्वती ने शुद्धिकरण द्वारा ऐसे जाति या धर्मभ्रष्ट हिन्दुओं को आर्य बनाकर हिन्दू समाज में मिलाना शुरू कर दिया। इससे झुंड के झुंड दलित और पिछड़े समाज के लोग 'आर्य समाजी' बनने लगे। आज भी आर्यसमाजियों में पिछड़े वर्ग खासकर वैश्य वर्ग के लोग ही अधिक हैं। लेकिन ब्राह्मणों ने उनका घोर विरोध किया और उन्हीं विरोधों के कारण धोखे से उनकी हत्या कर डाली गयी।

किन्तु आर्य समाज के आर्यीकरण में भी दलित और पिछड़ों के लिए समानता और सम्मान का आश्वासन नहीं था। चूंकि वर्ण-व्यवस्था वहाँ भी कायम ही थी, इसलिए जातिभेद और छुआछूत जैसी समस्या दूर नहीं हो सकी। अंतजार्तीय विवाह को प्रोत्साहन नहीं मिल सका और अंततः **'आर्य समाज'** भी फिर से उसी ब्राह्मणवाद की गिरफ्त में चला गया। पिछड़ों और वैश्यों में एक नया 'ब्राह्मणवाद' पनपा, जिसके तहत उन्होंने अपनी जड़ें ब्राह्मणी परम्परा में ढूँढनी शुरू कर दी। संस्कृतिकरण का नया दौर शुरू हुआ और प्राय: हर दलित-पिछड़ी जातियों ने अपने पूर्वजों को ब्राह्मण या क्षत्रिय बताना शुरू कर दिया। चंद्र या सूर्यवंश में अपनी पहचान पाना उन्होंने गौरव की बात समझी, जिसे ऊँची जाति और वर्णवालों ने कभी स्वीकार नहीं किया। इससे दलित-पिछड़ों को अत्यंत नुकसान उठाना पड़ा। उनकी आर्थिक-सामाजिक स्थिति वही थी, पर जातीय गौरव के भ्रम में वे अपने को ऊँचा समझ रहे थे। 'वर्ण-व्यवस्था' को मानते हुए आर्यीकरण एक अवैज्ञानिक व्यवस्था थी।

इसका दुष्परिणाम यह हुआ कि शाहूजी, डॉ. अम्बेदकर, पेरियार आदि के आंदोलन के पश्चात् आजादी के आंदोलन में और फिर आजाद भारत में जब पिछड़ी जातियों (दलित और पिछड़े) की सूची बनने लगी और जब डॉ. अम्बेदकर ने इन पिछड़ी-अति पिछड़ी जातियों को अनुसूचित जाति में शामिल करने का प्रयास किया, तो गाँधी के प्रभाव में आकर उसी आर्यसमाजी जोश में सभी पिछड़ी जातियों के नेताओं ने इसका विरोध किया और कहा कि हम तो ब्राह्मण-क्षत्रियों के मूल के हैं, हम हरिजन में कैसे शामिल हो सकते हैं? आज इन्हीं जातियों के नेता अपने आपको अनुसूचित जाति में शामिल करने

के लिए आंदोलन करते हैं। यह था आर्य समाज का प्रभाव! इस आर्यसमाजी प्रभाव से दलित (अछूत) नेता पहले ही अपने आपको अलग कर चुके थे। अछूतानंद 'हरिहर' उत्तर भारत (उ0प्र0) के इन्हीं नेताओं में थे, जिन्होंने आर्यसमाज से अलग 'आदि हिन्दू' संगठन का गठन किया और इसी नाम से एक अखबार भी निकाला। उन्होंने दलितों को 'आदि हिन्दू' कहकर उनको ब्राह्मणवादी परम्परा से मुक्त किया। किन्तु उत्तर भारत में पिछड़ों में ऐसा एक भी संगठन या नेता नहीं था, जो अपने आपको अलग कर सके। इसके विपरीत दक्षिण भारत में फूले, पेरियार, शाहूजी महाराज आदि पिछड़े वर्ग के अनेक नेता हुए, जिन्होंने इन वर्गों के लिए जी भर काम किया।

2. **सत्यशोधक समाज (महात्मा जोतिबा फूले) और पिछड़ा वर्ग :** 'सत्यशोधक समाज' भारत का दूसरा बड़ा समाजसुधार आंदोलन था, जिसने भारतीय समाज की दिशा ही बदल दी। इसे दक्षिण भारत में महात्मा जोतिराव फूले ने आरम्भ किया था। भारतीय समाज पर इसका व्यापक असर पड़ा। जोतिबा फूले की चिंतनधारा उपर्युक्त सभी सुधारकों से अलग थी। वे सभी बुराइयों की जड़ में ब्राह्मणवाद को ही देखते थे। इसलिए उन्होंने इसे जड़ से ही खत्म कर देना चाहा। मानवीय आचार और व्यवहार के लिए उन्होंने एक वैकल्पिक सामाजिक और धार्मिक व्यवस्था का आरम्भ किया। इसके लिए उन्होंने अपने सिद्धांतों को पहले समाज में लागू किया और फिर बाद में तदनुरूप 'सत्यशोधक समाज' की स्थापना की।

फूले का जन्म 11 अप्रैल 1827 ई. में महाराष्ट्र के पुणे (पूना) शहर में में हुआ था। कुछ लोग उनकी जन्म-तिथि 28 अप्रैल भी बताते हैं। उनके पिता गोविन्द राव फूलों का कारोबार करते थे। इसलिए उनको फूले कहा जाता है। वे जाति से माली (शूद्र) थे। उत्तर भारत में कुछ लोग उन्हें कुनबी और कुशवाहा समाज से भी जोड़ते हैं। उनकी मृत्यु 28 नवम्बर 1890 को हुई। जोतिबा फूले अधिक पढ़े-लिखे नहीं थे। अपने एक रिश्तेदार जो अंग्रेजों की नौकरी करते थे, के कारण वे थोड़ा-बहुत पढ़ लिख गये। बाद में उन्होंने स्वाध्याय से शास्त्र-पुराण एवं अंग्रेजी माध्यम से आधुनिक ज्ञान-विज्ञान प्राप्त किया। कम उम्र में ही उनकी शादी कर दी गयी थी। ब्राह्मणवाद के विरोध करने के कारण उन्हें अनेक संकट और घातक विरोधों का सामना करना पड़ा। माता-पिता ने इसके लिए उन्हें घर से निकाल दिया। उस समय जोतिबा की उम्र केवल 19 वर्ष थी। उन पर कई बार घातक हमले हुए। फिर भी फूले

अपने पथ से विचलित नहीं हुए। उन्होंने अपनी निरक्षर पत्नी सावित्रीबाई को पढ़ाया-लिखाया। उन्होंने 1848 में स्त्री और 1854 में दलितों (शूद्र-अतिशूद्रों) के लिए स्कूल खोला, जो इन वर्गों के लिए देश के पहले विद्यालय थे। सामाजिक विरोध के कारण इसके लिए उन्हें शिक्षक भी नहीं मिले। उन्होंने स्त्री स्कूल के लिए अपनी पत्नी सावित्रीबाई को शिक्षक नियुक्त किया और शूद्र स्कूल में खुद ही पढ़ाना शुरू किया। बाद में अंग्रेजों की मदद से उनके इस प्रयास में सफलता मिलती चली गयी, जिससे शिक्षक तो मिले ही, स्कूलों की संख्या भी लगभग पूरे दक्षिण भारत में फैल गयी। उन्होंने अछूतों को पानी भरने के लिए अपना कुआँ खोल दिया।

बाल-विवाह, सती-प्रथा, कन्या हत्या आदि के विरोध में फूले ने अनेक आंदोलन चलाये। उन्होंने समाज में मृत्यु भोज का बहिष्कार किया और अपने पिता की मृत्यु पर भोज के बदले गरीब बच्चों में पुस्तक और कॉपियाँ वितरित की। बिना पुरोहित के विवाहादि कराने पर पुरोहितों ने उन पर मुकद्दमा दर्ज कर दिया। लेकिन बम्बई हाई कोर्ट से मुकद्दमे का फैसला महात्मा फूले के पक्ष में हुआ। जमींदार एवं मिल मालिकों के विरुद्ध जोतिबा ने किसान-मजदूरों को संगठित कर आंदोलन चलाया, जिसके प्रभाव से सरकार ने किसानों से स्थानीय चंदा और 'कर' लेना बंद कर दिया। फूले एक सुलझे हुए पत्रकार और लेखक भी थे। उन्होंने 1 जनवरी 1877 को 'दीनबंधु' साप्ताहिक अखबार निकाला, जिसके संपादकीय लेखों ने समाज सुधार और कल्याण के बड़े-बड़े कार्य करवाये।

फूले ने दलित-पिछड़े समाज में फैली अज्ञानता को दूर करने के लिए 1873 में लोकभाषा मराठी में अपनी प्रसिद्ध पुस्तक 'गुलामगीरी' लिखी, जिसमें सवर्ण समाज के लिए भी उपदेश थे और सम्पूर्ण देश की राष्ट्रीय और जातीय अस्मिता की चेतना थी। महात्मा फूले की विश्वव्यापी मानवीय चेतना का अंदाजा इसी से लगाया जा सकता है कि यह पुस्तक अमेरिकी रंगभेद के खिलाफ लड़ने और उसे खत्म करनेवाले अमेरिकी समाजसुधारकों को समर्पित की गयी है। फूले ने दलित-पिछड़े समाज में जागृति लाने और मानव समाज को सुधारने के लिए अनेक ग्रंथ लिखे। उनकी पहली रचना 'तृतीय रत्न' नाटक है। इस नाटक और 'गुलामगिरी' ग्रंथ के अलावे उनकी अन्य पुस्तकों के नाम हैं-सतसार, पँवाड़ाः छत्रपति शिवाजी भोसले का, पँवाड़ाः शिक्षा विभाग के ब्राह्मण अध्यापक का, ब्राह्मणों की चालाकी (ब्राह्मणाचेदसा), इशारा,

अपृश्यंवाची, कैफियत, हंटर कमीशन (शिक्षा आयोग) के सामने निवेदन पेश, किसान कोड़ा, ग्रामजोशी के सम्बंध में, सत्यशोधक समाज के लिए मंगलगाथा और पूज़ाविधि, सार्वजनिक सत्यधर्म और अखण्डादि काव्य रचनाएँ। 1872 में उन्होंने **'सत्यशोधक समाज'** की स्थापना की। 'सत्यशोधक समाज' की शिक्षाएँ अत्यंत उपयोगी हैं। इसकी छः मूल शिक्षाएँ हैं- (1) ईश्वर एक है। वह सर्वव्यापी और निराकार है। (2) ईश्वर की भक्ति का अधिकार सभी मनुष्यों को है। इसके लिए किसी बिचौलिये की कोई जरूरत नहीं है। (3) मनुष्यों को जाति की अपेक्षा उनके कार्यों और गुणों से श्रेष्ठ माना जाये। (4) कोई भी ग्रंथ ईश्वर प्रदत्त नहीं है। (5) ईश्वर कभी अवतार नहीं लेता। (6) पुनर्जन्म, जाति-पांति, कर्मकांड इत्यादि अज्ञानमूलक हैं।

उनके ऐसे महत्त्वपूर्ण और वृहत् कार्यों का मूल्यांकन अभी नहीं हुआ, जबकि उनसे छोटे लोगों की भी इतिहास में बड़ी-बड़ी चर्चाएँ मिलती हैं। 1875 में जब दयानंद सरस्वती पूणे आये और पुराणपंथियों के विरोध के शिकार बने, तो जोतिबा फूले ने रूढ़िवायियों को चुनौती देते हुए न केवल उनकी रक्षा की, बल्कि एक विशाल शोभायात्रा निकालकर दयानंद सरस्वती को उनके सुधार कार्यों के लिए सम्मानित भी किया।

फूले को उनके महान कार्यों के लिए अंग्रेजी सरकार ने कई-कई बार सम्मानित किया। 1876 में वे पूणे नगरपालिका के सदस्य बनाये गये, जिस पद पर वे 1882 तक रहे। बढ़ौदा नरेश राजा गायकवाड़ ने उनकी संस्थाओं के लिए अनेक बार आर्थिक मदद की। उन्होंने जोतिबा को महाराष्ट्र का **'बुकर टी वाशिंगटन'** कहकर सम्मानित किया। 1888 ई. में उन्हें महात्मा की उपाधि दी गयी। महात्मा फूले बुद्ध के बाद प्रथम व्यक्ति थे, जिन्होने मानवाधिकार, सामाजिक न्याय और समानता के लिए जीवन भर संघर्ष किया। "शूद्रों और अतिशूद्रों की दृष्टि से फूले ने पहली बार भारतीय इतिहास को देखने की चेष्टा की और इस तरह एक नये विमर्श को जन्म दिया।" (गेल ओम्वेट)।

3. **सावित्रीबाई फूले और स्त्री-दलितों में शिक्षा :** कहने की आवश्यकता नहीं कि सावित्री बाई फूले जोतिबा फूले की पत्नी थीं। इस नाते उन्हें फूले का भरपूर सहयोग मिला। किन्तु उन्होंने अपने बलबूते भी कई-कई राष्ट्रीय-अंतर्राष्ट्रीय प्रतिमानों को खड़ा किया। उन्होंने देश का पहला स्त्री स्कूल

खोलकर शिक्षण-प्रशिक्षण कार्य तो किया ही; 50 वर्षों तक बिना वेतन लिए पढ़ानेवाली वह भारत ही नहीं, विश्व की संभवतः पहली महिला शिक्षक भी हैं। उन्हें अपने पति को मुखाग्नि देनेवाली देश की पहली स्त्री होने का गौरव भी प्राप्त है।

सावित्री बाई का जन्म 3 जनवरी 1831 को महाराष्ट्र के एक छोटे से गाँव 'नायगाँ' में हुआ था। माता-पिता सामान्य किसान थे। उस समय स्त्री-शिक्षा का प्रचलन नहीं था। यदि होता भी, तो दलित-पिछड़े समाज की लड़कियों को कौन पढ़ने देता? सो तत्कालीन परम्परा के अनुसार केवल 9 वर्ष की अवस्था में 13 वर्षीय जोतिराव से उनका विवाह हो गया। जब 1848 ई. में उनका पहला बालिका विद्यालय खुला, तो जोतिबा की उम्र 21 वर्ष और सावित्री बाई की केवल 17 वर्ष थी। इसी अल्प वय में जोतिबा को अपने स्त्री स्कूल के लिए सावित्रीबाई को पढ़ाना पड़ा। तीक्ष्ण बुद्धिवाली सावित्री ने जल्द ही अक्षर ज्ञान प्राप्त कर लिया और स्त्री स्कूल में पढ़ाने लगी। उनमें जब एक बार शिक्षा की लगन जग गयी तो जोतिबा की सहायता के बिना भी उन्होंने रामायण, महाभारत आदि धार्मिक ग्रंथों का स्वाध्याय शुरू कर दिया। सावित्री में स्वतंत्र स्त्री चेतना का विकास होने लगा।

अब सावित्री बाई न केवल शिक्षिका थीं, बल्कि शिक्षिकाओं को प्रशिक्षित करनेवाली देश की पहली प्रशिक्षिका भी थीं। उन्होंने 'नार्मल स्कूलों' में पढ़ाने के लिए शिक्षिकाओं को प्रशिक्षण देना आरम्भ किया। शिक्षा के सम्बंध में खासकर दलित-पिछड़ों की शिक्षा के संबंध में उनका चिंतन मौलिक और व्यावहारिक था। जोतिबा उनके कार्य और विचारों में हस्तक्षेप नहीं करते थे। सावित्री बाई का विचार था कि "शूद्रातिशूद्रों के स्कूलों में शिक्षक भी उसी वर्ग के होने चाहिए। वे ही उनके प्रश्न और समस्याओं को, उनके खान-पान और आदतों को सहजता से स•.झ सकते हैं। छात्र के आसपास का वातावरण उसके विकास में पोषक और बाधक दोनों सिद्ध हो सकते हैं।"

सावित्री बाई की स्त्री-शिक्षा का अभियान न केवल एक परिवर्तन था, बल्कि भारत की सबसे बड़ी सामाजिक क्रांति भी थी। इसलिए एक क्रांतिकारी को जो कष्ट और यातनाएँ भोगनी पड़ती है, सावित्रीबाई को भी भोगनी पड़ी। स्कूल जाने के रास्ते उन पर रोड़े-पत्थर बरसाये जाते, गंदे गोबर और कीचड़ फेंके जाते। उन पर जातिसूचक फब्तियाँ कसीं जातीं, गालियाँ तक दी जातीं।

लेकिन इन अपमानों का उन पर कोई असर नहीं पड़ा। वे चुपचाप सब कुछ बर्दास्त करती रहीं। उन्हें एक अतिरिक्त साड़ी लेकर स्कूल जाना पड़ता था। वहाँ वे स्नान कर दूसरी साड़ी बदलतीं। कभी-कभी वे सनातनी ब्राह्मणों से हाथ जोड़कर कहतीं-"मैं अपनी बहनों को साक्षर बनाने का काम कर रही हूँ। इसमें आपका क्या जाता है? इस पवित्र काम के लिए आपका यह कीचड़, गोबर भी मेरे लिए फूल है।" पर इन बातों का उन मूढ़ पंडितों पर कोई असर नहीं पड़ता।

एक बार तो हद ही हो गयी, जब एक सनातनी ने उन्हें बीच रास्ते में घेर लिया और धमकी देते हुए बोला-'स्त्रियों को बहकावे में डालने का, उन्हें लिखाने-पढ़ाने का धंधा बंद कर, नहीं तो याद रख, भरे बाजार में तेरी इज्जत उतारूँगा।' सावित्री बाई ने नारी जाति के विकास के लिए काम किया था। उसके मान-सम्मान के लिए अब तक सब कुछ सहा था। किन्तु यह अपमान उससे बर्दास्त नहीं हुआ। यह सम्पूर्ण स्त्री जाति का अपमान था। उन्होंने आव देखा न ताव, उस ब्राह्मण को एक झन्नाटेदार तमाचा रसीद कर दिया। तब से सावित्री बाई को तंग किया जाना कुछ कम हो गया। किन्तु उनके इस कार्य से उनके परिजन भी डरे सहमे रहने लगे। एक बार सावित्री बाई मैके गयीं। उनके अपमान और कष्टों से सभी परिचित हो गये थे। इसलिए उनके भाइयों ने कहा-"बहन, तू यह औरतों को लिखाने-पढ़ाने का धंधा बंद कर दे, बहुत हुआ, बस कर अब।" तब सावित्री बाई ने कहा-"ब्रह्मण वर्ग के कहने पर तुम सब शूद्रों को कम लगते हो और तुम्हारे समाज के साथ भी तुम्हारा आचरण व्यवहार तुच्छता का होता है। तुम अपने गाय-बैल, भैंस, ढोर जानवरों की पीठ पर प्रेम से हाथ फेरते हो, उन्हें सहलाते हो। पर दलितों से छूत लगती है। क्या ये उनसे भी गये-बीते हैं? मैं तो अपनी जिन्दगी इन्हीं में खपा दूँगी।"

अनेक सामाजिक विरोध और भारी व्यवधानों के बीच भी सावित्री बाई का स्त्री स्कूल चल पड़ा। उन्हें अब उदारवादी लोगों से मदद मिलने लगी। छात्राओं की संख्या भी काफी बढ़ गयीं। स्त्री और दलितों की शिक्षा के लिए सावित्री को समाज के अन्य वर्ग के लोगों से भी मदद मिलने लगी। सावित्री बाई स्त्री और दलित शिक्षा सम्बंधी अपने मतों का प्रचार करतीं। इस कार्य में उनकी और सहेलियाँ भी शामिल हो गयीं। फातिमा शेख उनकी एक ऐसी ही सहेली थी। शूद्रातिशूद्र लड़कियों के स्कूल को चलाने में फातिमा के प्रयास

से कई ब्राह्मण स्त्रियाँ भी शामिल हो गयीं, जो उन्हीं के स्कूल से साक्षर हुई थीं। फिर भी कट्टरपंथी और सनातनी, जिनकी संख्या निश्चय ही समाज में अधिक थी, चिढ़े रहते थे और हमेशा सावित्री के स्कूल की निंदा करते थे।

आरम्भ के तीन वर्षों तक सावित्री बाई को अपने स्कूल के लिए काफी संघर्ष करना पड़ा। कट्टरपंथियों से उनको मुक्ति नहीं मिल रही थी। आये दिन अपमान का सामना करना पड़ता था। किन्तु 1851 ई. के अंत में एक दिन स्कूल के निरीक्षण में तत्कालीन स्कूल अधीक्षक (सुपरिंटेंडेंट) दादोबा पांडुरंग तर्वडकर पहुँचे। उन्होंने स्कूल की छात्राओं की गहन परीक्षा ली। इस निरीक्षण को देखने के लिए आस-पास के लोगों की भीड़ जुट गयीं। पांडुरंग पढ़ाई की अच्छी व्यवस्था और उत्तम स्तर देखकर दंग रह गये। उन्होंने सावित्री बाई की भूरि-भूरि प्रशंसा की। उन्हें सावित्री बाई के इस स्कूल की प्रगति सरकारी स्कूलों से भी अच्छी लगी। यह किसी सरकारी अधिकारी की व्यक्तिगत टिप्पणी ही नहीं थी; बल्कि किसी स्कूल का सामूहिक मूल्यांकन भी था, जो विभिन्न सरकारी प्रक्रियाओं से गुजरता हुआ कुछ महीने बाद प्रकाशित हुआ। 1852 में उस जमाने के प्रसिद्ध अखबार 'पूना आब्जर्वर' में जब सावित्री बाई के स्त्री-स्कूल की रिपोर्ट छपी, तो पूरे महाराष्ट्र में धूम मच गयी। विरोधियों के मुँह बंद हो गये और सावित्री बाई निर्वाध रूप से अपने मिशन में आगे बढ़ती रही।

यह सही है कि सावित्री बाई को महात्मा फूले ने अपने अनुरूप ढाला था। किन्तु सावित्री बाई में अपनी भी प्रतिभा थी, तभी तो वह फूले के मिशन को उनके बाद भी बुलंद रख सकी। फूले ने सावित्री बाई पर उनकी इच्छा के विरुद्ध किसी काम के लिए जोर नहीं डाला।

यदि सावित्री बाई नहीं होती, तो संभवत: जोतिबा फूले भी स्त्री और दलित-पिछड़ों के सुधार और उद्धार का इतना बड़ा काम नहीं कर पाते। सावित्री बाई की प्रेरणा से ही जोतिबा ने 1863 में 'बाल हत्या प्रतिबंधक गृह' की स्थापना की। दक्षिण के समाज में विधवाओं की संख्या अधिक थी और इसका कारण बाल और बेमेल-विवाह था। विधवाओं की स्थिति बड़ी ही दयनीय थी। उनके बाल मुड़ दिये जाते और यदि उनकी कोंख में कोई बच्चा आ गया, तो जन्म लेते ही उसकी हत्या कर दी जाती। सावित्री बाई और जोतिबा ने इस क्रूर और अमानवीय व्यवस्था के खिलाफ न केवल आवाज

उठायी, बल्कि समस्या के समाधान के लिए 'विधवा आश्रम' और 'बाल हत्या प्रतिबंधक गृह' की स्थापना भी की, जहाँ विधवाओं को सुरक्षित प्रसव कराया जाता था। इस कार्य में सावित्री बाई सबसे आगे थी। वह दायी बनकर स्त्रियों का प्रसव कराती और नवजात शिशु को अपना ही बच्चा समझकर प्यार करती। वह जच्चा-बच्चा की तब तक सेवा करती, जब तक कि उसकी माँ स्वस्थ न हो जाये। उन्होंने स्त्रियों को स्वावलंबी बनाने के लिए अनेक हस्तकला व्यवसायों की भी व्यवस्था की।

सावित्री बाई कवयित्री और लेखिका भी थी। उन्होंने स्त्रियों के लिए एक छोटी सी पत्रिका 'गृहिणी' भी निकाली थी। उनके प्रकाशित ग्रंथों में कविता-संग्रह 'काव्य फूले' (1854) और 'बावनकशी सुबोध रत्नाकर' (1879) तथा गद्य-ग्रंथ 'जोतिबा के भाषण' (1856) प्रसिद्ध हैं। वे एक कुशल गृहिणी थीं। सामाजिक कार्यों की व्यस्तता के बावजूद उन्होंने जोतिबा के खाने-पीने का हमेशा ख्याल रखा। जोतिबा के स्वास्थ्य के लिए ही उन्होंने रसोई का खर्च बढ़ा दिया था। इन सबके बावजूद उनको कोई बाल-बच्चा नहीं हुआ। नि:संतान होने का दुख उनके अंतर्मन में कहीं न कहीं सालता था। सावित्री बाई की इच्छा पर ही जोतिबा ने अपने ही आश्रम में जन्में काशीबाई विधवा ब्राह्मणी के पुत्र यशवंत को गोद ले लिया, जो अंत तक उनके मिशन और सम्पति के वारिश बने रहे। फूले ने उसे पढ़ा-लिखाकर डॉक्टर बनाया। अपने ही हाथों से उसकी शादी भी करायी। यशवंत भी एक आज्ञाकारी पुत्र की तरह फूले के मिशन और सत्यशोधक समाज के महान उद्देश्यों को समझा और तदनुकूल आचरण किया।

जब जोतिबा की मृत्यु हुई, तो सावित्री बाई ने अपने इसी पुत्र यशवंत को मुखाग्नि देने को कहा। पर सामाज और परिवार के लोगों ने मना कर दिया। सम्पति के लोभ में मुखाग्नि के लिए उनके जेठ का पुत्र आगे बढ़ा। सावित्री बाई ने एक वीर महिला की तरह सबको चुनौती देते हुए खुद ही अपने पति को मुखाग्नि दी। यह भारतीय इतिहास की पहली घटना है, जिसमें किसी औरत ने अपने मृत पति को मुखाग्नि दी हो। इतना ही नहीं सावित्री बाई ने 'सत्यशोधक समाज' की रीतियों के मुताबिक फूले का श्राद्ध-संस्कार भी किया। उन्होंने अपने पति की अस्थियों को नदी में प्रवाहित न करके अपने ही अहाते में गाड़ दिया। बाद में वहाँ सत्यशोधक सामाज के संस्थापक के रूप में जोतिबा की समाधि बना दी गयी। आज यह अमर स्मारक जोतिबा और सावित्री बाई के अविस्मरणीय इतिहास का साक्षी है।

फूले की मृत्यु के बाद 1893 ई. में सावित्री बाई 'सत्यशोधक समाज' की अध्यक्षा बनी। वे अपने पति के मिशन के अनुरूप लगातार समाज सेवा में लगी रहीं। 1896 में महाराष्ट्र के अकाल के दौरान वह गाँव-गाँव घूमती रही। अकाल से उबरते ही अगले वर्ष 1897 में प्लेग की महामारी फैल गयी। सावित्री बाई गाँव-गाँव जाकर प्लेग से गस्त गरीब लोगों की सेवा करती रही। जिन अछूतों को प्राय: लोग छूते नहीं थे, उन्हें अपने ही हाथों उठा-उठाकर अस्पताल पहुँचाती रही। एक प्लेगग्रस्त दलित बालक को अस्पताल पहुँचाने के क्रम में वह खुद भी प्लेग की चपेट में आ गयी और 10 मार्च 1897 को दुनिया से सदा-सदा के लिए बिदा हो गयी। आज सावित्री बाई नहीं हैं, पर स्त्री-शिक्षा, स्त्री और दलित-पिछड़ों के उत्थान के लिए किये गये उनके ऐतिहासिक कार्य हैं। आज की युवा पीढ़ी को उनके कार्यों को आगे बढ़ाने की जरूरत है, तभी उस मनस्विनी नारी का सम्मान हो सकता है।

(इस आलेख के प्रमुख ऐतिहासिक तथ्य एवं तिथियाँ डॉ. विद्या केशव चिटको के आलेख 'आद्य शिक्षिका सावित्री बाई फूले', दक्षिण समाचार, 3 अप्रैल, 2002 एवं अन्यत्र प्रकाशित पत्र-पत्रिकाओं के छिटपुट आलेखों से लिये गये हैं)

4. **शाहूजी महाराज और दलित-पिछड़ों के आरक्षण का पहला प्रयोग** : डॉ. अम्बेदकर को दलित नेता के रूप में उभारने और उन्हें प्रेरित करने में जिन महापुरुषों का योगदान है, उनमें शाहूजी महाराज का नाम पहले लिया जाता है। शाहूजी ने ही हिन्दू समाज में सुधार के लिए 'हिन्दू संहिता' का निर्माण किया था, जो आगे चलकर भारतीय संविधान में 'हिन्दू कोड बिल' का आधार बना। शाहूजी महाराज मराठा राज्य के संस्थापक छत्रपति शिवाजी महाराज के कुर्मी (कुनबी) जाति के वंशज थे। उन्होंने आधुनिक भारत में दलित-पछड़ों की स्थिति में सुधार के लिए अनेक ऐतिहासिक कार्य किये।

शाहूजी का जन्म 26 जुलाई 1874 ई. को महाराष्ट्र के कोल्हापुर रियासत के राजमहल में हुआ था। उनके पिता कोल्हापुर रियासत के राजा छत्रपति अप्पासाहेब घाटिके थे। उनकी माता का नाम रानी राधाबाई था। उनकी शिक्षा-दीक्षा अंग्रेजी माध्यम से हुई। उन्हें मराठी भाषा के साथ-साथ संस्कृत का भी अच्छा ज्ञान था। किन्तु बहुत कम उम्र में ही रियासत का काम-काज संभालने के

कारण उन्हें उच्च शिक्षा से वंचित होना पड़ा। जब वे केवल 12 वर्ष के थे, पिताजी की मृत्यु हो गयी और इस अल्पायु में ही उन्हें कोल्हापुर रियासत का राज-काज संभालना पड़ा। शाहूजी के समय समाज की हालत बड़ी ही खराब थी। जाति और वर्ण-व्यवस्था की कठोरता तले समाज का बहुसंख्यक वर्ग रौंदा जा रहा था। शाहूजी का बाल मन समाज की इस दीन-हीन दशा से संवेदित तो था ही, अब राजसत्ता मिलने पर यह चेतना और मुखर हो उठी। समाज-व्यवस्था पर ब्राह्मणों का आधिपत्य था। शासन और राजसत्ता में भी उनकी बढ़-चढ़कर भागीदारी थी। आर. एल. चंदापुरी के अनुसार- "1892 में केवल कोल्हापुर रियासत में ही 64 ब्राह्मण पदस्थापित थे, जबकि गैर-ब्राह्मणों की संख्या मात्र 11 थी। शिक्षा और साक्षरता की यह स्थिति थी कि शाहूजी के समय ब्राह्मण 80, मराठे 7, कुर्मी 2, मुसलमान 8 तथा जैनी एवं लिंगायत मिलाकर करीब 10 लोग साक्षर थे। गैर-ब्राह्मण एवं अछूतों को तो एक तरह से शिक्षा का अधिकार ही नहीं था।" फूले की मृत्यु हाल ही में हुई थी, किन्तु महात्मा फूले द्वारा चलाये गये दलित-पिछड़ा आंदोलन उस समय जोरो पर था। शाहूजी पर फूले की शिक्षाओं का जबर्दस्त प्रभाव पड़ा।

शाहूजी ने दलित और पिछड़ों की शिक्षा पर जोर दिया। ज्ञान-विज्ञान, शिक्षा और व्यापार आदि सभी क्षेत्रों में गैर-ब्राह्मणों की उपस्थिति नगण्य थी। प्रचार माध्यमों पर भी ब्राह्मणों का ही अधिकार था। दक्षिण में दलित और पिछड़े लोग ब्राह्मणों की भेदभावपूर्ण नीति के कारण लगातार अपमानित-प्रताड़ित हो रहे थे। अपने शासन में शाहूजी को ऐसी अन्यायपूर्ण नीति बर्दास्त नहीं थी। अत: शाहूजी ने दलित और पिछड़ों को शिक्षित करने का निर्णय लिया। इसका अभूतपूर्व प्रचार-प्रसार किया। उन्होंने ग्रामीण समाज में जगह-जगह पाठशालाओ की स्थापना की, जिनमें दलित और पिछड़ों के पढ़ने की विशेष व्यवस्था थी। दलितों के लिए उन्होंने 122 पाठशालाएँ खोलीं। उन्होंने शिक्षकों के प्रशिक्षण के लिए ट्रेनिंग स्कूल भी खोले, जहाँ दलित वर्ग से भी अनेक लोग शिक्षक बने।

1902 ई. में उन्होंने अपने शासन व्यवस्था में परिवर्तन का नीतिगत निर्णय लिया और रियासत में दलित और पिछड़ों को शासन-प्रशासन में 50% की भागीदारी दी। देश के इतिहास में यह पहला आरक्षण था, जिसके पीछे मंसा यह थी कि विशेष अवसर देकर वंचितों को आगे बढ़ाया जाये। जिस दलित वर्ग के लिए विकास और सम्मान एक सपना था, उसे सम्मानपूर्ण और उचित

अवसर मिले। दलित वर्ग को अचानक मिले इस अवसर ने उन्हें आह्लादित कर दिया। आरक्षण की इसी नीति ने बाद में अम्बेदकर और लोहिया को भी प्रभावित किया।

शाहूजी ने रूढ़िवादी परम्परा, छुआछूत, अंधविश्वास और बेगार आदि की प्रथा पर जबर्दस्त कुठाराघात किया। ऐसी बुराइयों से ऊपर उठकर दलितों को उन्होंने आगे बढ़ने की प्रेरणा दी, दलित-पिछड़ों को शिक्षा और ज्ञान की नयी रौशनी दी एवं उन्हें विसंगतियों से लड़ने का साहस दिया। उन्हें ऊपर उठाने का उन्होंने हर संभव प्रयास किया, ब्राह्मणों की सामाजिक सत्ता को लगभग उखाड़ फेंका और दलित-पिछड़ों को ऊँचे आसन पर बिठाया। शाहूजी के ब्राह्मण विरोधी अभियान और अछूत एवं पिछड़ी जातियों के लिए किये गये कार्यों के कारण ब्राह्मणों ने शाहूजी का घोर विरोध किया, उनका बहिष्कार कर दिया और उनके विरुद्ध अनेक षड्यंत्र शुरू हो गये। चंदापुरी के अनुसार "कोल्हापुर ब्राह्मण-गैर-ब्राह्मण विवाद का अड्डा बन गया। आगरकर, रानाडे और बाल गंगाधर जैसे सुधारवादी और ब्राह्मण नेता भी शाहूजी के ऐसे कार्यों से उनके विरोधी बन गये। उन्होंने उनकी कड़ी आलोचना की। किन्तु शाहूजी ने इन बातों की कोई परवाह नहीं की और ब्राह्मणों की एकात्मक सत्ता को चुनौती देते हुए जातिगत श्रेष्ठता के नाम पर राज्य की ओर से उन्हें मिलने वाले सभी प्रकार के वजीफों और छात्रवृतियों को बंद कर दिया।"

कहा जाता हैं कि ब्राह्मण और ब्रह्मणवाद के विरुद्ध उनकी यह प्रतिक्रिया पुरोहितों द्वारा उन्हें हीन जाति का बताकर उनकी उपेक्षा के कारण उत्पन्न हुई थी। जब जलाभिषेक के समय पुरोहितों ने ब्रह्मणोचित मंत्र न पढ़ाकर उन्हें शूद्रों के लिए निर्धारित मंत्र ही पढ़ाया था, तो शाहूजी ने उसका प्रतिवाद किया और कहा कि उन्हें भी ब्रह्मणोचित मंत्र पढ़ाया जाये। इस पर ब्राह्मण पुरोहित तैयार नहीं हुए। उन्होंने कहा कि 'आप शूद्र हैं और शूद्र को ब्राह्मणों का मंत्र नहीं पढ़ाया जा सकता।' तब शाहूजी ने अपने पूर्वज शिवाजी का हवाला देते हुए कहा कि 'उनका राज्याभिषेक तो ब्रह्मणोचित तरीके से हुआ था।' पुरोहितों का जबाव था कि 'यह नियम उन्हीं तक सीमित था। उन्हें क्षत्रिय मान लिया गया था। किन्तु उनके सारे वंशज को क्षत्रिय मानने के लिए शास्त्र बाध्य नहीं है।' फिर क्या था, शाहूजी ने जलाभिषेक कराने से ही इनकार कर दिया। और इस घटना के बाद उन्होंने सारे ब्राह्मणी और शास्त्रीय नियमों का बहिष्कार कर दिया।

"शाहूजी महाराज ने 6 दिसम्बर 1919 ई. को आदेश जारी कर अछूतों को सभी सार्वजनिक स्थानों- कुआँ, धर्मशाला, अस्पताल, सरकारी भवन आदि में प्रवेश बहाल कर दिया। सुधारवादी ब्राह्मण नेताओं पर टिप्पणी करते हुए उन्होंने कहा कि 'ब्राह्मण नेता दलितों के छद्म शुभचिंतक हैं। इसलिए उनसे सावधान रहने की जरूरत है।' उन्होंने साफ तौर पर कहा कि तिलक आदि कोई ब्राह्मण नेता गैर-ब्राह्मणों का नेतृत्व नहीं कर सकते। क्योंकि वे दलितो के सच्चे हितैषी नहीं हैं। शाहूजी ने निःशुक्ल शिक्षा प्रणाली शुरू की। उच्च शिक्षा के लिए उन्होंने कई कॉलेजों की भी स्थापना की। 1917 में उन्होंने विधवा-विवाह के लिए कानून बनाया। पुनः 1918 में उन्होंने अंतर्जातीय विवाह को भी कानूनन वैध कर दिया। 1920 में 'हिन्दू संहिता' बना कर उन्होंने राज्य में लागू किया था। उसी हिन्दू संहिता के अधाार पर डा. अम्बेडकर ने 'हिन्दू कोड बिल' की संरचना की थी।" (भारत में ब्राह्मणराज और पिछड़ा वर्ग आंदोलन : आर.एल. चंदापुरी, मिशन प्रकाशन, पटना, बिहार)

दलित और पिछड़ों का यह मसीहा सन् 1923 में 6 मई को सदा-सदा के लिए इस दुनिया से चल बसा। इतिहास ने उन्हें अंधेरे में रखा। किन्तु सूरज को बादल अधिक दिनों तक छुपाकर नहीं रख सकता। आज शाहूजी के किये गये कार्य फिर से प्रासंगिक हो गये हैं। उनके अवदानों का इतिहास अमर रहेगा।

5. **रामास्वामी नायकर पेरियार और आत्मसम्मान आंदोलन :** "पेरियार नये युग के पैगम्बर, दक्षिण-पूर्व एशिया के सुकरात, समाज-सुधार आंदोलन के जनक तथा अज्ञान, अंधविश्वास, निरर्थक रिवाजों और निराधार आचारों के कट्टर शत्रु थे।" यह टिप्पणी इन पंक्तियों के लेखक की नहीं, बल्कि 'संयुक्त राष्ट्रसंघ' की संस्था 'यूनेस्को' की है, जो पेरियार की मृत्यु के तीन वर्ष पूर्व 27 जून 1970 ई. को उन्हें एक अंतर्राष्ट्रीय एवार्ड से सम्मानित करते हुए प्रकाशित की गयी थी। (देवेन्द्र कुमार बेसन्तरी की पुस्तक 'भारत के सामाजिक क्रांतिकारी', दलित साहित्य प्रकाशन संस्था, नयी दिल्ली के आधार पर)

जीवन के 50 वर्षों से भी अधिक समय तक समाजसेवा और सार्वजनिक कार्यों में अपने को समर्पित कर देनेवाले पेरियार के योगदान और उपलब्धियों पर प्राप्त अनेक देशी-विदेशी पुस्तक और शोध-ग्रंथों में उनके जीवन और चिंतन की झांकी मिलती है। पेरियार न केवल आधुनिक तमिलनाडु और दक्षिण भारत के भाग्यविधाता थे, बल्कि शोषित-पीड़ित भारत और विश्व की

तमाम दुखी जनता और सर्वसाधारणों के सच्चे हमदर्द और मसीहा थे। दक्षिण की राजनीति और समाज के वे सबसे तेजस्वी सूत्रधार थे। 'द्रविड़ कड़गम' पार्टी और वहाँ की अनेक सामाजिक क्रांतियों के वे जन्मदाता थे। उन्होंने भारत में दलित-पिछड़ों के लिए 'आत्मसम्मान आंदोलन' चलाया था।

जन्म और शिक्षा-दीक्षा : पेरियार का जन्म 17 सितम्बर सन् 1879 को तमिलनाडु के इरोद नगर में हुआ था। कोई-कोई उनका जन्म 17 नवम्बर बताते हैं। वे एक समृद्ध व्यापारी घराने से आते थे। उनके पिता का नाम वेंकटेसनैय्या नायकर था। उनके पूर्वज विजयनगर सम्राज्य से आकर कर्नाटक में बस गये थे। वे कन्नडिका वलिया जाति के थे जो बाद में नायकर कहलाये। उनकी माता का नाम चिन्नामथाई अमाल था। इस प्रकार उनकी जातीय स्थिति उन वैश्यों की थी, जो आज पिछड़े वर्ग में शामिल हैं। उत्तर भारत में कुछ लोग उन्हें बघेल या गड्डेरिया जाति का बताते हैं।

उनका बचपन ननिहाल में बीता। बचपन से ही वे गरीब और अछूतों के यहाँ आते-जाते थे। उनके बच्चों के बीच रहना उन्हें अच्छा लगता था। यह तत्कालीन समाजिक नियमों के प्रतिकूल था। अत: जब पिता को इसकी सूचना मिली, तो उन्होंने फौरन रामास्वामी को अपने पास बुला लिया। लेकिन कड़े नियंत्रण के बावजूद उनके व्यवहार पर कोई प्रभाव नहीं पड़ा। आठ वर्ष की उम्र में उन्हें स्कूल में पढ़ाई के लिए भेजा गया। किन्तु स्कूल की औपचारिक शिक्षा में उनका मन नहीं लगा। अत: केवल दो ही वर्षों में उन्होंने स्कूल को नमस्कार कर लिया। उसके बाद वे पैतृक व्यवसाय में लग गये, जिसमें वे काफी सफल रहे। 19 वर्ष की उम्र में उनकी शादी 13 वर्षीया नागमाई से हुई। उन्हें विभिन्न प्रकार के धार्मिक और सामाजिक व्यक्तियों से तर्क-वितर्क और संवाद करने पड़ते थे। अत: उन्होंने विभिन्न ग्रंथों, विशेषकर धार्मिक पुस्तकों का अध्ययन किया। सन् 1911 ई. में पिता की मृत्यु के बाद परिवार की सारी जबावदेही उन पर और उनके बड़े भाई ई. कृष्णस्वामी पर आ गई। बड़े भाई ने पेरियार के विकास में भरपूर मदद की।

दक्षिण भारत की सामाजिक स्थिति : पेरियार के बचपन के दिनों में दक्षिण भारत में सामाजिक भेदभाव अपनी चरम सीमा पर थे। शूद्र और अछूतों की सामाजिक स्थिति बड़ी ही दयनीय थी। एक बात और ध्यान देने की है। दक्षिण में ब्राह्मणवाद भले ही उत्तर से आया हो, वहाँ भेदभाव की कट्टरता उत्तर से अधिक थी। ''उत्तर में छूतछात अस्पृश्यता तक ही सीमित थी। पर

दक्षिण में उसके वीभत्स रूप 'रूप अभ्यता' यानी अछूतों को एक निश्चित दूरी पर रखने, उनकी छाया से भी छूत लग जाने तथा उन पर ब्राह्मणों की दृष्टि पड़ जाने पर भी छुआ जाने की प्रथा तक फैली थी। यहाँ तक कि तमिल जैसी समृद्ध भाषा के होते हुए भी मंदिर की पूजा-अर्चना में संस्कृत के मंत्रों का प्रयोग होता था।'' (वही) ब्रिटिश सरकार ने ''1854 ई. में एक आदेश जारी कर सरकारी नौकरियों में गैर-ब्राह्मण जाति के उम्मीद्वारों के लिए भी भर्ती का प्रावधान कर दिया। किन्तु अशिक्षा तथा पैरवी और पहुँच की कमी के कारण इन वर्गों को कोई विशेष लाभ नहीं हुआ।''

पेरियार के सामाजिक आंदोलन : पेरियार के अंतर्मन में ब्राह्मणी व्यवस्था के विरुद्ध पहले ही से आग सुलग रही थी। व्यवस्था को बदलने के लिए वे परिवार और व्यवसाय का दायित्व अपने बड़े भाई पर छोड़कर पूरी तरह सार्वजनिक क्षेत्र में कूद पड़े। उनका परिवार तो प्रतिष्ठित था ही, उनकी प्रबल सामाजिक चेतना और समाजसेवा ने उन्हें जनता का प्रिय नेता बना दिया। उन्होंने चुनाव लड़ा और इरोद नगरपालिका के अध्यक्ष चुन लिये गये। वे सी. राजगोपालाचारी से भी बहुत प्रभावित थे। उन दिनों राजगोपालाचारी सलेम नगरपालिका के चेयरमैन थे। कुछ दिनों के बाद वे राजगोपालाचारी की सलाह पर इरोद नगरपालिका के चेयरमैन पद को त्यागकर कांग्रेस पार्टी में शामिल हो गये। अपने तेज-तर्रार व्यक्तित्व के कारण वे मद्रास कांग्रेस के अध्यक्ष भी चुन लिये गये। काग्रेस आन्दोलन की उन्होंने तन-मन से सेवा की। इसके चलते उन्हें काफी नुकसान उठाना पड़ा। वे सुधारवादी थे। इसलिए उन्होंने कांग्रेस के अस्पृश्यता निवारण, शराबबंदी आदि कार्यक्रमों में बढ़-चढ़कर हिस्सा लिया। उन्हें गाँधीजी के खादी और असहयोग आंदोलन में भी विश्वास था। शराबबंदी आंदोलन के कारण उन्होंने अपने हजारों नारियल के पेड़ कटवा डाले, जिनसे उन्हें लाखों की आमदनी होती थी। उसी प्रकार असहयोग आंदोलन के दौरान उन्हें कचहरी के बहिष्कार करने के लिए 50000 रुपयों के हैराड नोटों को भी फाड़कर फेंक देना पड़ा था।

''जब 1917 ई. में 'जस्टिस पार्टी' का विरोध करने के लिए मद्रास प्रांतीय संगठन बना, तो वे उसमें भी शामिल हो गये। पर वे जस्टिस पार्टी की सभी नीतियों के विरोधी नहीं थे।'' (वही) वे इस पार्टी का विरोध इसलिए करते थे कि एक तो यह जमींदार और सत्ता-सम्पन्न लोगों की पार्टी थी, दूसरा कि यह पार्टी अपने धनबल और सामाजिक प्रभुत्व के बल पर सरकार से

मिलकर अपने अनुकूल काम करवा लेती थी। किन्तु ब्रिटिश सरकार के समर्थन से बनी जस्टिस पार्टी की सरकार ने जब 1921 और 1922 ई. में सरकारी नौकरियों में गैर-ब्राह्मणों के प्रवेश के अपने प्रथम और द्वितीय आदेश निकाले, तो रामास्वामी ने उसका जोरदार समर्थन किया। वे अच्छी नीतियों का हमेशा समर्थन करते थे, चाहे वह नीति किसी विरोधी मंच और संगठन की ही क्यों न हों! वे मद्रास कांग्रेस में भी इस आशय का प्रस्ताव पारित कराने में सफल रहे।

आत्मसम्मान आंदोलन : कांग्रेस की ब्राह्मणवादी प्रवृत्ति से तो वे खीझे हुए थे ही, किन्तु जब कांग्रेस ने शिक्षण संस्थानों, सरकारी नौकरियों और विधान सभा में गैर-ब्राह्मणों के लिए आरक्षण सम्बंधी उनके प्रस्ताव को खारिज कर दिया, तो वे दुखी हो गये। उनका कांग्रेस से मोहभंग हो गया। उन्होंने तमिलनाडु प्रांतीय कांग्रेस से सदा-सदा के लिए इस्तीफा दे दिया। उसी वर्ष 1925 में उनका आत्मसम्मान आंदोलन शुरू हुआ, जो आजीवन चलता रहा। इसका मुख्य उद्देश्य तमिलनाडु के लोगों में तमिल भाषा और संस्कृति के प्रति स्वाभिमान जगाना और ईश्वर तथा धर्म के नाम पर चल रहे ब्राह्मणवादी शोषण से जनता को मुक्त कराना था। प्रो. नाम्बी के अनुसार ''आत्मसम्मान आंदोलन का लक्ष्य जाति-विहीन समाज की स्थापना है और उसकी प्राप्ति के लिए यह जाति और उससे सम्बद्ध संस्थाएँ यानी धर्म, रीति-रिवाज और परम्पराओं की आलोचना करता है। अतः आगे चलकर यह आंदोलन ब्राह्मण विरोधी, धर्म विरोधी और ईश्वर विरोधी भी हो गया।''

पेरियार ने समाज सुधार के अनेक कार्य किये, जिनमें दो अत्यंन्त ही महत्त्वपूर्ण हैं। उनमें से एक कार्य था गुरुकुल भोजनालय में सभी वर्गों के लिए भोजन में समानता लाना और दूसरा 'वैकुम मंदिर' के मार्ग को सबके लिए खोलवाना। ये दोनों आंदोलन उनके आत्मसम्मान आंदोलन के ही अंग थे।

तिरुनेवेलि जिले के सरमा देवी में 1922 में कांग्रेस द्वारा संचालित गुरुकुल में ब्राह्मण और गैर-ब्राह्मण (दलित-पिछड़े) छात्रों के लिए अलग-अलग भोजन की व्यवस्था थी। पेरियार ने इसका कड़ा विरोध किया। गाँधीजी को जब यह बात मालूम हुई, तो उन्होंने भी पेरियार का समर्थन किया। किन्तु गुरुकुल के संचालक वी.वी. अय्यर ने बात नहीं मानी और अंततः गुरुकुल को बंद कर

दिया गया। स्मरण रहे अय्यर खुद एक क्रांतिकारी थे। सुधार तो सभी चाहते थे, किन्तु व्यवस्था में मौलिक परिवर्तन परम्परावादी सुधारकों को बर्दास्त नहीं था। प्रार्थना समाज और कांग्रेस के कार्यकर्त्ता अछूतों के घर छुपकर भोजन तो करते थे, पर सार्वजनिक जगहों पर वे उनकी देह भी नहीं छूते थे।

वैकुम सत्याग्रह : दूसरी घटना केरल के वैकुम मंदिर की है। मंदिर प्रवेश तो दूर की बात थी, वहाँ स्थापित शिव मंदिर के आस-पास की सड़कों से भी अछूत और शूद्रों को गुजरने की मनाही थी। सुदूर मार्गों से जाने के कारण कुछ मिनटों की दूरियाँ पार करने में भी शूद्रों को कई-कई घंटे लग जाते थे। इस प्रकार शूद्र और अछूतों को भारी कष्ट और अपमान-बोध का सामना करना पड़ता था। इसके खिलाफ कांग्रेस ने सत्याग्रह आंदोलन चलाया। एक-एक कर सभी नेता जेल चले गये। जब आंदोलन टूटने लगा, तो नेताओं ने जेल से ही पत्र लिखकर पेरियार से आंदोलन चलाने का अनुरोध किया। पेरियार उस समय तमिलनाडु के सुधार कार्यों में लगे हुए थे और अस्वस्थ चल रहे थे। फिर भी वे फौरन वहाँ पहुँच गये और सत्याग्रह का नेतृत्व संभाल लिया। उन्हें भी जेल में डाल दिया गया। उसके बाद उनकी पत्नी ने इस आंदोलन की कमान संभाल ली। इसी बीच त्रिवेन्द्रम के महाराज की मृत्यु के कारण जेल से सभी आंदोलनकारी कैदियों को रिहा कर दिया गया। पेरियार का आंदोलन और तेज हो गया। आंदोलन की गंभीरता को देखते हुए गाँधीजी ने भी उसमें हस्तक्षेप किया। अंततः मंदिर का मार्ग सबके लिए खोल दिया गया। यह पेरियार की बहुत बड़ी जीत थी। इसलिए पेरियार को **'वैकुम वीर'** भी कहा जाता है।

धार्मिक सुधार आंदोलन : पेरियार के आत्मसम्मान आंदोलन में 1934 के बाद से निखार आना शुरू होता है। पेरियार ने "हिन्दू धर्म को ब्राह्मणी नियंत्रण का हथियार, मनु के कानून को अमानवीय और पुराणों को परियों की कहानियाँ बताकर उनकी आलोचना की तथा जाति-व्यवस्था, बाल विवाह एवं जबरन विधवापन पर कटु प्रहार किया। अनीता दीहल के अनुसार 'पेरियार का मुख्य प्रहार तीन संस्थाओं- धर्म, जाति और उत्तर से आये आर्य प्रभावों पर है।" अर्नेस्ट वेंज ने अपनी जर्मन पुस्तक 'बुद्धिज्म और कम्युनिज्म' में लिखा है कि "डॉ. बी. आम्बेडकर के धर्मान्तरण के बाद जब पेरियार से पूछा गया कि क्या आप भी बौद्ध धर्म ग्रहण करेंगे? तो स्पष्ट तौर से इनकार करते हुए उन्होंने कहा था कि वे हिन्दू धर्म के अन्तर्गत रहते हुए ही मिथ्या सिद्धान्तों

तथा अन्धविश्वासों का निर्मूलन करना चाहेंगे।'' पेरियार विचार के क्षेत्र में महात्मा बुद्ध के करीब थे और बौद्ध धर्म को एक क्रांतिकारी धर्म मानते थे। उन्होंने ''2500 वें बुद्ध पूर्णिमा महोत्सव के उपलक्ष्य में 23 जनवरी 1954 को इरोद में एक बौद्ध सम्मेलन भी करवाया था, जिसमें विश्व बौद्ध सम्मेलन के अध्यक्ष भी पधारे थे। उसी साल रंगून में आयोजित विश्व बौद्ध सम्मेलन में पेरियार भी अपनी पत्नी के साथ उपस्थित हुए थे। पेरियार ने कहा था कि 'हमारे लोगों को जिन देवता, मतों, शास्त्र-पुराण और इतिहास ने गुलाम बना रखा रखा है और हम जिनसे छुटकारा पाना चाहते हैं, बुद्ध के मत हमारे इस क्रांतिकारी उद्देश्यों की प्राप्ति में बड़े काम के हैं।'' (वही)

तमिल संस्कृति की स्थापना पर बल : पेरियार ने तमिल संस्कृति की स्थापना के लिए आर्य संस्कृति के साथ-साथ हिन्दी भाषा का भी विरोध किया था। उनके भाषा सम्बंधी विचार राजगोपालाचारी से प्रभावित थे। इसलिए ऊपर से देखने पर उनका आंदोलन संकीर्ण और क्षेत्रीय लगता है। किन्तु यदि हम गहराई से विचार करें, तो पायेंगे कि पेरियार आर्य और ब्राह्मणी विचारधारा के कट्टर विरोधी थे। अत: उनकी नजर में संस्कृत की तरह हिन्दी भाषा भी आर्य संस्कृति की ही अभिव्यक्ति कोष थी। वे संस्कृत और हिन्दी दोनों की लिपि एक ही (देवनागरी) होने तथा हिन्दी में संस्कृत शब्दों की भरमार रहने के कारण हिन्दी को भी ब्राह्मणी संस्कृति की भाषा समझते थे। दूसरा कारण था कि देश की प्रमुख भाषाओं में तमिल जैसी प्राचीन और प्रमुख भाषा हाशिये पर थी। उसे राष्ट्रीय मान्यता नहीं मिल रही थी, इसलिए भी उन्होंने हिन्दी का विरोध किया था। तमिल राज्य और तमिल भाषा की अस्मिता और स्वाभिमान भी उनके सामने था। किन्तु शोषण-उत्पीड़न और अन्याय के विरुद्ध उनका आंदोलन पूरी मानवता के साथ है। उनके सिद्धांत में आदि से अंत तक मानवतावादी दृष्टिकोण व्याप्त है। इस प्रकार कुछ सीमाओं के बावजूद पेरियार का आंदोलन अखिल मानवता के पक्ष में खड़ा दिखायी पड़ता है।

नारी सुधार आंदोलन : पेरियार ने किसान-मजूदरों, अछूतों, पिछड़ों और स्त्रियों के लिए विधिवत् कार्यक्रम चलाये। 1928 में उन्होंने महिलाओं के लिए 'आत्मसम्मान विवाह' का आंदोलन चलाया। उन्होंने विवाह, तलाक और सम्पति सम्बंधी मामलों में स्त्री और पुरुषों के समान अधिकारों की वकालत की तथा 'कन्यादान' प्रथा का जोरदार विरोध करते हुए कहा कि-'इस शब्द से स्त्री शक्ति का अपमान होता है। स्त्री कोई वस्तु नहीं है, जिसका दान और

क्रय-विक्रय किया जा सके।' उन्होंने दक्षिण की **'देवदासी प्रथा'** का भी घोर विरोध किया था और लोगों का आह्वान किया था कि वे देवदासियों से विवाह कर लें। उन्होंने विधवा विवाह का समर्थन ही नहीं किया था, बल्कि अपनी बाल-विधवा भानजी का जबरन विवाह भी करवा दिया था। 1929 में ही उन्होंने परिवार नियोजन की बात की थी और कहा था कि बार-बार गर्भ धारण करने से स्त्रियों का स्वास्थ्य तो खराब होता ही है, उसकी पुरुषों पर आश्रितता भी बढ़ जाती है और अधिक बच्चों की उचित देखभाल और शिक्षा भी नहीं हो पाती। उन्होंने उस जमाने में लड़कियों की शादी की उम्र 22 वर्ष निर्धारित की थी तथा सरकारी सेवाओं में महिलाओं के आरक्षण पर जोर दिया था, जिस समय नारीवादी चेतना का कहीं अता-पता भी नहीं था। आज के राजनेता और समाजसेवियों को पेरियार की इस दूरदृष्टि से शिक्षा लेनी चाहिए।

ग्रामीण विकास के लिए कार्य : ग्रामीण विकास के लिए पेरियार ने 5000 जनसंख्या को एक ईकाई मानकर उसे उपनगर का दर्जा देते हुए वहाँ डाक-तार, विद्यालय, अस्पताल, सिनेमा, पार्क, क्लब, बैंक आदि सभी नागरिक सुविधाओं की व्यवस्था कराने की मांग की थी। ग्रामीण विकास के लिए पेरियार के सुझाव थे-''कृषि को उद्योग का दर्जा दिया जाये, कृषि कार्य में मशीनों का उपयोग हो, सहयोग समितियों का गठन हो, दैनिक उपभोग की आवश्यक वस्तुओं के उत्पादन हेतु ग्रामीण क्षेत्रों में ही उद्योग स्थापित किये जायें, आमलोगों के ऋण को माफ करके उन्हें महाजनों के चंगुल से बचाया जाये इत्यादि। पेरियार के आंदोलन और सुधारों का तमिलनाडु के जनजीवन पर व्यापक प्रभाव पड़ा। पेरियाार की पहल पर ही तमिलनाडु सरकार ने सरकारी कार्यालय और शिक्षण संस्थानों में धार्मिक पूजादि पर रोक लगा दी। इस प्रकार पेरियार ने समाज की विसंगति और भेदभावों के खिलाफ जीवन भर संघर्ष किया, जिसके सकारात्मक परिणाम भी निकले।

राजनीतिक-सामाजिक सेवाकार्य : पेरियार के सेवाकार्यों की सूची लम्बी है। प्रो. अरूरन के. नाम्बी के अनुसार पेरियार के आत्मसम्मान आंदोलन को चार चरणों में बाँटा जा सकता है- (1) 1925 से 1929 के बीच का प्रथम चरण- जब पेरियार ने अंधविश्वास एवं पुराने रीति-रिवाजों के उन्मूलन पर जोर दिया। (2) 1929 से 1931 के बीच का दूसरा चरण- जब जाति व्यवस्था और धर्म पर प्रहार करते हुए उसमें सुधार का प्रयास किया गया। (3) 1932 से 1935 के बीच का चरण- जब यूरोप यात्रा से लौटने के बाद

पेरियार ने अपने आंदोलन में आर्थिक कार्यक्रम और मुद्दों को जोड़ा। इसमें रेल, डाक, बैंक एवं जहाज परिवहन के राष्ट्रीयकरण, देशी रिसासतों का एकीकरण, राष्ट्रीय एवं व्यक्तिगत ऋणों की समाप्ति आदि मुद्दे शामिल किये गये थे। (4) 1935 के बाद का वह सम्पूर्ण चरण- जब पेरियार को 'जस्टिस पार्टी' ने अपना नेता चुना। 1938 में उनके जेल जीवन के दौरान ही सर्वसम्मत प्रस्ताव पारित कर पेरियार को 'जस्टिस पार्टी' का सभापति चुन लिया गया। इसी चरण में सन् 1944 में पेरियार और उनके साथियों द्वारा 'द्रविड़ कड़गम पार्टी' की स्थापना की जाती है, जो बाद में 'द्रविड़ कड़गम' और फिर 'द्रविड़ मुनेत्र कड़गम' हो जाती है।

इस पार्टी का उद्देश्य ब्रिटिश सरकार से पूर्ण स्वाधीनता प्राप्त करना और स्वतंत्र द्रविड़ राज्य की स्थापना था। पेरियार ने सन् 1949 में 72 वर्ष की अवस्था में एक 30 वर्षीया निजी सचिव मनियामाई से दूसरी शादी कर ली। असमान उम्र के इस विवाह से एक विवाद उठ खड़ा हुआ और 'द्रविड़ कड़गम' पार्टी में फूट पड़ी गयी। इसी कारण 'अन्ना दोराई' के नेतृत्त्व में एक दूसारी पार्टी बनी जिसका नाम 'ए.डी.एम.के.' (अन्ना द्रविड़ मुनेत्र कड़गम) रखा गया।

निधन : ऐसे महापुरुष पेरियार का 25 दिसम्बर सन् 1973 को वेलोर क्रिश्चयन अस्पताल में निधन हो गया। पेरियार की लोकप्रियता का अंदाजा इसी से लगाया जा सकता है कि जब उनका शव मद्रास पहुँचा तो लगभग तीन मील के मार्ग पर अपने प्रिय नेता के अंतिम दर्शन के लिए हजारों लोग कतार बाँधे खड़े थे। लगभग 5 लाख लोग शव-यात्रा में शामिल हुए। तत्कालीन मुख्यमंत्री करूणानिधि तथा के. कामराज कांग्रेस (ओ.) अधयक्ष, शवपेटी की डोर पकड़ने वालों में थे।

6. **बाबा साहेब भीमराव अम्बेदकर और सर्वांग परिवर्तन का महाआंदोलन** : बाबा साहब भीमराव अम्बेदकर न आज का कोई नया नाम है और न भारतीय नवजागरण और नवनिर्मित आजाद भारत के बाद ही कोई नया नाम था। इस नाम को उनके अविस्मरणीय योगदान के लिए अंतर्राष्ट्रीय ख्याति प्राप्त थी। केवल दलित होने के कारण उन्हें हाशिये पर डाल दिया गया था। किन्तु '77 के आंदोलन और उसके बाद हुए सामाजिक-राजनीतिक परिवर्तन ने उन्हें हाशिये से उठाकर केन्द्र में ला खड़ा किया। तत्कालीन विश्वनाथ

प्रताप सिंह की सरकार ने उन्हें **'भारत रत्न'** की उपाधि दी और तब से अम्बेदकर भारतीय सामाजिक-राजनीतिक चिंतन की मुख्यधारा का भी नाम बन गया। इसके पूर्व वे केवल दलित-पिछड़ी जनता के बीच ही लोकप्रिय थे। यह सुखद आश्चर्य है कि आज के समय और समाज में जितने प्रासंगिक अम्बेदकर हैं, उतने शायद गाँधी भी नहीं।

कौन जानता था कि आज अम्बेदकर इतने प्रासंगिक हो जायेंगे? जाहिर है अम्बेदकर ने भारतीय समाज की बुनियादी जड़ों को गहराई से पकड़ा था और उन्होंने समस्या का जो समाधान सुझाया था, आज वही होता दिखायी दे रहा है। देश और दुनिया में उनकी ख्याति भारतीय संविधान के निर्माता, क्रांतिकारी चिंतक तथा सामाजिक रूढ़ियों के खिलाफ अनवरत संघर्ष करनेवाले जुझारू नेता के रूप में है। जाति और वर्णहीन समाज का निर्माण और सबके लिए समान अवसर और अधिकार की स्थापना उनका सपना था, जो आजादी के बाद भारतीय संविधान की संकल्पना के रूप में साकार हुआ।

जन्म और शिक्षा-दीक्षा : डॉ. अम्बेदकर महाराष्ट्र के महार (चमार) जाति के थे, जिनकी गिनती अछूतों में होती है। उनका जन्म 14 अप्रैल 1891 ई. को मध्यप्रदेश की महू फौजी छावनी (इन्दौर) में हुआ था, जहाँ पिताजी ड्यूटी पर तैनात थे। उनके बचपन का नाम भीम सकपाल था। उनके माता-पिता और पूर्वज महाराष्ट्र के रत्नगिरि जिले के अम्बावदे गाँव के निवासी थे। कुछ लोगों के अनुसार उनका अम्बेदकर नाम इसी पैतृक गाँव के नाम पर पड़ा है। किन्तु कुछ अन्य स्रोतों से पता चलता है कि यह नाम उनके एक अध्यापक का दिया हुआ है। अध्यापक उनकी प्रतिभा से इतने प्रभावित हुए कि अपना अम्बेदकर नाम उन्हें दे दिया। उनके पिता का नाम रामोजी सकपाल और माता का नाम भीमाबाई था। इसलिए माता, पिता, गुरु और ग्राम सबके नामों को मिलाकर उनका सम्मिलित नाम हुआ-भीमराव रामोजी अम्बेदकर।

अम्बेदकर के पिता रामोजी जोतिबा फूले के मित्र थे और उनके आंदोलन से बहुत प्रभावित थे। दादा मौलाजी सकपाल महारों में एक अति प्रतिष्ठित और संभ्रांत व्यक्ति थे। कुछ बड़े होने पर अम्बेदकर को स्कूल भेजा जाने लगा। किन्तु वहाँ उन्हें दलित होने का दंश झेलना पड़ा। वे एक दलित बालक की तरह ही स्कूलों में रहे। उन्हें छुआछूत और जाति-जनित अपमानों का कटु अनुभव हुआ, जिसका जिक्र अम्बेदकर ने बार-बार किया है। मसलन घर से

अपनी चटाई लाकर कक्षा में अन्य सवर्ण बच्चों से अलग बैठना, प्यास लगने पर पानी आदि का न मिलना, शिक्षक और सहपाठियों द्वारा जाति-सूचक नामों से अपमानजक ढंग से बुलाया जाना इत्यादि।

बचपन से ही मेधावी बालक अम्बेदकर ने 17 वर्ष की अवस्था में सन् 1908 ई. में बम्बई के प्रसिद्ध एलिफिस्टन स्कूल से उच्च श्रेणी में मैट्रिक की परीक्षा पास की। उसी समय उनका विवाह रमाबाई नामक एक सुंदर और सुशील कन्या से हो गया। 1912 ई. में उन्होंने बी.ए. की परीक्षा पास की। अम्बेदकर की प्रतिभा और तेज बुद्धि से बड़ौदा नरेश गायकवाड़ बहुत प्रभावित थे। अत: वे अम्बेदकर की जी-जान से मदद करते थे। स्मरण रहे गायकवाड़ खुद भी पिछड़े वर्ग से आते थे।

विदेश यात्रा : बी.ए. के बाद बड़ौदा नरेश की ही छात्रवृति पर अम्बेदकर एम.ए. की उच्च डिग्री हेतु अमेरिका चले गये। एम.ए. के बाद वहीं कोलम्बिया यूनिवर्सिटी से उन्होंने अर्थशास्त्र में पी-एच.डी. की उपाधि प्राप्त की। 1916 में ही अर्थशास्त्र और राजनीतिशास्त्र के उच्च अध्ययन के लिए वे लंदन चले गये। कोलम्बिया और लंदन के विश्वविद्यालयों में अम्बेदकर की प्रतिभा की धूम मच गयी।

देश में सेवा एवं समाजिक भेदभाव का कटु अनुभव : किन्तु बड़ौदा नरेश की शर्त्त के अनुसार उन्हें अपना शोध कार्य पूरा करके स्वदेश लौटना पड़ा। यहाँ लौटकर उन्हें राजा के यहाँ नौकरी करनी पड़ी। किन्तु कार्यालयों में भेदभाव की नीति और छुआछूतपूर्ण व्यवहार ने अम्बेदकर का दिल तोड़ दिया। चपरासी तक उन्हें दूर से ही रजिस्टर फेंककर देता था। किसी प्रकार वे इस गलीज से मुक्त हुए। इसके बाद अम्बेदकर पुन: विदेश रवाना हो गये। अध्ययन और अध्यापन के लिए वे तीन बार विदेश गये। अमेरिका, जर्मनी, इटली और लंदन के विश्वविद्यालयों में अर्थशास्त्र के नामी विद्वान के रूप में अम्बेदकर चर्चित हो गये। उन्हें अनेक डिग्रियाँ और सम्मान मिले। उन्होंने अंग्रेजी के अतिरिक्त फ्रेंच, जर्मन, फारसी, रूसी और संस्कृत का भी अच्छा ज्ञान प्राप्त कर लिया। भारतीय भाषाओं में अम्बेदकर संस्कृत और मराठी के अलावे बंगला, उर्दू, गुजराती, हिन्दी आदि कई भाषाओं के ज्ञाता थे। अमेरिका, ब्रिटेन, जर्मनी आदि देशों में अबेदकर ने केवल अध्ययन ही नहीं किया; बल्कि वहाँ का सामाजिक-सांस्कृतिक अनुभव भी प्राप्त किया, जो बाद के दिनों में भारतीय

समाज- विशेषकर हिन्दू समाज में व्याप्त रूढ़ियों के विरुद्ध उनके संघर्ष में सहायक सिद्ध हुआ। विदेशों से शिक्षा, सम्मान और ढेर सारे अनुभवों को लेकर अंततः वे 1917 ई. में देश लौट आये।

इसके बाद भी वे कई बार सरकारी और गैर-सरकारी कार्यों, सम्मेलनों आदि के लिए विदेश जाते रहे। कुछ दिनों तक उन्होंने बम्बई और पूणे के विश्वविद्यालयों में अर्थशास्त्र विषय पर वक्तव्य भी दिये। उनके विद्वतापूर्ण वक्तव्य सुनने के लिए दूर-दराज के शहरों से भी छात्र आते थे। अम्बेदकर के भाषण के दिन महाराष्ट्र के प्रायः सभी विश्वविद्यालय स्वतः बंद हो जाते थे, क्योंकि सारे छात्र उनका वक्तव्य सुनने चले जाते थे। किन्तु इतनी बड़ी विद्वता और ज्ञानबल के बावजूद भारतीय समाज में अम्बेदकर को बार-बार अपने अछूत होने की त्रासद पीड़ा झेलनी पड़ी। उन्हें पूरे बड़ौदा में रहने के लिए कहीं कोई स्थान नहीं मिला। एक मित्र रखने के लिए तैयार भी हुआ, तो उसकी पत्नी के विरोध के कारण वे वहाँ नहीं रह सके। किसी भी होटल का मालिक उन्हें रखने को तैयार नहीं था। अंत में वे एक पारसी होटल में नाम छुपाकर रहने लगे। किन्तु जब होटल मालिक को पता चला, तो उसने उनका बोरिया-बिस्तर फेंकवा दिया। इस पर बाबा साहब एक पेड़ के नीचे बैठकर घंटों रोये।

बाबा साहेब के आंदोलन : वैसे तो अम्बेदकर का आंदोलन 1919 से ही आरम्भ हो जाता है। किन्तु समाज व्यवस्था के विरुद्ध डॉ. अम्बेकर का सघन अभियान और सक्रिय आंदोलन 1927 ई. से शुरू होता है, जो उनके जीवन के अंत तक लगातार चलता रहता है।

महाड़ सत्याग्रह : उनका प्रथम ऐतिहासिक आंदोलन महाड़ सत्याग्रह है, जो 19 मार्च 1927 ई. से शुरू हुआ। इसी सत्याग्रह में अम्बेदकर ने महाड़ के सार्वजनिक तालाब में दलितों को सामूहिक रूप से प्रवेश कराकर पानी भरवाया था और 'मनुस्मृति' की प्रतियाँ भी जलाई थी। इस अवसर पर अम्बेदकर ने जो क्रांतिकारी भाषण दिये थे, उसके अंश 'द इंडियन नेशनल हेराल्ड' के 28 दिस. 1928 के अंक में छपा था। अपने उद्देश्य और संदेश को सही ढंग से प्रचारित-प्रसारित करने के लिए उन्होंने 1927 ई. में ही 'बहिष्कृत भारत' (मराठी) नामक पत्र निकालना शुरू कर दिया। इसके साथ ही उन्होंने 'मूक नायक' और 'जनता' अखबार भी निकाले।

गाँधी और अम्बेदकर की चर्चा करते समय लोग प्रायः सीधे टिप्पणी कर बैठते हैं कि डॉ. अम्बेदकर ने दलितों को समाज से काटकर देखा, जबकि गाँधीजी सम्पूर्ण भारतीय समाज में सुधार के लिए लड़ रहे थे। ऐसा सोचनेवालों को बाबा साहेब के उस वक्तव्य पर ध्यान देना चाहिए जो उन्होंने महाड़ की विशाल जनसभा को सम्बोधित करते हुए दिया था। बाबा साहब ने कहा था कि "हमारे आंदोलन का उद्देश्य सिर्फ अपनी निर्योग्यताओं को दूर करना ही नहीं है, बल्कि एक सामाजिक क्रांति करना भी है; ऐसी क्रांति, जो जाति की समस्त मानव-निर्मित बाधाओं को दूर कर, सभी को समान अवसर प्रदान करेंगी, ताकि मानव-मानव के बीच नागरिक अधिकारों को लेकर कोई भेद न रहे।....यदि हम समस्त हिन्दुओं को एक ही जाति में संगठित करने के अपने आंदोलन में सफल हो जाते हैं, तो सामान्यतः यह भारतीय राष्ट्र की और विशेष रूप से हिन्दू समुदाय की हमारी महानतम सेवा होगी।"(कंवल भारती)

अंततः महाड़ आंदोलन के विरुद्ध कोर्ट में दायर मुकद्दमें में अम्बेदकर की जीत हुई थी और तालाब दलितों के लिए खोल दिया गया था। इसके बाद **गंगासागर तालाब** सहित अनेक तालाब और जलाशयों में अम्बेदकर ने अछूतों को प्रवेश दिलाया।

मंदिर प्रवेश आंदोलन : उन्होंने अछूतों के लिए मंदिर प्रवेश पर लगे प्रतिबंधों के खिलाफ भी तीव्र आंदोलन चलाया और अनेक हिन्दू मंदिरों में दलितों को प्रवेश दिलवाया। 1930 ई. से अम्बेदकर के आंदोलन ने क्रांति का रूप लेना शुरू कर दिया। 1930 से ही उन्होंने मंदिर प्रवेश आंदोलन शुरू किया था। 1935 तक आते-आते अम्बेदकर पूरे देश में दलितोद्धार के क्रांतिकारी नायक के रूप में प्रसिद्ध हो चुके थे। अम्बेदकर के ठोस व्यावहारिक तर्कों और दलितों की हीन स्थिति को देखते हुए अंग्रेजी सरकार ने छुआछूत के विरुद्ध कानून बनाये। साथ ही दलितों के लिए सामाजिक समानता के अनेक नियम बनाये गये। उनके लिए 'कम्युनल एवार्ड' के तहत सुविधाएँ दी गयीं।

अम्बेदकर के राजनीतिक कार्य : अपने सामाजिक और राजनीतिक उद्देश्यों की पूर्ति के लिए अम्बेदकर ने 1936 में 'लेबर पार्टी' की स्थापना की। 1936 में वे उसके अध्यक्ष चुने गये। अम्बेदकर देश की हर राजनीतिक सामाजिक गतिविधि में सक्रिय रहे। 1935 की अंतरिम सरकार में भी उनकी प्रमुख भूमिका रही। 1946 में वे संविधान सभा के सदस्य बनाये गये।

डॉ. अम्बेदकर के प्रयास से 29 अप्रैल 1947 ई. में संविधान सभा ने भी छुआछूत को संज्ञेय अपराध घोषित कर दिया। अम्बेदकर संविधान निर्माण समिति के अध्यक्ष बनाये गये। देश की स्वतंत्रता के बाद वे कानून मंत्री बने। इस बीच पूना-पैक्ट, गाँधी-अम्बेदकर विवाद, गोलमेज सम्मेलन आदि अम्बेदकर के जीवन के अनेक पड़ाव हैं। 1951 ई. में उन्होंने कानून मंत्री से इस्तीफा दिया, 1956 में बौद्ध धर्म धारण किया और 6 दिसम्बर 1956 में ही वे सदा-सदा के लिए इस लोक से विदा हो गये।

बाबा साहेब का धर्म परिवर्तन : कभी बाबा साहब ने कहा था कि "हिन्दू धर्म पर जितना सवर्णों का अधिकार है, उतना ही अस्पृश्यों का भी। हिन्दुत्व के विकास में यदि ब्राह्मण, वशिष्ठ, क्षत्रिय, कृष्ण, वैश्य आदि का योगदान है, तो व्याधगीता के रचनाकार वाल्मीकि, चोखामेला, तुकाराम जैसे शूद्रों का योगदान भी किसी से कम नहीं।" उसी बाबा साहब को 1935 के 'येवला सम्मेलन' में भरी सभा में कहना पड़ा कि "मैं पैदा तो हिन्दू धर्म में हुआ हूँ, जो मेरे वश में नहीं था। पर मैं विश्वास दिलाता हूँ कि मैं एक हिन्दू के रूप में नहीं मरूँगा, यह मेरे वस में है।"

ऐसा क्यों हुआ? क्योंकि बाबा साहब को उम्मीद थी कि गाँधी, मालवीय आदि हिन्दू नेता संभवत: हिन्दू धर्म की कमियों को सुधारकर उसे दलितों के अनुकूल बनाने को राजी हो जायेंगे। पर ऐसा नहीं हो सका। 'पूना-पैक्ट' के अनुसार कांग्रेस का 'अस्पृश्यता निवारण' आंदोलन भी टें बोल गया। बाबा साहब के अनुयायी धर्मान्तरण करते रहे, किन्तु उन्होंने तब तक धर्मान्तरण नहीं किया, जब तक राष्ट्रीय हित का कोई मुद्दा न आये।

आखिर वह समय आ ही गया, जब वे स्वतंत्र भारत में कानून मंत्री बने। उन्होंने 'हिन्दू कोड बिल' और 'मुस्लिम पर्सनल लॉ' का जमकर विरोध किया। उनका मानना था कि स्वतंत्र देश में धर्म के आधार पर नागरिकों के लिए अलग-अलग सामाजिक कानूनों की कोई आवश्यकता नहीं है। वे बिल में सुधार करके छुआछूत की तरह जाति-प्रथा को भी अपराध घोषित करना चाहते थे। किन्तु गाँधी और नेहरू आदि नेता इस पक्ष में नहीं थे। अत: उन्होंने कानून मंत्री पद से इस्तीफा दे दिया और बहुत मंथन के बाद अंतत: '14 अक्टुबर 1956 को' एक विशाल जनसभा में लाखों (लगभग 5 लाख) दलितो

के साथ बौद्ध धर्म स्वीकार कर लिया। उन्होंने कभी गाँधीजी से कहा था कि "यद्यपि अस्पृश्यता के समाधान के प्रश्न पर मैं आपसे भिन्न मत रखता हूँ, परन्तु समय आने पर देश के लिए सबसे कम नुकसानदेह मार्ग अपनाऊँगा। बौद्ध धर्म ग्रहण करके मैं देश और हिन्दू धर्म पर एक बड़ा उपकार कर रहा हूँ। क्योंकि बौद्ध धर्म भारतीय संस्कृति का ही एक अंग है। मैंने यह सावधानी रखी है कि मेरे धर्मान्तरण से देश के इतिहास एवं संस्कृति की अक्षुण्ण परम्परा को नुकसान न पहुँचे।"

पूना पैक्ट और उसके बाद की स्थिति : 'पूना समझौते' के बाद 25 सितम्बर 1932 को मुम्बई में हिन्दू नेताओं का एक सम्मेलन हुआ, जिसमें डॉ. अम्बेदकर को भी आमंत्रित किया गया था। नेताओं ने 'पूना-पैक्ट' के प्रस्तावों के अनुसार एक भारी-भरकम संकल्प पास किया, जिसमें कहा गया था कि "आज से हिन्दुओं में कोई भी मनुष्य जन्म से अस्पृश्य नहीं समझा जायेगा जो आज तक अस्पृश्य समझे गये हैं। सार्वजनिक कुओं से पानी भरने, सार्वजनिक स्कूलों में पढ़ने, सार्वजनिक मार्गों पर चलने और अन्य सार्वजनिक संस्थाओं का उपयोग करने में अन्य हिन्दुओं के साथ दलित भी समान रूप से अधिकृत होंगे। इन अधिकारों को सबसे पहले कानून सम्मत मान्यता दी जायेगी और यदि समय से पहले इसे वैसी मान्यता नहीं मिल पाती, तो स्वराज संसद के अधिनियमों में यह सबसे पहला अधिनियम होगा।"

लेकिन डॉ. अम्बेदकर ने कहा था- "हमारी एकमात्र चिंता यह है कि क्या हिन्दू समुदाय इसका पालन करेगा? हमें लगता है कि हिन्दू समुदाय एक अविच्छिन्न ईकाई नहीं है, बल्कि अगर मैं कहूँ तो, छोटे-छोटे समुदायों का एक संघ है।....मैं यह नहीं मानता कि संयुक्त मतदान दलित वर्गों को हिन्दू समुदाय में आत्मसात करने की समस्या का कोई अंतिम समाधान है।.....लम्बे समय तक दलित वर्ग अज्ञानियों का एक समूह भर रहे, जिनमें आत्म-सम्मान का भाव नहीं था। इसलिए हिन्दू समुदाय ने उन्हे जो सामाजिक स्थान दिया, उसे स्वीकारना उनके लिए संभव हो सका। लेकिन जैसे-जैसे वे शिक्षित होंगे, इन सामाजिक नियम-कानूनों का प्रतिरोध करना शुरू कर देंगे।"

कहना न होगा डॉ. अम्बेदकर की यह चिंता सही निकली। 'पूना-पैक्ट' के समय से ही भारत में हिन्दूवादियों ने इसके विरोध में भयानक उत्पात मचाये। कांग्रेस के लाख चाहने पर भी संत-महंतों ने दलितों को मंदिर-प्रवेश नहीं करने

दिया। कांग्रेस का 'पानी भरो' और 'मंदिर प्रवेश' अभियान बुरी तरह असफल हो गया। बिहार में तो गाँधीजी के अनशन के समय से ही सरकारी संरक्षण में पर्चे बाँटे जा रहे थे कि "अछूतों को सनातन हिन्दू समाज कभी भी अपने में नहीं मिला सकता है, अछूत सदा अछूत रहेंगे, जब तक कि सारा हिन्दू समाज भ्रष्ट न हो जाये' ..ब्राह्मण, क्षत्रिय, वैश्य, शूद्र सभी अपने-अपने समाज के नियमों पर चलें ...आदि आदि।" (आधुनिकता के आइने में दलित)

अम्बेदकर ने अपने आंदोलन और सत्याग्रह के दौरान जो नृ-वैज्ञानिक और सामाजशास्त्रीय सिद्धांत प्रस्ताव पारित किये, वे थे- "सभी जन्म से समान हैं और मरने तक समान रहेंगे। समानता के जन्मसिद्ध अधिकार को कायम रखना राज्य का अंतिम हेतु होना चाहिए। प्रजा चाहे सरकारी हो, धार्मिक हो, या कोई अन्य, सभी को समान अधिकार प्राप्त है। किसी भी व्यक्ति को अपने जन्मसिद्ध अधिकार के अनुसार रहने की पूर्ण स्वतंत्रता है। उसे समतावादी मानवीय नियमों के आधार पर ही मर्यादा में रखा जा सकता है, जो राज्य द्वारा बनाये गये हों, किसी धर्मशास्त्र या अन्य के द्वारा बनाये गये नियमों के आधार पर नहीं। जो बातें कानूनन मना है, उसे कदापि नहीं किया जाना चाहिए। हाँ, उसके लागू किये जाने से यदि बहुसंख्यक जनता को कठिनाई होती हो, तो उसका विरोध किया जाना चाहिए। भारतीय 'मनुस्मृति' की तरह फ्रांस का कानून किसी एक व्यक्ति या वर्ग ने नहीं बनागा। उसे प्रजा के प्रतिनिधियों द्वारा तैयार किया गया है, जिसमें जन्म के आधार पर कोई भेदभाव नहीं है। व्यक्ति के कर्म के आधार पर ही उसके गुण-दोष निकाले जा सकते हैं।"

बाबा साहब ने कहा था-"अन्याय तब तक दूर नहीं होगा जब तक उसे सहन करनेवाला खुद-ब-खुद उठकर खड़ा न हो। जब तक गुलाम में मुक्त होने की भावना प्रज्वलित नहीं होती, वह गुलामी के विरुद्ध लड़ने, मरने-मिटने को तैयार नहीं होता, गुलामी जानेवाली नहीं। गुलाम को यह अहसास करा दो कि वह गुलाम है, वह क्रांति कर देगा।" इस सूत्र वाक्य द्वारा उन्होंने एक तरफ देशवासियों को अंग्रेजों की गुलामी से मुक्त होने की प्रेरणा दी, तो दूसरी ओर दलित-पिछड़ों को ब्राह्मणवादी नीति और मनुवादी संस्कारों से मुक्ति के उपाय भी बताये। बाबा साहब हमेशा कहा करते थे कि राजनीतिक और सामाजिक जीवन में समानता होनी चाहिए। दुर्भाग्य से आजादी की आधी शताब्दी के बाद भी इस देश में ऐसा नहीं हो सका।

बिहार में डॉ. अम्बेदकर का ऐतिहासिक भाषण : देश में पिछडा वर्ग आंदोलन के दौरान 1951 में डॉ. अम्बेदकर बिहार की राजधानी पटने में आये थे। उनको यहाँ बुलाने के लिए 'पिछड़ा वर्ग आंदोलन' के नेता आर.एल. चंदापुरी 1948 से ही प्रयत्नशील थे। किन्तु कार्य-व्यस्तता के कारण वे नहीं आ पा रहे थे। अंतत: जब केन्द्रीय मंत्रिमंडल से इस्तीफा देने के बाद उनको समय मिला तो वे पटने में आये। वे 'पिछड़ा वर्ग संघ' और 'शोषित जन संघ' नामक संगठन के संयुक्त प्रयास से पटना आये थे। यह उनकी प्रथम और अंतिम बिहार यात्रा थी। 6 नवम्बर 1951 को पटने के गाँधी मैदान में उनका ऐतिहासिक भाषण हुआ था, जिसमें भारी संख्या में अनुसूचित जाति, जनजाति, अल्पसंख्यक और पिछड़े वर्ग के लोग शामिल हुए थे।

देश की आबादी की 90% संख्या का प्रतिनिधित्व करनेवाली जनता का यह विशाल जमावड़ा भी बिहार के इतिहास में पहला था। इस विशाल जनसमूह को देखकर विरोधियों के हाथ-पाँव फूल गये थे और कांग्रेस के कुछ नेताओं तथा कुछ सवर्ण युवकों की शरारत से मंच पर ईंट-पत्थर भी चले थे। सभा का संचालन चंदापुरी ही कर रहे थे। सभा की अध्यक्षता बिहार विधान सभा में विरोधी दल के नेता तथा पूर्व आई.सी.एस. अमीन अहमद कर रहे थे। उद्घाटन भाषण के लिए जैसे ही डॉ. अम्बेदकर का नाम पुकारा गया, बिजली गुल कर दी गयी और भाषण देने के लिए ज्यों ही अम्बेदकर उठे कि उन पर ईंट-पत्थरों की बौछारें होने लगीं। लेकिन भीड़ को देखकर डॉ. अम्बेदकर इतने आह्लादित थे कि इस हमले से थोड़ा भी विचलित नहीं हुए। बाबा साहब को बचाने के लिए चंदापुरी उनके बीच में आ गये, जिससे बाबा साहब तो बच गये, किन्तु चंदापुरी की आँखों में पत्थर का टुकड़ा लगने से खून बहने लगा। क्रुद्ध चंदापुरी ने माईक पर गरजते हुए कहा कि "यह डॉ. अम्बेदकर को मारने का सरकारी षड्यंत्र है।" ऐसा कहना था कि बिजली आ गयी और डॉ. अम्बेदकर ने अपना भाषण शुरू कर दिया।

यहाँ बाबा साहब के उस ऐतिहासिक भाषण का कुछ अंश दिया जा रहा है।

भाषण : "मुझे इस बात की खुशी है कि महात्मा बुद्ध की पवित्र भूमि मे सामाजिक क्रांति का बीज फिर से अंकुरित हो गया है। यह वही स्थान है,

जहाँ से ज्ञान का प्रकाश सारे विश्व में फैला था। देश के शोषितों, संगठित हो और आगे बढ़ो। वर्ण-व्यवस्था और जाति-प्रथा के कारण शूद्र, अतिशूद्र, पिछड़े वर्ग तथा अल्पसंख्यकों को सामाजिक, आर्थिक एवं राजनीतिक सुविधाओं से वंचित रहना पड़ा है। हिन्दुओं की वर्तमान सड़ी-गली सामाजिक व्यवस्था को मूलोच्छेद कर जब तक नये समाज का निर्माण नहीं किया जाता, तब तक समाज के पिछड़े वर्ग के लोगों, पीड़ितों, दलितों तथा आदिवासियों का कल्याण नहीं हो सकता है। आज हमें परमुखापेक्षी न होकर अपनी शक्ति पहचाननी है और समाज में अपना गौरवपूर्ण स्थान बनाकर देश की राजनीति एवं शासन संबंधी कार्यों में भाग लेना है। मुट्ठी भर लोगों द्वारा परिगणित जाति के लोगों को उनके पैरों के तले दबे रहने का जमाना लद चुका। ....

भारतीय संविधान में समस्त भारतीयों को सामाजिक समानता का अधिकार दिया गया है। दो हजार वर्ष तक हमारी आत्मा को इस तरह कुचला गया है कि अब हम इस अन्याय को बर्दाश्त नहीं कर सकते। देश में हम दलितों, पिछड़ों, शोषितों और शूद्रों की संख्या 90% है। देश की शासन-सत्ता हम अपने हाथ में लेंगे। जिस प्रकार विदेशों में सामाजिक अत्याचार का विरोध किया गया, उसी प्रकार हमें भी अपनी वर्तमान सामाजिक व्यवस्था को मूलोच्छेद कर देश का नव निर्माण करना है। इसके लिए शिक्षित हो, संगठित हो और संघर्ष के लिए आगे बढ़ो। कायर बराबर मरता है। किन्तु वीर पुरुष कभी नहीं मरता, क्योंकि वह मरकर भी जीवत रहता है। देश का भविष्य ऐसे (चंदापुरी जी की ओर इशारा करते हुए) निर्भीक नौजवानों पर निर्भर कराता है। इसलिए अपना उत्तरदायित्व समझते हुए सभी नौजवानों को आगे आना चाहिए। ....

प्रजातंत्र हमारे लिए कोई नयी चीज नहीं है। प्राचीन भारत में प्रजातंत्र का ही महत्त्व था। लेकिन सामंतवादियों ने अपनी सत्ता जमाने और प्रजातंत्र का सर्वनाश करने के लिए मनु जी से सामाजिक व्यवस्था करायी। आपको मत देने का अधिकार पहली बार मिला है। इसलिए ऐसे मौके पर आपको अपने सुंदर भविष्य के निर्माण के लिए अपने हितैषियों और अपने बीच के ही लोगों को अपना प्रतिनिधि चुनकर विधान सभा और संसद में भेजना है। सभी राजनीतिक पार्टियाँ पूँजीपतियों और मारवाड़ियों के पैसे पर चलती हैं। वे आपको पैसे क्यों देंगे? आपको यदि उठना है, तो अपने बलबूते पर उठना होगा। हमारे लोग आज हमारी बातें नहीं समझ पा रहे हैं। शायद वे इस शताब्दी के अंत तक समझेंगे और तब कहीं वे उठेंगे। हिन्दुओं ने जो हमारे

साथ अन्याय किया है, उसे हम भूल नहीं सकते। हमें अपने शोषणों के लिए उनसे प्रतिशोध नहीं लेना है, लेकिन हाँ, हम अपने भविष्य के लिए उन पर विश्वास नहीं कर सकते। जिस वृक्ष को हम लगा रहे हैं, उस वृक्ष की छाँह में हम सवर्णों को भी रखेंगे। जिन्होंने हमें अपने वृक्ष की छाँह से बराबर बाहर रखा है।.........''

पटना के अंजुमन इस्लामिया हॉल में 'शोषित जन संघ' तथा 'पिछड़ा वर्ग संघ' के प्रतिनिधि सम्मेलन में उन्होंने आगे कहा था कि –''आज से सामाजिक न्याय का मशाल जल चुका है। प्रत्येक युवक और युवती नयी सामाजिक क्रांति का प्रकाश-स्तम्भ है। इस विश्वास के साथ आगे बढ़ो कि नये समाज और भारत का तुम्हें नवनिर्माण करना है, क्योंकि तुम्हारे लिए कोई दूसरा नयी सामाजिक व्यवस्था का निर्माण नहीं करेगा।''

(भाषण का यह अंश चंदापुरी जी की पुस्तक 'भारत में ब्राह्मणराज और पिछड़ा वर्ग आंदोलन से साभार उद्धृत है)

7. **महात्मा गाँधी और अस्पृश्यता आंदोलन** : गाँधी आत्मबल के हथियार से पशुबल से लड़ रहे थे। इसलिए दुनिया का ध्यान उनकी ओर गया। सत्य और अहिंसा को राजनीतिक हथियार बना लेना गाँधी से पहले किसी ने सोचा भी नहीं था। भारतीय जीवन शैली के जर्रे-जर्रे में गाँधी और गाँधीवाद की छाप है। आधुनिक भारत के हर नये-पुराने नागरिक के आचार, विचार और व्यवहार में जाने-अनजाने गाँधी ही बोलते हैं। यद्यपि गाँधी जैसे युगपुरुष को जाति और वर्ण के घेरे में बाँधना उचित नहीं है, फिर भी भारतीय सामाजिक संरचना की सच्चाई जानने के लिए यह जानना जरूरी है कि गाँधीजी का जन्म वणिक (बनिया) जाति और वैश्य वर्ण में हुआ था। गुजरात में भले ही यह जाति सवर्ण मानी जाती हो, किन्तु भारत की व्यापक समाज व्यवस्था में यह पिछड़ी जाति की कोटि में ही आती है।

फिर भी आधुनिक दलित चेतना के विकास में गाँधी को वह स्थान प्राप्त नहीं है, जो डॉ. अम्बेदकर और लोहिया को प्राप्त है। किन्तु दलित-पिछड़ी जनता सहित देश का आम जनमानस अछूतोद्धार के लिए सबसे श्रद्धास्पद गाँधी के प्रति ही हैं। छुआछूत और जाति-भेद मिटाने में गाँधी ने जी-जान से काम किया। इसके लिए उन्हें अनेक अपमान और विरोध झेलने पड़े। मंदिर प्रवेश के दौरान उन पर हमले भी हुए, कट्टरपंथियों द्वारा उन्हें सनातन धर्म

विरोधी बताया गया और गहराई से विचार करें, तो गाँधी-हत्या का कारण भी उनकी यही दलित-मुस्लिम प्रतिवद्धता ही थी। देश के कट्टरपंथियों को यह कतई पसंद नहीं था।

हरिजनों के 'मंदिर-प्रवेश' के सवालों पर न केवल उनका देशव्यापी विरोध हुआ, बल्कि मद्रास, देवघर, जसीडीह, पुरी आदि स्थानों पर उन पर हिंसक हमले भी हुए। जहाँ-तहाँ गाँधी का बहिष्कार हुआ और उनके साथ अपमानजनक व्यवहार भी किया गया। उनके विरोध में पर्चे और पोस्टरों से प्रचार किया गया। 'धर्म विरोधी गाँधी का बहिष्कार करो' अभियान के दौरान कहा जाता था कि "धर्म का नाश करनेवाले का अनुसरण मत करो, क्योंकि ऐसा करना पाप है। जनता को गाँधी का बहिष्कार करना चाहिए। उनके स्वागत अथवा अन्य समारोहों में भागीदार बनना पाप है, क्योंकि उन्होंने अपनी निम्नलिखित कार्यवाहियों के जरिये हिन्दू धर्म को सार्वजनिक रूप से क्षति पहुँचायी है :

1. उन्होंने डोम, चमार आदि को मंदिर में प्रवेश का अधिकार दिलाने के लिए विधान सभा में मंदिर प्रवेश बिल पेश करवाया।
2. गाँधी हिन्दू मंदिरों में अछूतों के प्रवेश के लिए हर संभव प्रयास कर रहे हैं।
3. वे अहमदाबाद आश्रम में ब्राह्मणों, क्षत्रियों आदि से पाखाना साफ करवाते हैं।
4. अपने पुत्र देवदास की एक ब्राह्मण लड़की से शादी करवाकर उन्होंने पाप किया है।
5. वे मुसलमाानों, ईसाइयों आदि के हाथ का बना खाना खाते हैं।
6. बनारस में उन्होंने मीराबेन को विश्वनाथ मंदिर के भीतर ले जाने की कोशिश की।
7. उन्होंने एक बीमार बाछी को जहर की सूई दिलवाई, जिससे उसकी मृत्यु हो गयी।
8. हाल ही में उन्होंने घोषणा की है कि दशरथनंदन राम राक्षस थे।
9. गाँधी ने सनातनियों के लिए मुश्किलें खड़ी करने की हर संभव कोशिश की है और जब तक हम उनका जोरदार विरोध नहीं करते,

> तब तक वे हिन्दुओं के खिलाफ अपना प्रचार जारी रखेंगे। इसलिए हम जनसमुदाय से गाँधी का बहिष्कार करने का आग्रह करते हैं।

(स्रोत : गाँधी का दौरा, आरा। फाइल 13/1933-34, स्वर्ग पर धावा : बिहार में दलित आंदोलन, पृष्ठ-316-17)

15 सितंबर 1932 को आमरण अनशन पर जाने से पहले गाँधीजी ने बंबई सरकार के नाम एक मार्मिक वक्तव्य में कहा था, "यदि हिन्दू जनमानस अभी भी अस्पृश्यता को जड़-मूल से खत्म करने के लिए तैयार नहीं है तो उसे बिना हिचकिचाहट के मुझे बलि चढ़ा देना चाहिए......अस्पृश्यता के प्रत्येक रूप से बहुत ही करीबी परिचय के कारण मुझे पक्का यकीन है कि सवर्णो के बीच और उन्हीं के लिए रहनेवाले दलितों का जीवन उन सवर्णों के साथ इतना घनिष्ठ रूप से घुला-मिला है कि उन्हें एक-दूसरे से पृथक करना नामुमकिन है। जिसके साथ वे रहते हैं, उन हिंदुओं के खिलाफ उनके विद्रोह और हिंदू धर्म से उनके मोहभंग को मैं समझ सकता हूँ, लेकिन जहाँ तक मैं देखता हूँ, वे ऐसा (धर्मत्याग) नहीं करेंगे। हिंदू धर्म में कहीं अति-गूढ़ कुछ है- जिसे कतई परिभाषित नहीं किया जा सकता-जो इन सबके बावजूद उन्हें इस धर्म में बनाए रखता है, यह तथ्य मेरे जैसे व्यक्ति के लिए जिसे इसका जीता-जागता अनुभव है, यह जरूरी बना देता है कि मैं इस परिकल्पित पृथकता का प्रतिरोध करूँ, चाहे इस प्रयास में मेरी जान ही क्यों क्यों न चली जाए।" (वही, पृष्ठ-131) उन्होंने रसोई से लेकर समाज तक अपने 'हरिजनों' को स्पृश्य बनाने के लिए भरसक प्रयत्न किया। 1934 के भूकम्प के समय भूकम्प-राहत के साथ अस्पृश्यता निवारण के कार्यक्रम को जोड़ देना, अर्थात् राहत की खाद्य-सामग्री को अछूतों से वितरित करवाना आदि के असफल प्रयास और भूकम्प को सवर्ण जातियों द्वारा दलित जातियों को उनके अधिकारों से वंचित करने के पाप का परिणाम बताना आदि कार्य जहाँ दलित समस्या के प्रति उनके समर्पण को सिद्ध करते हैं, वहीं ऐसे कार्यक्रम उनकी उत्कट धार्मिकता और हारी हुई मानसिकता को भी दर्शाते हैं।

गाँधी की नजर में पूरे विश्व की मानवता थी और इसके लिए वे स्पष्ट रूप से धर्म का सहारा ले रहे थे। उन्होंने अपने उद्देश्य को स्पष्ट करते हुए साफ कहा था-"मेरा उद्देश्य धार्मिक है, किन्तु मानवता से एकाकार हुए बिना मैं धर्म-पालन का मार्ग नहीं देखता। इसी कार्य के लिए मैंने राजनीति का क्षेत्र

चुना है, क्योंकि इस क्षेत्र में मनुष्यों से एकाकार होने की संभावना है। मनुष्य की सारी चेष्टाएँ, उसकी सारी प्रवृत्तियाँ एक है। समाज और राजनीति से धर्म अलग रखा जाये, यह संभव नहीं है। मनुष्य में जो क्रियाशीलता है, वही उसका धर्म भी है। जो धर्म मनुष्य के दैनिक कार्यों से अलग होता है, उससे मेरा परिचय नहीं।'' (संस्कृति के चार अध्याय : दिनकर, पृष्ठ-621) इस प्रकार गाँधी की मनुष्यता और धार्मिकता के केन्द्र में विश्व के सभी मनुष्य थे। वे सबकी मुक्ति चाहते थे। किन्तु भारतीय संदर्भ में उनका सिद्धांत विभिन्नता में एकता द्वारा समन्वय स्थापित करना था। क्योंकि सारी सामाजिक और आर्थिक असमानता को एक झटके में दूर नहीं किया जा सकता था।

जाहिर है गाँधी भारतीय समाज और राष्ट्र को एक ईकाई मानकर सबको उसी सूत्र में जोड़ना चाहते थे। किन्तु गाँधी की सामाजिकता और राष्ट्रीयता हिन्दू सामाजिकता और राष्ट्रीयता थी, जिसमें बिना सुधार किये, उसे व्यापक और उदार बनाये उसमें समूची भारतीयता और राष्ट्रीयता को समाया नहीं जा सकता था। गाँधी जी यही कर रहे थे। इसी कारण पाकिस्तान का बँटवारा हुआ और दलित समाज अम्बेदकर के नेतृत्व में अपनी शर्त्तों और हितों पर डटा रहा। दलितों के धर्मान्तरण को रोककर और मुसलमान तथा ईसाईयों को सर्वधर्म का पाठ पढ़ाकर उन्होंने भारतीय अखण्डता को अक्षुण्ण रखना चाहा, जिसमें वे सफल नहीं हो सके। यह उनकी सीमा थी।

असल में ''आजादी के आंदोलन और आजादी मिलने के बाद हिन्दू धर्म और भारतीय राष्ट्रवाद एक-दूसरे से इस कदर घुल-मिल गये थे कि उन्हें एक-दूसरे का पर्याय समझा जाने लगा था। गैर-हिन्दुओं को विदेशी समझकर संदेह की दृष्टि से देखा जाता था। यह एक उल्लेखनीय तथ्य है कि अम्बेदकर ने भी बौद्ध धर्म को एक 'स्वदेशी धर्म' होने के नाते ही प्राथमिकता दी थी। भारतीय संविधान ने भी अस्पृश्यता को एक हिन्दू परिघटना मानकर सिक्खों के अलावा गैर-हिन्दू अछूतों को आरक्षण के लाभों से वंचित कर रखा था। बाद में जून 1990 में नवबौद्धों के लिए आरक्षण का प्रावधान किया गया।'' (आधुनिकता के आईने में दलित : सं. अभय कुमार दूबे, पृष्ठ-201). अब इस भारतीय राष्ट्रवाद का स्वरूप क्या हो? सवाल यहीं आकर फंसता हुआ दिखायी पड़ता है। देश की आजादी की लड़ाई और उसके बाद भारतीय राष्ट्रवाद का जो विवादास्पद स्वरूप उभरा वह उत्तरोत्तर विवादास्पद ही होता

चला गया और आज वैश्वीकरण के इस जमाने में भी भारत में यदि कोई एक चीज सर्वाधिक विवादास्पद है, तो वह चीज है भारतीय राष्ट्रवाद।

इसी विवादास्पद राष्ट्रवाद ने भारत में दलित, स्त्री और अल्पसंख्यकों की समस्या को बढ़ाया है। इसमें एक मुख्यधारा होती है और उसी के अनुरूप अन्य धाराओं को अपनी दिशा तय करनी पड़ती है। भारतीय राष्ट्रवाद की यह धारा हिन्दूवादी धारा है। आजादी के बाद इसमें संविधान के अनुरूप जाति, धर्म और लिंग से परे एक समान भारतीय नागरिक की सैद्धांतिक अवधारणा तो अवश्य है, किन्तु व्यवहार में इसकी मनो-सामाजिक स्थिति हिन्दूवादी ही है। हिन्दूवाद माने जाति और वर्ण-व्यवस्था के अनुरूप सामाजिक व्यवहार। स्त्रियों में यह लिंग-भेद और यौन-पवित्रता के रूप में सामने आया, जिसका विरोध राजाराम मोहनराय, जोतिबा फूले, पेरियार और डॉ. राम मनोहर लोहिया ने किया। आजाद भारत में भी राजनीति से लेकर सामाजिक-शैक्षणिक व्यवहार तक जाति-पांति और तद्जनित भेदभाव हावी रहे। जबकि यह जाति-प्रथा देश के कुछ ही समुदाय के लिए हितकर थी, बाकी तीन-चौथाई आबादी के लिए यह अभिशाप सिद्ध हुई। सवर्ण मानसिकता के अनुरूप गाँधीजी ने इसी को बचाये रखा, अथवा बाद में इसे देख लेंगे के आश्वासन के साथ ठंडे बस्ते में डाल दिया। इसलिए डॉ. अम्बेदकर ने जो सवाल उठाये थे, कालान्तर में वे प्रबल होते चले गये और आज वह भारतीय समाज, संस्कृति और राजनीति का सबसे बड़ा सवाल बनकर खड़ा है।

"1942 में अम्बेदकर ने **'मि. गाँधी और अछूतों की मुक्ति'** शीर्षक से एक पर्चा लिखा था। अम्बेदकर ने उसमें आगाह किया था कि 'हिन्दुओं को दुनिया के सामने जबाबदेह बनना पड़ेगा।' गाँधी भी कहते हैं कि 'अस्पृश्यता या छुआछूत अगर हिन्दू धर्म में हो, तो मुझे कहना पड़ेगा कि उसमें शैतानियत भरी हुई है, धर्म नहीं।...हिन्दू अपने इस पाप के लिए जबाबदेही से बच नहीं सकते।" (सदानंद शाही, कसौटी, दैनिक जागरण, 28.7.2006). किन्तु दलित समस्या पर गाँधी और अम्बेदकर में जो मौलिक अंतर है, सोच का वही अन्तर गैर-दलित और दलितों में भी है। गाँधी अस्पृश्यता और तद्जनित भेदवाद को हिन्दू धर्म की विकृति मानते हैं, वर्ण-व्यवस्था को नहीं; जबकि अम्बेदकर वर्ण-व्यवस्था पर ही प्रहार करते हैं। वे इसे हिन्दू धर्म की रीढ़ मानते हैं। वे हिन्दू धर्म के भीतर छुआछूत और वर्णवाद को लाइलाज मानते हैं और इसलिए वे हिन्दू धर्म से बाहर चले जाते हैं। गाँधी उसके भीतर ही उसमें सुधार चाहते

हैं। आम गैर-दलितों में यही गाँधी-दृष्टि आज तक रही है। इसलिए दलित समस्या हिन्दू धर्म के साथ ही एक सामाजिक समस्या बनी रही।

किन्तु दलित जनता के साथ इस देश में बहुतायत में शूद्र जनता थी, जो अछूत तो नहीं, पर उनकी आर्थिक-सामाजिक स्थिति अछूतों से बहुत बेहतर नहीं थी। आज का पिछड़ा वर्ग यही वर्ग है, सभी जानते हैं कि आजादी के 40-45 वर्षों बाद मंडल कमीशन द्वारा इस विशाल जनसमूह को केवल नौकरी में आरक्षण मिला, वह भी 27%, जबकि देश में इनकी संख्या लगभग 52% है। संविधान में उन्हें ओबीसी (अदर बैकवार्ड क्लास) का दर्जा मिला हुआ था। डॉ. अम्बेदकर चाहते थे कि अछूतों के साथ-साथ ओबीसी को भी तत्काल आरक्षण मिले, किन्तु गाँधी सहित कांग्रेस के अनेक नेता इसके लिए तैयार नहीं थे। आर्य समाज के प्रभाव के कारण पिछड़ी जाति के नेताओं के मन में यह भावना बैठी हुई थी कि हमारे पूर्वज ब्राह्मण या क्षत्रिय या आर्य थे, कांग्रेस के सवर्ण नेताओं ने उनकी इस प्रवृत्ति को और बढ़ावा दिया। इसलिए पिछड़े वर्ग के नेताओं ने न तो साइमन कमीशन का साथ दिया, न गोलमेज सम्मेलन को अच्छा समझा और न 'कम्युनल एवार्ड' को। संस्कृतिकरण की आँधी में बहकर सबने अपने आपको श्रेष्ठ समझा, जनेऊ और ब्राह्मणवादी प्रतीकों को धारण करना शुरू किया। पर इसे ब्रह्मण या सवर्ण समाज ने कभी स्वीकार नहीं किया। वे अपने मुँह मियां मिट्ठू बने रहे। गाँधीजी का भी परोक्ष समर्थन उन्हें मिलता रहा। इस प्रकार पिछड़े समाज ने अनजानते में ही अपना अधिकार खो दिया। गाँधी आजाद देश में एक अखंड जातीयता और राष्ट्रीयता चाहते थे। वे भी जाति और धर्म जनित भेदभाव मिटाना चाहते थे। मगर उनका रास्ता दूसरा था। वे अपने प्रिय हथियार सत्याग्रह और अहिंसा द्वारा सवर्णों का हृदय परिवर्तन करना चाहते थे, जो संभव नहीं हो सका। उन्होंने अवर्णों को उनके अधिकार के लिए कभी नहीं ललकारा।

लेकिन गाँधी की ओर से विचार करें, तो पायेंगे कि उनके सामने देश की सम्पूर्ण गरीब जनता थी और जाहिर है यह गरीब जनता दलित-पिछड़ा समाज ही था। दलित आंदोलन में उन्होंने अमानवीय छुआछूत को ही लिया। बाकी गरीबी और ऊँच-नीच की भावना और भेदभाव दलितों के साथ-साथ पिछड़ों के साथ भी थी। इसलिए गाँधीजी ने अपने व्यक्तिगत उदाहरण द्वारा जनता को भेदभाव और असमानता के विरुद्ध समानता का संदेश दिया। गाँधी ने कीमती कपड़े

छोड़कर एक धोती या लंगोटी पहनी, गरीबी के प्रतीक बकरी के दूध एवं सूखी रोटी या फल ही उनका भोजन रहा। उन्होंने महंगे विदेशी कपड़ों की जगह अपने हाथों से बनाये खादी के कपड़े पहने और देश से गरीबी दूर करने और समानता लाने के लिए उन्होंने कांग्रेसी कार्यकर्त्ताओं सहित आम लोगों को भी यही संदेश दिया। अपने रसोई में उन्होंने दलित जाति की औरत रखा। अछूतों के साथ बैठकर भोजन किया। वे सच्चे मन से पिछड़े और अछूतों के लिए काम करते रहे। वे धार्मिक और हिन्दू धर्म के समर्थक जरूर थे; किन्तु उनकी पक्षधरता दलित-पिछड़ी जनता के साथ ही थी। हिन्दू-मुसलमानों के बीच भी यह भेदभाव था, जिसे मिटाना जरूरी था। सबको देश की सम्मानित जनता और नागरिक समझना-समझाना आवश्यक था। यह चिंता उनके मन में बराबर बैठी रही कि यदि आंतरिक भेदभाव की लड़ाई लड़ी जायेगी, तो हमारी बाहरी लड़ाई जो हम अंग्रेजों से लड़ रहे थे कमजोर पड़ जायेगी।

किन्तु बाद में वे अम्बेदकर के अछूतोद्धार आंदोलन के प्रभाव में आ गये। दलित मामले पर डॉ. अम्बेदकर की कड़ी प्रतिक्रिया पर गाँधी जी ने कई बार कहा था कि "डॉ. अम्बेदकर को ऐसा कहने का पूरा अधिकार है; क्योंकि उन्होंने उस वर्ग में जन्म लेकर उस भेदभाव और अमानवीय स्थिति को भोगा है, मैंने तो देखा भर है।" वे डॉ. अम्बेदकर की प्रतिभा को गहराई से समझते थे, इसलिए जब संविधान निर्माण की बारी आयी, तो संविधान समिति के लिए डॉ. अम्बेदकर का नाम उन्होंने ही प्रस्तावित किया। अपने अंतिम दिनों में गाँधी ने अछूत मामले में डॉ. अम्बेदकर को अपना गुरु माना था। इस प्रकार गाँधी ने सच्चे मन से दलित-पिछड़ों के लिए जीवन भर प्रतिवद्ध रहे। दलित-पिछड़ों को लेकर उनकी नीयत में कहीं कोई खोट नहीं थी।

8. **डॉ. लोहिया और सप्तक्रांति :** भारत में असमानता और अन्याय के विरुद्ध समानता और बंधुत्व का शंखनाद करनेवाले क्रांतिकारियों में डॉ. राममनोहर लोहिया का नाम सबसे आगे लिया जाता है। लोहिया ने लिंग-भेद और जातिगत असमानता को सामाजिक विकास का सबसे बड़ा रोड़ा माना और इसके लिए वे जीवन भर संघर्ष करते रहे।

'सप्तक्रांति के सूत्र : लोहिया की क्रांति को '**सप्त क्रांति**' के नाम से जाना जाता है, जिनके सात सूत्र निम्नलिखित हैं:-

1. नर और नारी में पूर्ण समानता **स्थापित** करने के लिए **क्रांति**।

2. चमड़ी के रंग के आधार पर आर्थिक, राजनीतिक तथा सामाजिक असमानताओं के विरुद्ध क्रांति।
3. जन्म के आधार पर जाति-प्रथा के विरुद्ध और पिछड़ों को विशेष अवसर देने के लिए क्रांति।
4. विदेशी दासता से मुक्ति, स्वतंत्रता और जनतांत्रिक सरकार की स्थापना के लिए क्रांति।
5. पूँजी संचय में व्याप्त असमानता को दूर करने, आर्थिक समानता लाने एवं नियोजित ढंग से उत्पादन में वृद्धि के लिए क्रांति।
6. निजी जीवन में अनावश्यक हस्तक्षेप को रोकने और लोकतांत्रिक शासन प्रणाली स्थापित करने के लिए क्रांति।
7. परम्परागत तथा परमाणु अस्त्र-शस्त्रों का विरोध तथा सत्याग्रह को अचूक हथियार के रूप में स्वीकृति दिलाने के लिए क्रांति।

जाहिर है इन सिद्धांत-सूत्रों का आधार गाँधी दर्शन है और वे गाँधी और गाँधीवाद से बहुत अधिक प्रभावित थे। किन्तु यह कहना गलत होगा कि उनके सिद्धांत गाँधीवाद का अंधा अनुकरण है। अहिंसा और सत्याग्रह तक वे गाँधी के साथ अवश्य दिखायी पड़ते हैं; किन्तु जब समानता की बात आती है, तो कम्युनिस्टों की तरह लोहिया न केवल मनो-सामाजिक स्तर पर समानता की बात करते हैं, बल्कि पूँजीवाद के नाश और नियोजित उत्पादन द्वारा मजदूर-मालिक, अमीर-गरीब सबके बीच आर्थिक स्वतंत्रता की बात करते हैं। वे दलित-पिछड़ों के लिए विशेष अवसर के सिद्धांत का प्रतिपादन करते हैं, जो शाहूजी महाराज और बाबा साहब अम्बेदकर के सिद्धांत के काफी करीब है। वे जोतिबा फूले और ई.वी. रामास्वामी पेरियार से काफी प्रभावित दिखाई पड़ते हैं, जब लिंग-भेद और जन्मना जाति-सिद्धांत का विरोध कर एक समरस समाज की स्थापना करना चाहते हैं। वे सामाजिक संस्थानों से लेकर राजनीतिक शासन और सत्ता तक दलित-पिछड़े और स्त्रियों की समान भागीदारी की बात करते हैं। और ये ही बातें उन्हें आज के समय और समाज के साथ प्रासंगिक बनाती हैं।

जन्म और शिक्षा-दीक्षा : लोहिया का जन्म 23 मार्च, 1910 को उत्तर प्रदेश के फैजाबाद जिले के अकबरपुर गाँव के एक व्यापारी परिवार में हुआ

था। उनके पूर्वज मिर्जापुर से आये थे। पूर्वज चूंकि लोहे का व्यापार करते थे, इसलिए उनका पारिवारिक उपनाम 'लोहिया' था। जब वे दो-ढाई बर्ष के ही थे, तभी माता का निधन हो गया। दादी और चाची ने उनका लालन-पालन किया। उनका परिवार जातीय और साम्प्रदायिक भावनाओं से कोसों दूर था। पिता गाँधी के पक्के अनुनायी थे। उनमें देशभक्ति कूट-कूट कर भरी थी। इसलिए बचपन से ही लोहिया में मानवीय समानता, देशप्रेम और दलित-पीड़ितों के प्रति सहानुभूति के संस्कार मिलने लगे। बड़े होने पर ये भावनाएँ और विकसित होती गयीं और छात्र जीवन से ही वे समाजसेवी बन गये। शिक्षा और सामाजिक अनुभव ने उन्हें एक तपा-तपाया नेता और समर्पित समाजसेवी बना दिया।

उनकी आरम्भिक शिक्षा तो गाँव की पाठशाला में ही हुई। किन्तु उच्च शिक्षा के लिए उन्हें क्रमशः मुम्बई (बम्बई), बनारस हिन्दू विश्वविद्यालय, कोलकाता (कलकत्ता) तथा जर्मनी (बर्लिन) जाना पड़ा। पिताजी नौकरी और व्यापार करते थे। इसलिए देश में जहाँ-जहाँ पिता जी गये, लोहिया भी बड़े होकर वहीं रहकर शिक्षा ग्रहण करते रहे। वे परम मेधावी छात्र थे और अपनी कक्षा में हमेशा प्रथम आते थे। वे एक कुशल वक्ता थे और छात्र जीवन से ही इस रूप में ख्यात हो चुके थे।

सामाजिक, राजनीतिक जीवन की शुरुआत : सामाजिक जीवन की शुरुआत उन्होंने कांग्रेस के नेता के रूप में की। पिताजी कांग्रेसी थे। केवल 10 वर्ष की उम्र मे लोहिया ने पिताजी के साथ कांग्रेस के अहमदाबाद अधिवेशन में भाग लिया था। एक छात्र नेता के रूप में उन्होंने 1920 में लोकमान्य तिलक की मृत्यु पर छात्रों की हड़ताल करायी थी। गाँधी जी के असहयोग आंदोलन में लोहिया ने बढ़-चढ़कर हिस्सा लिया था। कलकत्ता में कांग्रेस के युवा कार्यकर्त्ताओं के अधिवेशन में लोहियाजी नेहरू के सम्पर्क में आये और उनसे घनिष्ठता बढ़ती चली गयी। किन्तु 1936 में भारतीय कांग्रेस पार्टी में एक ऐतिहासिक घटना घटी और पार्टी के अन्दर ही कांग्रेस सोशलिस्ट पार्टी का गठन हो गया। इसका कारण कांग्रेस की सामंतवादी और मनुवादी सोच से प्रतिक्रिया थी। भारत में मार्क्सवाद का उदय हो चुका था और उसका प्रभाव राजनीति पर स्पष्ट रूप से पड़ने लगा था। इसी प्रभाव के तहत लोहिया सहित समान विचारधारा वाले अन्य नेताओं ने भी 'कांग्रेस सोशलिस्ट पार्टी' के गठन में सहयोग किया। किन्तु यह कोई स्वतंत्र संगठन नहीं था। कांग्रेस के

एक विंग के रूप में यह कार्य कर रहा था। इसका उद्देश्य पार्टी के संगठनात्मक ढाँचे को लोकतांत्रिक बनाना था। इसी वर्ष लोहिया जी को कांग्रेस के विदेश विभाग का सचिव बनाया गया। इस पद पर रहते हुए उन्होंने विश्व के दूसरे देशों में चल रहे स्वतंत्रता आंदोलन एवं अन्य लोकतांत्रिक गतिविधियों पर गहरी नजर रखी और एशिया, यूरोप और लैटिन अमेरिकी देशों से निकट सम्बंध बनाये रखा। इससे भारत की विदेश नीति तैयार करने में काफी मदद मिली। इसी दौरान उन्होंने अंग्रेजी में 'भारतीय राष्ट्रीय कांग्रेस और ब्रिटिश लेबर पार्टी की विदेश नीतियाँ' नामक अपना चर्चित लेख लिखा।

जेल यात्रा : 24 मई, 1939 को सरकार विरोधी भाषण देने के कारण लोहिया को गिरफ्तार कर जेल भेजा गया। वे द्वितीय विश्वयुद्ध में अंग्रेजी सरकार को भारतीय मदद और समर्थन के विरोधी थे, जबकि कांग्रेस ने समर्थन का प्रस्ताव पारित किया था। लोहिया ने इसके विरोध में एक लेख लिखा-'डाउन विद आर्मामेंट'। 1940 में युद्ध विरोधी भाषण देने के कारण उन्हें गिरफ्तार कर लिया गया। 1942 से लेकर 1947 तक भारतीय स्वतंत्रता संग्राम में लोहिया ने सक्रिय भागीदारी निभायी। उन्होंने गोवा और नेपाल की स्वतंत्रता के लिए भी संघर्ष किया। स्वतंत्र भारत और अमेरिका की अनेक गलत नीतियों के विरोध में उन्होंने 'अवज्ञा आंदोलन' किया और इन सभी आंदोलनों में उन्हें लगभग 25 बार जेल जाना पड़ा।

समाजवादी नेता और चिंतक के रूप में लोहिया : 1947 में कानपुर के एक अधिवेशन में कांग्रेस के एक स्वतंत्र विंग के रूप में 'सोशलिस्ट पार्टी' का गठन किया गया, किन्तु 1948 में लोहिया ने अपने आपको कांग्रेस से अलग करते हुए 'सोशलिस्ट पार्टी' को भी कांग्रेस से अलग कर लिया। इसके बाद सामाजवादी आंदोलन के विभिन्न आयामों के साथ लोहिया समाज और राजनीति के अनेक मुकामों को छूते रहे, अनेक पार्टियों का गठन और संचालन करते रहे। वे नेहरू के विरोध में चुनाव लड़ते रहे और अंततः 1963 में फरूखाबाद संसदीय क्षेत्र से लोकसभा के लिए चुन लिये गये। 1967 में वे कन्नौज क्षेत्र से लोकसभा के लिए फिर चुने गये। भारतीय संसद लोहिया के ओजस्वी भाषणों के लिए जाना जाता है। अत्यधिक कार्यव्यस्तता और स्वास्थ्य लाभ के अभाव में 12 अक्टुवर 1967 में मात्र 57 वर्ष की आयु में लोहिया जी का निधन हो गया।

लोहिया जी क्रांतिकारी जननेता, उच्च कोटि के चिंतक और समर्पित समाजसेवी थे। उन्होंने अनेक नये सिद्धांतों का प्रतिपादन किया। उन्होंने बताया कि पूँजीवाद और समाजवाद की द्वैत उत्पत्ति होती है। उन्होंने छोटी मशीनोंवाली ईकाइयों के विस्तार पर बल दिया। भारतीय समाज में वर्ग और जाति के द्वन्द्व को उन्होंने गहराई से देखा और इनके भटकाव को चिह्नित कर उन्हें पाटने के उपाय बताये। उन्होंने भारतीय समाज के विकास में लिंग-भेद और जाति-व्यवस्था को बाधक माना। समाज को औरत और जाति के घेरे में कैद मानकर उनसे मुक्ति के उपाय सुझाये। समान अवसर का सिद्धांत प्रतिपादित कर उन्होंने पिछड़ों को विशेष अवसर देने की आवश्यकता बतायी। उन्होंने संख्या के अनुपात में व्यवस्था में जातियों की भागीदारी की बात की। देश और विश्व की आर्थिक नीतियों पर उन्होंने कई किताबें लिखीं। देश में गरीबी दूर करने के उपाय सुझाये। लोहिया जीवन भर दलित-पिछड़ों के अधिकार और उत्थान के लिए लड़ते रहे। उन्होंने जात-पांत और छुआछूत पर करारा प्रहार किया था और अंत में डॉ. अम्बेदकर से मिलकर इस पर अलग से ठोस आंदोलन चलाना चाहा। किन्तु इसी बीच डॉ. अम्बेदकर का निधन हो गया। लोहिया की सप्तक्रांति ही सम्पूर्ण क्रांति थी, जो जयप्रकाश आंदोलन का आधार बना। लोहिया ने अपने विद्वतापूर्ण विचारों, आंदोलनों और सिद्धांतों को प्रचारित करने के लिए दर्जनों किताबे लिखीं, सैकड़ों लेख लिखे, प्रेस स्थापित किये।

गाँधी, अम्बेदकर और लोहिया : लोहिया को समझने के लिए गाँधी और अम्बेदकर को सामने रखा जा सकता है। आधुनिक भारत में सामाजिक-आर्थिक परिवर्तन के प्रयास करनेवाले क्रांतिकारियों में तीनों ही महान हैं और इसलिए आज सबसे अधिक प्रासंगिक हैं। भारतीय समाज व्यवस्था में समानता, लोकतंत्र और भाईचारा स्थापित करने के लिए किये गये प्रयासों में तीनों महापुरुषों में से किसी का योगदान कम नहीं है। किन्तु एक-दूसरे के बिना तीनों अधूरे हैं। भारतीय वर्ण और जाति-व्यवस्था को लेकर गाँधी और अम्बेदकर के मतभेद प्रसिद्ध हैं। किन्तु दोनों ने बाद में एक-दूसरे को समझा। दलित विद्वान जानते हैं कि 'कम्युनल एवार्ड' के विरोध में भले ही गाँधी ने अनशन किया हो, पर 'पूना-पैक्ट' के दिनों में गाँधी और अम्बेदकर के बीच व्यापक विचार-विमर्श हुए थे। बाद में डॉ. अम्बेदकर की पुस्तक 'जाति व्यवस्था का उन्मूलन' (इनिहिलेशन ऑफ कास्ट) पर 'हरिजन' के अंकों में दोनों के बीच बहस का एक लम्बा सिलसिला चला था। इनसे गाँधी और अम्बेदकर के

बीच की दूरी कम हुई थी और गाँधी बहुत हद तक अम्बेदकर के मार्ग पर चलने लगे थे। स्मरण रहे कांग्रेस और गाँधी द्वारा अछूतों के 'मंदिर प्रवेश' और 'पानी भरो' आंदोलन अम्बेदकर के आंदोलन के ही अंग थे, जिसे बाबा साहब ने 'महाड' और 'काला हाड़ी' आंदोलन के बाद छोड़ दिया था।

इसी प्रकार साइमन कमीशन के समक्ष दलित मताधिकार पर गाँधी और अम्बेदकर में मतभेद थे, किन्तु गाँधी के तर्क से अम्बेदकर प्रभावित हुए और उन्हें मान लिया। "डॉ. लोहिया ने गाँधी और अम्बेदकर दोनों के विचारों का संश्लेषण किया और विशेष अवसर के विचार को दर्शन का रूप देकर समता की स्थापना के लिए ऐसी योजना तैयार की, जो 'मंडल रिपोर्ट' के रूप में साकार हुई। विशेष अवसर का सिद्धांत 1964 में अमेरिका में और बाद में कनाडा आदि देशों में लागू हुआ और वहाँ नौकरियों में कोटा प्रणाली शुरू हुई। आज विषमता को दूर करने के लिए सारे विश्व में इस सिद्धांत को स्वीकार किया जा रहा है। अमेरिका और भारत के सर्वोच्च न्यायालयों ने भी इसे मान्यता दी है। (मार्क्सवादी भाषा में कहा जा सकता है कि) गाँधी ने थिसिस दिया, अम्बेदकर ने एन्टी-थिसिस और लोहिया ने उसका सिंथीसिस प्रस्तुत किया।" (गाँधी, अम्बेदकर और लोहिया : मस्तराम कपूर) यही आज की 'ग्लोबल डायवर्सिटी' है।

इसके विपरीत अनेक दलित विद्वान गाँधी को और कभी-कभी लोहिया को भी दलित चेतना के विरोधी करार देते हैं। इस धारणा की जड़ में गाँधी और लोहिया की अत्यधिक धार्मिकता और हिन्दुत्व के करीब होना समझा जाता है। लेकिन यदि गहराई से विचार किया जाये, तो यह धारणा गलत साबित होती है। डॉ. अम्बेदकर की चिंता भी भारत में एक मुकम्मल जातीय और राष्ट्रीय अस्मिता कायम करना था, गाँधी भी यही चाहते थे और लोहिया भी यही कर रहे थे। गाँधी ने यह काम धर्म को राजनीति से जोड़कर किया, अम्बेदकर ने समाज को और लोहिया ने दोनों को। लोहिया चाहते थे कि रामकथा द्वारा ही यदि सम्पूर्ण देश एक हो जाता है, तो यही सही। गाँधी और अम्बेदकर ने जीवन भर हिन्दू समाज की बुराइयों से संघर्ष किया, किन्तु अंततः उन्होंने हार मान ली और धर्म परिवर्तन कर लिया। यद्यपि उनका धर्म हिन्दू धर्म का ही एक अंग था। गाँधी भी बहुत हद तक हिन्दू धर्म और समाज की बुराइयों से ऊब चुके थे। उनके लाख प्रयास के बावजूद इस

समाज में कोई परिवर्तन नहीं हुआ। किन्तु लोहिया ने गाँधी और अम्बेदकर को मिला दिया और भारत की धार्मिक, सांस्कृतिक, सामाजिक और आर्थिक समस्याओं के लिए समानता का वह सूत्र दिया, जो आज सर्वाधिक प्रासंगिक है। **'सप्तक्रांति'** के सूत्रों में इसे पहले ही इंगित किया जा चुका है।

गाँधी, अम्बेदकर और लोहिया में दूसरा समन्वय समनता, स्वतंत्रता और बंधुत्व के सूत्रों के सहारे किया जा सकता है। गाँधी भी मुक्ति चाहते हैं, अम्बेदकर भी और लोहिया भी। गाँधी की मुक्ति स्वतंत्रता है, अम्बेदकर की समानता और लोहिया की बंधुता। "गाँधी से पहले आम धारणा यह थी कि ईश्वर ही सत्य है। गाँधी ने इसे उलटकर कहा 'सत्य ही ईश्वर है'। वे आजादी को अपना सबसे बड़ा सत्य मानते थे।.....जिसने स्वतंत्रता को पा लिया, उसने मानो ईश्वर को पा लिया। यह बहुत बड़ी बात थी, जिसे सुनकर रोमां रोलॉ भी चकित रह गये थे।" (वही) 'सत्यं, शिवं और सुंदरम' भले ही किसी विदेशी साहित्य के सूत्र हों, मगर यह इस देश का सांस्कृतिक मूल्य बन चुका था। गाँधीजी प्रकारान्तर से कहना चाहते थे कि "जो स्वतंत्रता दे, वही सत्य है, वही शिव है और वही सुंदर है।" (वही) डॉ. अम्बेदकर भी मानो यही बात समानता के लिए कह रहे थे और लोहिया बंधुत्व के लिए। समानता के बिना स्वतंत्रता और स्वतंत्रता के बिना समानता और बंधुत्व के बिना दोनों अधूरे हैं। लोहिया ने तीनों को मिला दिया और चेतावनी दी कि बंधुता के बिना स्वतंत्रता और समानता के आंदोलनों का भी दुखद परिणाम हो सकता है।" (वही) लोहिया, गाँधी और अम्बेदकर तीनों की सर्वोच्च सत्ता उनके मूल्य ही थे, कोई स्वतंत्र ईश्वर, अल्लाह या मसीह नहीं।

लोहिया और रामास्वामी पेरियार : लोहिया के बंधुत्व की भावना को रामास्वामी नायकर पेरियार के साथ उनकी बातचीत से समझा जा सकता है। लोहिया ने नायकर से कहा था कि "जातिप्रथा की समाप्ति की लड़ाई में मैं आपकी मदद करने और साथ जेल जाने को तैयार हूँ, यदि जातिगत नामपट हटाने के आंदोलन चलाये जाएँ तो मैं उसका भी स्वागत करूँगा। लेकिन यह तभी संभव है कि जब आप अपनी ये मांगे छोड़ दें- 1. उत्तर भारत का विरोध, जिसमें द्रविड़ीस्तान की मांग भी शामिल है. 2. हिन्दी विरोधी आन्दोलन 3. गाँधी जी की तस्वीरें जलाना और 4. ब्राह्मणों के प्रति व्यक्तिगत हिंसा का प्रयोग। गांधी जी राष्ट्र के प्रतीक हैं। उनकी तस्वीरें नहीं जलायी जानी चाहिए। यों तो मेरी आम राय है कि किसी की भी तस्वीर नहीं जलानी चाहिए। परन्तु,

यदि आप श्री नेहरू जी की तस्वीर जलाते हैं, तो मुझे बहुत ज्यादा एतराज न होगा, क्योंकि यह राष्ट्र के प्रतीक नहीं है। जहाँ तक संविधान का प्रश्न है, उसे जलाना अनुचित है, मगर मैं उसका जलाया जाना बरदाश्त कर सकता हूँ, क्योंकि स्वयं सरकार संविधान की पवित्रता और मर्यादा को अक्सर भंग किया करती है।'' ('चौखम्भा' में प्रकाशित बातचीत का अंश, 24 जनवरी, 1958 हैदराबाद) लोहिया जी ने आगे कहा है-''द्रविड़ कड्गम नेता श्री रामास्वामी पेरियार से मेरे मिलने का मुख्य उद्देश्य यह था कि वे हिन्दुस्तान की एकता को स्वीकार करें।''

इस प्रकार लोहिया देश की जाति, वर्ग, अर्थ और लिंगभेद की समस्या का समाधान बंधुत्व बनाये रखते हुए करना चाहते थे। फिर भी जाति-भेद की समस्या पर लोहिया के विचार काफी क्रांतिकारी थे।

9. **सरदार वल्लभ भाई पटेल :** महान राजनयिक, कांग्रेस के समर्पित नेता, दूरदर्शी विचारक, सच्चे सत्याग्रही, गाँधी के अनन्य मित्र और साथी तथा देश के प्रथम गृहमंत्री सरदार वल्लभ भाई पटेल को देश की जनता **'लौह पुरुष'** के नाम से जानती है।

जन्म, शिक्षा और संस्कार : उनका जन्म गुजरात के खेड़ा जिले के एक कुनबी (कुर्मी) परिवार में 31 अक्टुबर 1875 में हुआ था। उनके पिता एक शिक्षित किसान थे। इसलिए बच्चे को अच्छी शिक्षा-दीक्षा दी। पटेल शुरू से ही मेधावी थे। उन्होंने कानून की शिक्षा प्राप्त की और वकील हो गये। उनकी वकालत चल निकली। वे मानवतावादी थे और शुरू से ही उनके दिल में दलित-पिछड़ों के प्रति दर्द और सहानुभूति थी। लेकिन हृदय से दयालु होते हुए भी वे कर्त्तव्य कर्म के प्रति कड़े थे। समाज हित के सामने अपने व्यक्तिगत हितों को वे हमेशा छोटा मानते थे। इसके लिए वे बड़ी से बड़ी विपत्ति को भी झेलने के लिए तैयार रहते। 1909 ई. में जब उनकी पत्नी झवेरबाई का देहांत बम्बई के एक अस्पताल में हो गया, तो वे एक बहुत ही महत्त्वपूर्ण मुकद्दमे की वकालत कर रहे थे। मुकद्दमा हत्या का था और मुजरिम को फांसी हो सकती थी। कुछ ही देर पहले उन्हें पत्नी की मृत्यु का तार मिला था। उन्होंने तार को जेब में रखा और हृदय पर पत्थर रखकर मुकद्दमे की पैरवी शुरू कर दी। मुजरिम बरी हो गया। तब जाकर उन्होंने जेब से तार निकाला और लोगों को पत्नी की मृत्यु की खबर सुनाई। कर्त्तव्य के प्रति ऐसा कठोर समर्पण दुर्लभ है।

भारतीय संघ में देशी रियासतों का विलय : पटेल की प्रतिभा, सुझबूझ और कड़ाई के कारण ही आजादी के बाद भारत के देशी रियासतों का भारतीय राष्ट्र में विलय हुआ, अन्यथा गाँधी और नेहरू के नर्म रवैये से यह इतनी आसानी से होनेवाला नहीं था। सरदार पटेल ने अदम्य साहस का परिचय देते हुए 560 से भी अधिक देशी रियासतों को भारतीय संघ में मिलाया। उन्होंने देशी नरेशों को देशभक्ति का पाठ पढ़ाते हुए देश के भविष्य की ओर उनका ध्यान दिलाया और कहा-"भारत के इतिहास में हमलोग एक अत्यंत महत्त्वपूर्ण मोड़ पर हैं। अपने सम्मिलित प्रयास से हम देश को नयी गरिमा दे सकते हैं। पर एकता की कमी अनेक नयी मुसीबतों को आमंत्रित करेगी। मुझे आशा है कि भारतीय रियासतें इस बात को नहीं भुलेंगी कि इस समय सर्वाधिक जनता के हित में सहयोग न देने का विकल्प होगा-अराजकता और विप्लव।" उनके इस वक्तव्य का व्यापक असर हुआ और देश की एकता और अखंडता के नाम पर देशी रिसायतों ने राष्ट्र में विलय का प्रस्ताव स्वीकार कर लिया। रियासतों का एकीकरण भारतीय संघ में हो गया, इसलिए भी और बचपन में उन्होंने अपने एक भयंकर घाव को जिसके इलाज के लिए ऑपरेशन की आवश्यकता थी, अपने ही हाथों गर्म लोहे से दागकर फोड़ डाला था, इसलिए भी उन्हें **लौह-पुरुष** कहा गया।

गाँधीजी से सम्पर्क और सत्याग्रह आंदोलन में भागीदारी: 1917 में सरदार पटेल उस समय सार्वजनिक जीवन में आये, जब वे गुजरात सभा के सचिव निर्वाचित हुए। उसी समय गाँधीजी ने बिहार के चम्पारण से सत्याग्रह आंदोलन शुरू किया था। पटेल किसान के बेटे थे और किसानों के दुख-दर्द से परिचित थे। गुजरात में भी किसानों की अनेक समस्याएँ थीं। सो पटेल ने फौरन गाँधीजी से सम्पर्क किया और उनके आंदोलन में शामिल हो गये। खेड़ा में अकाल की स्थिति थी। लोग अतिवृष्टि के शिकार हो रहे थे। फसलें मारी गयी थीं, लोग दाने-दाने को मोहताज थे, किन्तु जमींदार के पटवारी जबरन लगान वसूली पर आमादा थे। जनता से जोर-जबर्दस्ती की जा रही थी। उन्होंने गाँधीजी से मिलकर सत्याग्रह छेड़ दिया। गाँधीजी ने गवर्नर से भी सम्पर्क किया, किन्तु कोई सुनवाई नहीं हुई। पटेल ने कड़ा रास्ता अख्तियार करते हुए किसानों का आह्वान किया-"यदि कानून गलत हो या सरकार द्वारा कानून का सही अमल नहीं किया जा रहा हो, तो प्रजा को कानून के विरुद्ध जाकर भी सत्याग्रह करने का अधिकार है।" इस सत्याग्रह की गूँज लंदन में

'हाउस ऑफ कामन्स' तक गई और आखिर में सरकार ने लगान कम कर दिया। इस आंदोलन से पटेल की अच्छी-खासी वकालत बंद हो गयी। अब वे स्वतंत्रता संग्राम के सक्रिय सिपाही बन चुके थे।

सरदार पटेल ने गाँधीजी के नेतृत्व में 1918 के रॉलेक्ट एक्ट का कड़ा विरोध किया। उनके जेल जाने के बाद स्वदेशी आंदोलन का नेतृत्व किया और हिन्दू-मुस्लिमों के बीच भाईचारा स्थापित करने के अनेक प्रयत्न किये। उन्होंने 1920-21 के असहयोग आंदोलन में बढ़-चढ़कर भाग लिया और कई बार उन्हें पुलिस की लाठियाँ भी खानी पड़ीं।

बारदौली सत्याग्रह : पटेल के जीवन की सबसे बड़ी सफलता 1928 का 'बारदौली सत्याग्रह' है। इसलिए उन्हें **'बारदोली का वीर'** भी कहा जाता है। इसके पूर्व खेड़ा जिले के बोरसद तहसील में पुलिस ने रिपोर्ट दी थी कि इस क्षेत्र में जनता डाकुओं से मिली हुई है, यहाँ अधिक उत्पात होता है और सरकार को अतिरिक्त पुलिस बल रखना पड़ता है। इसलिए सरकार ने फरमान जारी किया कि सोलह वर्ष से अधिक उम्र के तमाम स्त्री-पुरुषों को अतिरिक्त पुलिस बल के खर्च के लिए 2 रुपये 7 आने दंड देने पड़ेंगे। पटेल ने इसके विरुद्ध सत्याग्रह छेड़ दिया। उन्होंने एलान कर दिया कि पुलिस ही डाकुओं से मिली हुई हैं और इसके लिए उन्होंने सबूत भी पेश किया। सरकार को झुकना पड़ा। बारदौली में जमींदार ने किसानों पर 22% तक भू-राजस्व बढ़ा दिया। पटेल ने क्षेत्र के किसानों, पटेलों और मुखियों की सभा बुलाई। उन्होंने किसानों को न्याय का भरोसा दिलाया। कुरान के पाठ और कबीर के भजनों का सामूहिक आयोजन कराया गया और 'किसान-किसान भाई-भाई' के नारे लगे। पटेल ने कहा कि जब तक सरकार अपना फरमाान वापस नहीं लेती है, तब तक कोई किसान अपना खेत नहीं जोतेगा। किसानों की एकता रंग लायी। सरकार को झुकना पड़ा। 'बारदौली सत्याग्रह' की सफलता ने पटेल को पूरे देश के किसानों का लोकप्रिय नेता बना दिया। इस घटना का राष्ट्रव्यापी प्रभाव पड़ा। इसी आंदोलन में किसानों ने उन्हें **'सरदार'** की उपाधि से विभूषित किया था।

स्वतंत्रता आंदोलन और देश सेवा : 1942 के 'भारत छोड़ो' आंदोलन में सरदार पटेल ने बढ़-चढ़कर हिस्सा लिया। आंदोलन के आह्वान के दिन ही उन्हें गिरफ्तार कर लिया गया। अहमदनगर जेल से ही उन्होंने देशवासियों और

अंग्रेजों को एक ही बार संबोधित करते हुए कहा-"जनता आक्रमणकारी से लड़ने के लिए उसी प्रकार तैयार हो जाये, जिस प्रकार चीनियों ने किया है। स्थिति तभी संभल सकती है, जब अंग्रेज देश छोड़कर वापस चले जायें।"

अंतत: 1947 में देंश आजाद हो गया और सरदार पटेल देश के प्रथम गृहमंत्री बनाये गये। वर्तमान संदर्भ में सरदार पटेल का महत्त्व इस बात में है कि जिस सरदार पटेल ने जीवन भर जाति-धर्म और वर्ण-वर्ग का विरोध किया, उसी पटेल को भारतीय समाज के रग-रेशे में व्याप्त जातीय मानसिकता का शिकार होना पड़ा। देश के जिन 14 प्रांतों के प्रतिनिधियों को प्रधानमंत्री चुनने का दायित्व सौंपा गया था, उनमें से केवल एक (आ. कृपलानी) को छोड़कर तमाम प्रतिनिधियों ने प्रधानमंत्री पद के लिए सरदार पटेल को ही वोट दिया था, नेहरू को केवल एक ही वोट मिला था। बावजूद इसके पं. जवाहर लाल नेहरू देश के प्रधानमंत्री बना दिये गये। आजादी की लड़ाई में नेहरू के त्याग-बलिदान और उनकी राजनीतिक योग्यता पर किसी को कोई शक नहीं है। वे प्रधानमंत्री के लिए हर तरह से योग्य थे। किन्तु पटेल की तुलना में नेहरू को प्रधानमंत्री बनाये जाने में कौन-सा लोकतांत्रिक गणित काम कर रहा था? ऐसा तो नहीं है कि केवल ब्राह्मण होने के कारण नेहरू प्रधानमंत्री बन गये या केवल गैर-ब्राह्मण (पिछड़ा) वर्ग का होने के कारण पटेल प्रधानमंत्री नहीं बन पाये। देश की जनता सवाल पूछ सकती है। आज गाँधीजी रहते तो, इस सवाल का जवाब दे पाते।

किन्तु गाँधी भी क्या जवाब देते, उनकी भी अनेक मजबूरियाँ थीं, जिनमें से एक मजबूरी नेहरू भी थे। किन्तु जीवन भर ब्राह्मणवाद को प्रश्रय देनेवाले गाँधी को भी क्या मिला? तीन गोलियाँ! कहीं यह भी गैर-ब्राह्मण या पिछड़े वर्ग के नेता होने की सजा तो नहीं थी? एक और सवाल बनता है, जिसका जवाब देश के राजनेताओं को देना चाहिए। देश की आजादी के बाद गाँधी की तरह पटेल भी अधिक दिनों तक जीवित नहीं रह सके। गाँधी की मृत्यु के ठीक 2 वर्ष 10 महीने 15 दिनों बाद 15 दिसम्बर 1950 को सरदार बल्लभ भाई पटेल का भी निधन हो गया। यह गाँधी हत्या का मरणान्तक आघात तो नहीं था?

10. **लोचन मल्लाह और 1857** : देश की आजादी के पूर्व 1857 के 'सिपाही विद्रोह' और स्वतंत्रता आंदोलन में भी दलित-पिछड़ों ने बढ़-चढ़कर

हिस्सा लिया। 1857 का एक ऐसा ही वीर सेनानी लोचन मल्लाह था, जिसने तात्या टोपे, अजीमुल्लाह, टीका सिंह आदि स्वतंत्रता सेनानियों की न केवल जान बचायी, बल्कि उनके दुश्मनों को भी मार गिराने में मदद की। 27 जून 1857 के कानपुर विद्रोह में, जिसमें नगरवासियों ने अंग्रेजों के विरुद्ध विद्रोह कर दिया था, लोचन मल्लाह की अद्‌भुत सूझ-बूझ के कारण लगभग 80 अंग्रेज अफसर और सैनिक मारे गये थे। शहर में विद्रोह के बाद अंग्रेजी अफसर चुपके से अपने-अपने परिवार के साथ गंगा में नाव पर चढ़कर इलाहाबाद भाग रहे थे। खबर पाकर उस जमाने के प्रसिद्ध स्वतंत्रता सेनानी तात्या टोपे, अजीमुल्लाह, टीका सिंह आदि ने उनका पीछा किया। गंगा की धारा में ये सभी लोचन मल्लाह की नाव पर ही सवार थे। अंग्रेजों ने उन पर गोलियाँ चलाईं। किन्तु लोचन मल्लाह की पैतरेंबाजी से उन्हें एक भी गोली नहीं लगी और इस मुठभेड़ में अंग्रेजों की नाव जब एक टीले के पास फँस गयी, तो स्वतंत्रता सेनानियों ने उस पर कब्जा कर लिया। कुल 80 सवारों में स्त्री और बच्चों को छोड़कर प्रायः सभी को मार डाला गया।

11. **अमर शहीद जुब्बा सहनी और सन् 42 की क्रांति** : यह एक सुखद सत्य है कि भारत के किसी भी आंदोलन में दलित-पिछड़े लोगों की ही भागीदारी अधिक रही है। किन्तु इसका दुखद पहलू यह है कि इतिहास में उन्हें वैसी जगह नहीं मिली। '42 के आंदोलन में भी दलित-पिछड़ों का प्रमुख योगदान रहा। इनमें बिहार से अनेक दलित-पिछड़े क्रांतिकारी शहीद हुए। अमर शहीद जुब्बा सहनी उन्हीं शहीद सपूतों में से एक थे। भगत सिंह और ऊधम सिंह की तरह वे भी एक विद्रोही क्रांतिकारी थे, जिन्हें हिंसात्मक आंदोलन में विश्वास था और हिंसा का जबाव हिंसा से देकर वे अंग्रेजों को देश से भगाना चाहते थे।

बिहार सरकार के दस्तावेजों के अनुसार शहीद जुब्बा सहनी का जन्म 1906 में मुजफ्फरपुर जिले के चैनपुर गाँव (मीनापुर प्रखंड) के एक पिछड़े (मल्लाह) परिवार में हुआ था। उनके पिता का नाम पाँचू सहनी था, जो एक गरीब मजदूर थे। वे गाँव के आस-पास के पोखरे-तालाब, गड्ढे आदि से मछली मारते थे और उसी को बेचकर परिवार का भरण-पोषण करते थे। बाकी समय में वे खेतों में मजदूरी का काम करते थे। गरीबी के कारण जुब्बा सहनी की शिक्षा-दीक्षा नहीं हो सकी। वे सीधे-सादे स्वभाव के थे। किन्तु स्वाभिमानी होने के कारण मालिकों का रोब-दाब उन्हें बर्दास्त नहीं होता था।

वे मजदूरी करते, मगर शान से। विद्रोही स्वभाव के होने के कारण वे कहीं स्थायी रूप से टिक नहीं सके। उन्हें अंग्रेजी सिपाही और मालिकों का व्यवहार अच्छा नहीं लगता था। किशोरावस्था में ही वे सब कुछ छोड़कर आजादी की लड़ाई में कूद पड़े।

1921-22 के असहयोग आंदोलन में ही उनके बाल मन में अंग्रेजी शासक और देशी जमींदारों के आतंक के विरुद्ध विद्रोह की भावना जग गयी। विद्रोह की यह चेतना उम्र बढ़ने के साथ और तीव्र होती गयी। इसलिए जब 1931 में गाँधीजी ने सविनय अवज्ञा आंदोलन का आह्वान किया, तो वे जी-जान से उसमें पिल पड़े। उस समय उनकी उम्र 24 वर्ष की थी। जवानी की उमंग को उन्होंने देशसेवा के लिए कुर्बान कर दिया। उन्होंने आंदोलन में बढ़-चढ़कर भाग लिया। 1932 ई. में मुजफ्फरपुर शहर के धर्मशाला चौक पर शराब की एक दुकान की पिकेटिंग करते हुए वे पुलिस बर्बरता के शिकार हुए। गोरी पुलिस ने उन्हें बूटों से रौंद डाला। वे बुरी तरह घायल हो गये। उनकी बायीं ओर की पसलियों की हड्डियाँ टूट गयीं। इसी बीच मुजफ्फरपुर में पं. जवाहर लाल नेहरू का आगमन हुआ। घटना की जानकारी होने पर नेहरू ने घायल जुब्बा सहनी को बुलाया और सभा मंच पर उन्हें गोद में उठाकर 'जुब्बा भाई' कहते हुए सार्वजनिक रूप से उनका परिचय कराया। तभी से लोग उनको जुब्बा भाई कहने लगे। युवाओं में सर्वाधिक क्रांतिकारी होने के कारण पुलिस हमेशा उनके पीछे पड़ी रहती थी।

1932 से 1942 तक लगभग वे भूमिगत ही रहे। इस बीच वे छद्म रूप से इधर-उधर घूमते रहे। फिर कांग्रेस आंदोलन में सक्रिय हो गये। मुजफ्फरपुर में सरकार के खिलाफ एक जुलूस का नेतृत्व करते हुए वे गिरफ्तार हुए। जेल से रिहा होने पर जुब्बा सहनी ने मीनापुर के प्रमुख कांग्रेसी नेता श्री सहदेव झा के यहाँ संदेशवाहक की नौकरी कर ली। कांग्रेस उस समय आजादी की लड़ाई लड़ रही थी। इसलिए एक कांग्रेस नेता के यहाँ नौकरी करने में उन्होंने गर्व महसूस किया। उनका काम भी देश सेवा करना ही था। वे मीनापुर से जिला मुख्यालय मुजफ्फरपुर और फिर वहाँ से मीनापुर पत्रादि पहुँचाने का काम करते थे। इसी बीच 1942 का आंदोलन छिड़ा। पूरे देश में आग लग गयी। प्रतिक्रिया में अंग्रेजी फौजों की दमनात्मक कार्रवाई शुरू हुई।

बिहार में भी इस आंदोलन की जोरदार लपट उठी। गाँव-गाँव में अंग्रेजी सरकार के विरुद्ध जुलूस-प्रदर्शन होने लगे। 15 अगस्त 1942 को

मुजफ्फरपुर-सीतामढ़ी मार्ग से क्रांतिकारियों के दमन हेतु जा रही ब्रिटिश सेना को हजारों जनता ने घेर लिया। प्रतिक्रिया में सेना की और टुकड़ियाँ आ गयीं और निहत्थी जनता पर गोलियों की बौछार होने लगी। कई लोग शहीद हो गये। सैकड़ों लोग घायल हुए।

इस घटना की प्रतिक्रिया में कल होकर हजारों लोगों ने मीनापुर थाना को घेर लिया। यह अपार जन समूह स्वतःस्फूर्त था, जिनमें जुब्बा सहनी जैसे क्रांतिकारी भी थे। जुब्बा सहनी अपने पूरे दल-बल के साथ वहाँ मौजूद थे। क्रांतिकारियों की योजना दारोगा को मारकर थाने पर कब्जा करना और तिरंगा फहराना थी। अंग्रेज दारोगा वॉलर ने स्थिति को भांपकर आस-पास के डाकू और बदमाश किस्म के लोगों को थाने पर बुला लिया था। इसलिए भीड़ के पहुँचते ही उसने फायरिंग शुरू कर दी। कई लोग घायल हो गये। लेकिन भीड़ रुकने का नाम नहीं ले रही थी। 'इन्कलाब, जिंदाबाद' के नारों से आसमान गूँज रहा था। इसी बीच एक गोली दनदनाती हुई आयी और जुब्बा सहनी के चचेरे भाई बांगुर सहनी के सीने पर लगी। बांगुर सहनी वहीं ढेर हो गये। उसके बाद जुब्बा सहनी के नेतृत्व में भीड़ ने उग्र रूप धारण कर लिया। जुब्बा सहनी घायल शेर की तरह दहाड़ उठे।

'इन्कलाब, जिंदाबाद' करते हुए लोग थाने पर टूट पड़े। लोगों ने वॉलर को पकड़ लिया और उसकी पिस्तौल तथा सिपाहियों की बंदूकें छीनकर उसकी पिटाई कर दी। अपने भाई की मौत से मर्माहत जुब्बा सहनी वॉलर के लिए भूखा शेर बन गये थे। आखिर उन्होंने अपने साथी टेनिया नट, लियाकत नट, गंगाराम दुसाध, बिहारी ठाकुर और बिहारी साह की मदद से खेत की झाड़ी में छुपे वॉलर को पकड़ा और थाने में आग लगाकर उसे उसी में झोंक दिया। थाना धू-धू कर जल उठा। अंग्रेजी साम्राज्यवाद का प्रतीक वॉलर मर चुका था। थाने पर यूनियन जैक की जगह तिरंगा झंडा फहरा दिया गया था। इस प्रकार जुब्बा सहनी ने अपने भाई की शहादत और सैकड़ों लोगों की मौत का बदला ले लिया था।

उसके बाद जो होना था, वही हुआ। क्रांतिकारी जानते थे कि अब अंग्रेजी सेना का दमन चलेगा। मीनापुर और आस-पास के गाँवों की नाकेबंदी शुरू हो गयी। मीनापुर गाँव को उजाड़ दिया गया। सैकड़ों लोग गिरफ्तार हुए। जुब्बा सहनी को भी पकड़ लिया गया। वीर जुब्बा कायरों की तरह घर में

छुपनेवाले नहीं थे। उनके दो और साथी बिहारी ठाकुर (नाई) और बिहारी साह (बनिया) नेपाल की सीमा में पकड़े गये और उन्हें नेपाल के जलेसर जेल में डाल दिया गया। पुलिस ने जेल में उन्हें इतनी बेरहमी से मारा कि वे वहीं मर गये। जुब्बा सहनी ने अपना मकसद पूरा कर लिया था। उनके प्रिय भाई और साथी पहले ही मारे जा चुके थे। अब उन्हें मरने का कोई गम नहीं था। उन्हें पूरा विश्वास था कि अब देश को आजाद होने से कोई नहीं रोक सकता। मुजफ्फरपुर सेशन अदालत में मुकद्दमा चला, तो भरी अदालत में जुब्बा सहनी ने घोषणा की कि 'वॉलर को और किसी ने नहीं मारा, उसकी हत्या अकेले मैंने ही की थी। मैंने ही गाँव के भोले-भाले लोगों को उकसाकर थाना जलवाया था। थाने में आग भी केवल मैंने ही लगाई थी।' जुब्बा सहनी के इस बयान को सुनकर सभी दंग थे। जनता सच्चाई को जानती थी। जज और वकील भी जानते थे कि जुब्बा सहनी झूठ बोल रहा है। वह अपने साथियों को बचाने के लिए ही ऐसा कर रहा है। किन्तु उपाय क्या था? कानून को तो सबूत चाहिए।

इस प्रकार वीर जुब्बा ने मीनापुर कांड के अपने 54 साथियों को फाँसी के फंदे से बचाने के लिए खुद ही फांसी को गले लगा लिया था। 11 मार्च 1944 को भागलपुर केन्द्रीय जेल में देश के इस सपूत को फांसी दे दी गई। आज बिहार का बच्चा-बच्चा जुब्बा सहनी के नाम को जानता है। मुजफ्फरपुर नगर का सबसे बड़ा और सबसे सुंदर पार्क 'जुब्बा सहनी पार्क' उन्ही की याद में बनाया गया है। किन्तु उस अमर शहीद के लिए यही काफी नहीं है। उनके नाम पर दलित-पिछड़ों के कल्याण हेतु बड़ी योजना चलाने की जरूरत है।

12. **शहीद भगवान लाल और बिहार में सविनय अवज्ञा आंदोलन :** भगवान लाल सविनय अवज्ञा आंदोलन के शहीद थे। अमर शहीद भगवान लाल का जन्म 28 सितम्बर 1912 को मुजफ्फरपुर शहर (बिहार) के एक साधारण चंद्रवंशी (कहार) परिवार में हुआ था। उनके पिता का नाम बाल गोविन्द राम और और माता का नाम गिरिजा देवी था। उन दिनों दलित-पिछड़े समाज में अपने बच्चों को पढ़ाने की कोई परम्परा नहीं थी। इसलिए बालक भगवान लाल छाता बाजार (मुज.) में पिता के पैतृक व्यवसाय में मदद करने लगे। किन्तु उनके माता-पिता उन्हें पढ़ा-लिखाकर बड़ा आदमी बनाना चाहते थे। उन दिनों मुजफ्फरपुर नवजागरण और समाज-सुधार की गतिविधियों का

बहुत बड़ा केन्द्र था। इस उद्देश्य से स्थापित 'नवयुवक समिति' द्वारा संचालित विद्यालय में भगवान लाल का नाम लिखवाया गया। मेधावी छात्र भगवान जल्द ही छात्र और शिक्षकों के बीच प्रसिद्ध हो गये।

उनमें देशभक्ति और समाजसेवा की चेतना प्रबल हो उठी। किशोर भगवान लाल के मन में देश में चल रहे स्वतंत्रता संग्राम की धमक हिलारे लेने लगी। वे स्वतंत्रता सेनानियों के साथ काम करने लगे। अपनी क्रांतिकारी गतिविधियों के लिए उन्हें प्रसिद्ध स्वतंत्रता सेनानी श्री काशी साह के साथ छः माह के लिए जेल भी जाना पड़ा। सविनय अवज्ञा आंदोलन के दौरान 14 नवम्बर 1930 को मुजफ्फरपुर के तिलक मैदान में कांग्रेस कार्यालय के 64 फीट ऊँचे स्तम्भ पर तिरंगा फहराने समय ब्रिटिश पुलिस ने उन्हें गोलियों से भून डाला।

13. **जननायक कर्पूरी ठाकुर और परिवर्तन का समाजवादी सूत्र :** 'करो या मरो' गाँधी जी का नारा था और 'आराम हराम है' नेहरू का। किन्तु आज का युग 'करो या मरो' का नहीं 'करो और जीओ' का युग है। इसलिए कर्पूरी जी ने कहा था-'कमानेवाला खायेगा, लूटनेवाला जायेगा।' शहीदे आजम भगत सिंह ने जहाँ 'गुलाम देश में विवाह न करने' का व्रत लिया था, वहीं कर्पूरी जी ने प्रतिज्ञा की थी कि 'गुलाम देश में गुलाम संतान पैदा नहीं करूँगा।' यह उनका व्रत भी था और गुलाम भारत का जनसंदेश भी, जिसका पालन उन्होंने दृढ़तापूर्वक किया। गुलाम देश में विवाह हो जाने के बाद भी वे तब तक ब्रह्मचारी ही बने रहे, जब तक देश आजाद नहीं हो गया। यह थी कर्पूरी जी की प्रतिबद्धता। वे सिद्धांत के इतने पक्के और दृढ निश्चयी थे कि जो काम करना ठान लेते, उसे पूरा करके ही दम लेते। गाँधीजी की तरह अनशन और सत्याग्रह उनका भी अस्त्र था। इसलिए उन्हें 'बिहार का गाँधी' कहा जाता है। किन्तु यह विशेषण कर्पूरी जी के लिए बहुत छोटा है। वे गाँधी से बड़े तो नहीं थे, पर गाँधी के जमाने में ही उनकी राष्ट्रीय ख्याति हो चुकी थी। इसलिए उन्हें केवल बिहार का गाँधी कहके उनके कद को छोटा नहीं किया जा सकता।

जुझारू जननेता : गाँधी की सादगी और ग्राम्य-चेतना, अम्बेदकर की आभा और ओजस्विता तथा लोहिया की निर्भीकता और लड़ाकूपन को लेकर यदि कोई एक तस्वीर गढ़ी जाये, तो निश्चय ही वह तस्वीर कर्पूरी जी की

होगी। संघर्ष को सुनना और बात है, देखना और बात है, और झेलना और बात! किन्तु संघर्ष को जीना बिल्कुल अलग बात है। कर्पूरी जी ने जीवन पर्यंत संघर्ष को झेला और जीया भी। संघर्ष ही उनका जीवन था। यह संघर्ष जनता का संघर्ष था, जन-जन का संघर्ष था। इसीलिए वे **'जननायक'** कहलाये। गुलाम भारत में वे जितनी बार जेल गये, उससे अधिक बार उन्हें आजाद भारत की जेलों ने सजा दी। यह था कर्पूरी जी का संघर्ष और लड़ाकूपन। कर्पूरी जी ने जयप्रकाश आंदोलन से बहुत पहले दलित-पिछड़ों में आत्मसम्मान की चेतना जगाकर बिहार में और फिर सम्पूर्ण देश में न केवल परिवर्तन की समाजवादी चेतना पैदा की; बल्कि पहली बार गैर-कांग्रेसी और पिछड़े वर्ग की सरकार बनाकर देश में दलित-पिछड़ों का पहला इतिहास रचा। देश की जनता ने उन्हें 'जननायक' की उपाधि से अलंकृत किया।

जन्म और शिक्षा-दीक्षा : ऐसे जनप्रिय, जुझारू, लड़ाकू, परिवर्तनकामी और संघर्षशील जननायक का जन्म बिहार के समस्तीपुर जिले के पितौंझिया ग्राम के एक गरीब **नाई प**रिवार में हुआ था। प्रमाण पत्रों के आधार उनकी जन्म-तिथि 24 जनवरी 1924 है। किन्तु खुद कर्पूरी जी ही उस तिथि को अपना असली जन्म-दिवस नहीं मानते थे। दलित और गरीब परिवारों में तो जन्म-कुंडली की परम्परा आज भी नहीं है, उन दिनों कहाँ से आती? इसलिए उनके माता-पिता ने भी इसकी आवश्यकता नहीं समझी। अनुमान के आधार पर वे अपना जन्मकाल 1921 ई. के आस-पास बताते थे। किन्तु उनकी स्कूल-पंजी में अंकित 24 जनवरी का जन्म-दिन ही चला पड़ा और इसी दिन (24 जन. को) पूरे देश में उनकी जयन्ती भी मनायी जाती है। उनके पिता गोकुल ठाकुर अपना जातीय पेशा नाईगिरी ही करते थे। कर्पूरी जी का बचपन गाय चराने से शुरू हुआ। साथ ही वे पिताजी के साथ दाढ़ी-बाल काटना भी सीखने लगे। उन दिनों नाई-कहार जैसे दलित परिवार में पढ़ाई-लिखाई की कोई परम्परा नहीं थी। इसलिए कर्पूरी की शिक्षा के लिए पिताजी ने सोचा भी नहीं था।

आम लड़कों में भी कम ही लड़के स्कूल जाते थे। इसलिए स्कूली छात्र गुरुजी की हिदायत के अनुसार अपने गाँव के स्कूल न जानेवाले लड़कों को पकड़-पकड़ ले जाते थे। इस कार्य को छात्र तत्परता से करते। इसके पीछे उनका कोई मिशन नहीं होता था, बल्कि यह उनका बाल सुलभ कौतुक और मनोरंजन होता था। लड़कों को टाँगकर पाठशाला ले जाने में उन्हें बड़ा मजा

आता था। बड़े और सवर्ण घर के लड़के तो प्रायः स्कूल जाते ही थे, केवल पिछड़े और दलित वर्ग के बच्चे स्कूल नहीं जाते थे। अतः टाँगकर भी प्रायः उन्हीं बच्चों को स्कूल ले जाया जाता था। शुरू में कर्पूरी जी को भी टाँगकर ही स्कूल पहुँचाया गया। बालक कर्पूरी जब गाय चरा रहे थे, उनके लंगोटिया साथी राम बुझावन सिंह, जो जीवन भर उनके साथ रहे, दो-चार साथियों के साथ आये और उन्हें टाँगकर गाँव की पाठशाला में ले गये। और जब एक बार स्कूल में दाखिल हो गये, तो फिर कर्पूरी जी का हाथ पकड़नेवाला कोई न था। वे स्कूल के सबसे तेज लड़के निकले। तुरत ही वे शिक्षक और छात्रों में लोकप्रिय हो गये। गाँव की ही पाठशाला से पाँचवीं पास करने के बाद वे ताजपुर के मिड्ल स्कूल में दाखिल हुए। वहाँ से मिड्ल की परीक्षा पास करने के बाद उनका नामांकन 'न्यू एच. ई. स्कूल' समस्तीपुर में हो गया।

हाई स्कूल में प्रथम झलक में ही वे शिक्षक और छात्रों की नजर में आ गये। उनकी प्रतिभा को देखकर शिक्षकों ने उनका भविष्य भाँप लिया। तत्कालीन प्रधानाध्यापक हरिनंदन प्रसाद ने कर्पूरी जी की प्रतिभा, गरीबी, सेवा-भावना, विनयशीलता और शालीनता से प्रभावित होकर उन्हें पूर्ण निःशुल्क छात्र घोषित कर दिया तथा उनके लिये स्कूल छात्रावास में ही रहने की व्यवस्था कर दी। छात्रावास में रहते हुए उन्हें जीवन का एक नया अनुभव प्राप्त हुआ। वे पढ़ाई-लिखाई के अतिरिक्त स्कूल के वाद-विवाद, नाटक, समाजसेवा और गोष्ठी-संगोष्ठियों के कार्यक्रमों में खुलकर भाग लेने लगे। उनकी हिन्दी बहुत अच्छी थी। स्कूली जीवन में ही वे हिन्दी में बहुत अच्छा भाषण करते थे। इसलिए हिन्दी शिक्षक श्री सच्चिदानंद 'नंद' उन्हें सबसे अधिक मानने लगे। वे उन्हें सदा प्रोत्साहित करते और उनकी मदद करते। उनमें गजब की वाकपटुता थी। वे स्कूल में छात्रों की छोटी सी छोटी समस्या पर भी चिंतित हो जाते थे और फौरन हेडमास्टर से मिलकर उसे दूर करवा देते थे। वे अपने स्कूल के छात्रों के नेता तो थे ही, बाद में वे प्रखंड और अनुमंडल स्तर पर भी छात्र-नेता बन गये।

छात्र नेता के रूप में कर्पूरी जी : छात्रावास और स्कूल में कर्पूरी जी एक आदर्श छात्र के रूप में उभरे। उन्होंने छात्रों की एक मंडली बनायी, जिसमें उनके लंगोटिया साथी राम बुझावन सिंह के अलावे दुलार प्र. सिंह जैसे लोग प्रमुख थे। हाई स्कूल में ही कर्पूरी जी में राजनीति की नींव पड़ी। वे एक छात्र नेता के रूप में उभरे। किन्तु नेता कोई यूँ ही नहीं बन जाता।

उसके पीछे परिस्थितियाँ काम करती हैं, जीवन मूल्य और संवेदनाएँ काम करती हैं। फिर नेता सभी नहीं बनते। जो जीवन के प्रति जितना ही जिम्मेवार और संवेदनशील होता है, वह उतना ही बड़ा नेता, कवि या कलाकर बनता है। समय और समाज उत्प्रेरक बनकर ऐसे लोगों को आगे आने में मदद करते हैं। कर्पूरी जी में बचपन से ही मूल्यों और सामाजिक सरोकारों के प्रति संवेदनशीलता थी। प्रतिकूल परिस्थितियों ने उन्हें बचपन में ही नेता बना दिया।

दलित-पिछड़ी चेतना का प्रभाव : जल्द ही वे कम्युनिस्ट विचारधारा से प्रभावित छात्र संगठन 'स्टुडेंट फेडरेशन' के अनुमंडलीय मंत्री बन गये। यह वही समय था, जब एक ओर बिहार में सहजानंद सरस्वती का 'किसान आंदोलन' चल रहा था, तो दूसरी ओर देश में गाँधीजी के नेतृत्व में 'राष्ट्रीय मुक्ति संग्राम' आंदोलन भी उबाल पर था। गाँधी और अम्बेदकर के नेतृत्व में अछूतों को हिन्दू समाज की मुख्यधारा में शामिल करने के लिए 'अस्पृश्यता निवारण', 'मंदिर-प्रवेश', 'पानी भरो' आदि आंदोलन भी चल रहे थे। कांग्रेस ने 'पूना-समझौते' के बाद अछूतोद्धार का बीड़ा उठा लिया था। भले ही इन आंदोलनों को कोई व्यावहारिक सफलता नहीं मिल रही हो, किन्तु इससे देश में दलित और स्त्रियों के पक्ष में एक वातावरण बन गया था। उनकी स्थिति में सुधार के लिए सभी एकमत थे। इसलिए विभिन्न मंचों से ऐसे सवाल उठाये जा रहे थे। अखबारों में देश की इन सभी राष्ट्रीय-प्रांतीय घटना, स्थिति और आंदोलनों की खबरें छपती रहती थीं। छात्र कर्पूरी नियमित रूप से अखबार पढ़ते थे।

कर्पूरी जी के बाल मन पर समाज में व्याप्त गरीबी, अशिक्षा, बेरोजगारी, छुआछूत, ऊँच-नीच, लूट-खसोट, भ्रष्टाचार आदि का जबर्दस्त प्रभाव पड़ा। एक छात्र नेता के रूप में उनके अवचेतन में इन समस्याओं से निजात पाने का खाका बनने लगा। स्त्री और दलित-पिछड़ों की हीन स्थिति को देख-सुनकर युवा कर्पूरी का मन असंतोष और विद्रोह से भर गया। उनके समतामूलक संवेदनशील मन में उस समय बड़ी पीड़ा होती, जब किसी दलित-पिछड़े को गाँव के पंडित और सवर्ण लोग पूजा-अर्चना से रोक देते थे, मंदिरों में उनके प्रवेश की मनाही होती, किसी दलित और अछूत को कुएँ से पानी नहीं भरने दिया जाता, उन्हें सुदूर नदी या तालाब से पानी लाना पड़ता। समाज में विधवा और कमजोर वर्ग की स्त्रियों की स्थिति को देखकर भी उनका मन दुख से भर जाता।

बालक कर्पूरी बराबर सोचते रहते थे कि अपने देश में दलित-पिछड़े और वंचित लोगों की ऐसी हालत क्यों है? उनका मन इन स्थियों के प्रति हमेशा विद्रोह करता रहता। देश के इन वंचितों को आखिर कब इज्जत भरी जिंदगी जीने को मिलेगी? समाज में आदमी आदमी से घृणा क्यों करता है? इन बातों की चर्चा वे अपने साथियों के बीच करते और जब भी मौका मिलता, सार्वजनिक मंचों से वे इन समस्याओं को रखते। उनके मन में सामाजिक परिवर्तन के जो बीज पड़े, उसे आखिर उन्होंने साकार करके दिखा ही दिया, जब कालांतर में वे बिहार के मुख्यमंत्री बने।

छात्र राजनीति से देश की राजनीति की ओर : कर्पूरी जी का छात्र जीवन अत्यंत संघर्षपूर्ण और कष्टमय था। अभावों का जीवन जीते हुए उन्हें वैचारिक संघर्ष भी करना पड़ता था। 1938 में समस्तीपुर में उस समय के प्रसिद्ध नेता और स्वतंत्रता सेनानी पं. रामानंद मिश्र ने छात्रों की एक विशाल सभा की। इस सभा में छात्र प्रतिनिधि के रूप में कर्पूरी जी ने जब सभा को संबोधित किया, तो लोग दंग रह गये। रामानंद मिश्र मुँह ताकते रह गये। मिश्र जी ने बालक कर्पूरी को गले से लगा लिया। बीत्ते भर के इस छोकरे ने बड़े-बड़ों के कान काट लिये। उस समय कर्पूरी जी आठवी-नौवीं कक्षा में ही पढ़ रहे थे। छात्र नेता के रूप में उनकी ख्याति दूर-दूर तक फैल गयी। छात्र संघ के अनुमंडल मंत्री की हैसियत से समस्तीपुर के अपने 'न्यू एच.ई. हाई स्कूल' के प्रांगण में उन्होंने छात्रों की एक विशाल सभा में भाषण दिया। भाषण इतना क्रांतिकारी था कि छात्रों में क्रांति की आग आग भड़क उठी। यह उनके छात्र जीवन के ऐतिहासिक और सर्वाधिक क्रांतिकारी भाषणों में पहला भाषण था, जिसमें उन्होंने कहा था कि "हमारे देश की आबादी इतनी अधिक है कि केवल थूक फेंक देने से अंग्रेजी राज बह जायेगा।" बाद में कर्पूरी जी का यह वाक्य आजादी की लड़ाई का सूत्र वाक्य बन गया।

फिर क्या था, अंग्रेजी सरकार ने उन पर गिरफ्तारी का वारंट जारी कर दिया। कर्पूरी जी समस्तीपुर के एस.डी.ओ. कोर्ट में हाजिर हुए। चूंकि वे अभी छात्र ही थे, वह भी नवम वर्ग के नाबालिग छात्र, इसलिए सरकारी कोर्ट ने उन्हें एक दिन की जेल और 50 रूपये के जुर्माने की सजा सुनाई। यह कर्पूरी जी के जीवन की पहली जेलयात्रा थी। भावी जननायक का निर्माण हो रहा था। जेलयात्रा, तत्कालीन समय और समाज की पुकार और सामाजिक-राजनीतिक गतिविधियों ने मिलकर भावी भारत के निर्माण और विकास की गति तय कर

दी, जिसमें छात्र कर्पूरी की भूमिका एक राष्ट्रीय युवा नायक के रूप में उभरने लगी।

1938 की ही एक दूसरी घटना है। दिसम्बर माह की 3 और 4 तारीख को पास के गाँव ओइनी में समाजवादियों का राष्ट्रीय सम्मेलन हो रहा था, जिसमें आचार्य नरेन्द्र देव, जयप्रकाश नारायण और रामवृक्ष बेनीपुरी जैसे दिग्गज नेता और बुद्धिजीवी आनेवाले थे। जाड़े की इस ठंडक में भी युवक कर्पूरी बिना किसी गर्म कपड़े और कम्बल आदि के नेताओं को देखने-सुनने चल पड़े। वहाँ दो दिनों तक रहकर कर्पूरी जी ने उन दिग्गज नेताओं को करीब से देखा और सुना। उनसे प्रभावित हुए और 'स्टुडेंट फेडरेशन' के अनुमंडलीय मंत्री के रूप में अपना परिचय देकर उनसे मिले। छात्र नेता कर्पूरी का नाम उनलोगों ने सुन रखा था। प्रतिभाशाली छात्र नेता को सामने देखकर उन्हें खुशी हुई। सम्पर्क बढ़ा और कर्पूरी जी उनके अनुयायी बन गये। किन्तु अगले ही वर्ष एक ऐसी घटना घटी, जिसने छात्र कर्पूरी के किशोर मन को कम्युनिस्ट विचारधारा से विमुख कर दिया।

द्वितीय विश्वयुद्ध का जमाना था। सितम्बर, 1939 ई. में ब्रिटिश सरकार ने बिना भारतीय जनता और अंतरिम प्रतिनिधि सरकार से पूछे भारत को जर्मनी के विरुद्ध युद्ध के मैदान में उतार दिया। उस समय देश के 11 प्रांतों में से 7 में कांग्रेस की सरकारें थीं। इस निर्णय के विरोध में सभी सातों प्रांतों की कांग्रेस सरकार ने इस्तीफा दे दिया। किन्तु कम्युनिस्टों ने ब्रिटिश सरकार के निर्णय का समर्थन किया, क्योंकि रूस ब्रिटेन के साथ था। इससे कर्पूरी जी का मन खिन्न हो गया। उन्होंने कम्युनिस्ट छात्र संगठन 'स्टुडेंट फेडरेशन' के मंत्री पद से इस्तीफा दे दिया। वे कांग्रेस के 'चौवन्निया सदस्य' बन गये। उस समय कर्पूरी जी अभी मैट्रिक के ही विद्यार्थी थे। लेकिन उनके इस निर्णय से छात्रों में एक नयी चेतना जगी। उन्होंने विश्वयुद्ध के विरोध में स्कूल-कॉलेज के छात्रों को आगे आने का आह्वान किया। उनकी पुकार पर झुंड के झुंड छात्र युद्ध के विरोध में सड़कों पर उतर आये। सैकड़ों-हजारों छात्रों के बीच कर्पूरी जी अकेले भाषण देते रहे। उनके विचार में समय और समाज की सच्चाई बोल रही थी। इसलिए समस्तीपुर जिले में कर्पूरी जी के नेतृत्व में व्यापक छात्र आंदोलन शुरू हो गया। अब कर्पूरी एक मजे हुए छात्र नेता के रूप में निकले।

इन्हीं गतिविधियों के बीच 1940 में उन्होंने मैट्रिक की परीक्षा दी। समाजसेवा और राजनीतिक गतिविधियों के कारण प्रतिभावान छात्र कर्पूरी का रिजल्ट अच्छा नहीं हो सका। हमेशा से प्रथम श्रेणी में पास करनेवाले कर्पूरी जी को मैट्रिक में द्वितीय श्रेणी ही मिली। आगे की पढ़ाई के लिए उन्होंने दरभंगा के 'सी.एम. कॉलेज' में नामांकन कराया। यहाँ भी कर्पूरी जी एक ओजस्वी छात्र नेता के रूप में उभरे। सी. एम. कॉलेज में ही पढ़ रहे और राष्ट्रीय आंदोलन में सक्रिय छात्र ललित नारायण मिश्र, लोकेशनाथ झा, रामसेवक ठाकुर आदि लोग जो बाद में कांग्रेस के नेता और मंत्री बने, कर्पूरी ठाकुर को पाकर बड़े खुश हुए। अपनी तीक्ष्ण बुद्धि, सक्रिय भागीदारी, तर्कशक्ति, आत्मीयता एवं सादगी के कारण कुछ ही दिनों में कर्पूरी जी सबके प्रिय हो गये। सबने कर्पूरी जी को ही अपना नेता मान लिया।

भारत छोड़ो आंदोलन और कर्पूरी ठाकुर : 1942 में कर्पूरी जी ने इंटरमीडियट की परीक्षा पासकर बी.ए. में नाम लिखाया। इसी बीच अगस्त 1942 में गाँधीजी और कांग्रेस का 'भारत छोड़ो' आंदोलन शुरू हुआ। कर्पूरी जी के आह्वान पर दरभंगा के सभी छात्र 'भारत छोड़ो' आंदोलन में कूद पड़े। दरभंगा में कम्युनिस्ट और कांग्रेस दोनों गुटों के अलग-अलग छात्र संगठन थे। कर्पूरी जी में अद्‌भुत संगठन क्षमता और नेतृत्व की सूझ-बूझ थी। उन्होंने सोचा ज़ब उद्देश्य एक है, तो मंच अलग क्यों? फिर क्या था, उन्होंने दोनों गुटों को मिलाकर एक ही मंच पर ला दिया।

क्रांतिकारी कर्पूरी ने सन् '42 के छात्र आंदोलन की बागडोर संभाली। अगस्त क्रांति को कुचलने के लिए अंग्रेजी सरकार ने दमनात्मक कार्यवाई शुरू कर दी। अनेक स्थानों पर पुलिस की गोलियाँ चलीं। .सरकार की दमनात्मक कार्रवाई के विरोध में कर्पूरी जी ने 10 अगस्त को दरभंगा में छात्रों का एक विशाल जुलूस निकाला, जो बिहार में 'अगस्त क्रांति' का सबसे बड़ा और ऐतिहासिक जुलूस था। अपनी ही अध्यक्षता में उन्होंने 8 अगस्त को छात्रों की एक विशाल सभा को संबोधित कर जुलूस के लिए जोश से भर दिया। और अगले ही रोज दरभंगा के विभिन्न स्कूल और कॉलेजों के हजारों छात्र निर्धारित स्थान से जुलूस में चल पड़े। 'किंग्स पार्क' तक आते-आते जुलूस एक मील लम्बा हो गया। इस विशाल छात्र बल को देखकर शहर की जनता और दूर-दराज के गाँवों से शहर आये लोग भी स्वत:-स्फूर्त भाव से इसमें शामिल होते चले गये। ऐसा जन सैलाब उमड़ा कि जुलूस की ओर-छोर का पता ही

नहीं चला। ब्रिटिश सरकार दंग रह गयी। 'ब्रिटिश हुकूमत मुर्दाबाद' और 'अंग्रेजों, भारत छोड़ो' के नारों से आकाश गूँज उठा, किन्तु भारी संख्या के बावजूद पुलिस बल को हिम्मत नहीं हुई कि वे छात्रों पर एक डंडा भी चलाये। पुलिस के साथ-साथ सरकार भी मूक-दर्शक बनी हुई थी, और मन ही मन इस नौजवान छात्र की संगठन क्षमता पर मुग्ध थी। और यह सब तब हुआ, जब छात्र कर्पूरी केवल 19 वर्ष के थे। अपनी बी.ए. की पढ़ाई छोड़कर कर्पूरी सम्पूर्ण रूप से राष्ट्रीय आंदोलन में पिल पड़े।

वे अब सदा के लिए पढ़ाई छोड़ चुके थे। इन्हीं दिनों उनका सम्पर्क और परिचय जयप्रकाश नारायण, डॉ. राममनोहर लोहिया, रामनंदन मिश्र, सूरज नारायण सिंह आदि समाजवादी नेताओं से हुआ। देश के बड़े-बड़े नेता 'भारत छोड़ो' आंदोलन में गिरफ्तार हो चुके थे। किन्तु 5 नवम्बर 1942 को एक अनोखी घटना घटी। जयप्रकाश नारायण हजारीबाग जेल से भाग निकले। पूरे देश में सनसनी फैल गयी। 'रेड एलर्ट' घोषित कर दिया गया। '42 के क्रांतिकारियों में जो जहाँ थे, वहीं छिप गये। कर्पूरी जी जयप्रकाश से मिलना चाहते थे। किन्तु वे भूमिगत हो चुके थे। कर्पूरी की उत्कंठा ऐसी प्रबल थी कि उन्होंने उनके गुप्त स्थानों का पता लगाना शुरू कर दिया। उनके गुप्त स्थान की खबर पाकर वे बनारस चल पड़े। किन्तु वहाँ पहुँचकर पता चला कि वे नेपाल के कोयलारी के जंगलों में छुपे रहते हैं। साहसी कर्पूरी कब माननेवाले थे? उन्होंने वहीं से नेपाल का रास्ता पकड़ लिया। वहाँ पहुँचने पर बड़ी कठिनाई से उन्हें जयप्रकाश जी के दर्शन हुए। जे.पी. वहाँ सूरजनारायण सिंह और चित्त नारायण सिंह आदि के साथ 'आजाद दस्ता' नामक क्रांतिकारी संगठन चला रहे थे। कर्पूरी को उस संगठन का दायित्व सौंपकर जयप्रकाश ने उन्हें अपने क्षेत्र में वापस भेज दिया।

पारिवारिक दायित्व और देशभक्ति का द्वन्द्व : इधर छात्र कर्पूरी देश के 'मुक्ति-संग्राम' में लगे थे, उधर गरीबी और अभावों से जूझते परिवार का दायित्व उन्हें पुकार रहा था। शादी बचपन में ही हो चुकी थी, उस पर 'गुलाम देश में बच्चा न पैदा करने का संकल्प'! परिवार ने उन पर दबाव बढ़ा दिया। सास ने अपनी बेटी (कर्पूरी जी की पत्नी) की दूसरी शादी करने तक की धमकी दे डाली। किन्तु उनकी पत्नी एक पतिव्रता नारी और सच्ची सहधर्मिणी थीं। उन्होंने दूसरी शादी से साफ इनकार कर दिया। ससुर ने भी बेटी के इस निर्णय में साथ दिया। उस गंवार किन्तु संवेदनशील महिला ने

कर्पूरी जी के ब्रह्मचर्य व्रत और देशसेवा के प्रण में भरपूर सहयोग दिया। पिता की इच्छा थी कि बेटा अब पढ़-लिख गया है, नौकरी करे और परिवार का बोझ हल्का करे। परिवार, समाज सबकी निगाह सपूत कर्पूरी पर लगी थी। उस समय नौकरी मिलना बड़ा आसान था। शिक्षकों ने भी कर्पूरी जी को समझाया। उनके इतिहास के प्राफेसर उनकी पारिवारिक स्थिति जानकर चिंतित हो उठे और उनको घंटों समझाया; बार-बार कहा। मगर धुन के पक्के कर्पूरी ने माता-पिता, परिवार और शिक्षकों की एक न सुनी। उनका साफ मानना था कि जब देश के लाखों लोग गुलाम हैं, हजारों परिवार भूखों मर रहे हैं, तो एक परिवार की परिवरिश से क्या होगा? देश और समाजसेवा ही सच्ची परिवार सेवा है। इसके बाद कर्पूरी जी का सारा जीवन क्रांति और हुंकार का जीवन है।

अब कर्पूरी जी समस्तीपुर आकर गुप्त रूप से 'आजाद दस्ते' का संचालन करने लगे। परिवार की आर्थिक आवश्यकता को देखते हुए उन्होंने अपने गाँव पितौंझिया के ही मिड्ल स्कूल में प्रधानाध्यापक की नौकरी कर ली। लेकिन मुख्य काम 'आजाद दस्ते' का गुप्त संचालन ही रहा। यहीं से वे उसकी गतिविधि का संचालन करते थे। यह विद्यालय एक तरह से स्वतंत्रता सेनानियों का कैम्प हो गया। उनके साथी नेता वहाँ आया-जाया करते थे। शाम को वे समस्तीपुर 'दस्ता कार्यालय' में चले जाते थे और रास्ते भर संगठन का कार्य करते जाते थे। स्कूल से वे 14 मील दूर स्थित समस्तीपुर पैदल ही जाते थे। एक दिन पुलिस को भनक लग गयी और उन्हे 23 अक्टुबर 1943 को उनके साथियों के साथ गिरफ्तार कर लिया गया। असल में जेल में बंद सोशलिस्ट नेता वशिष्ठ नारायण सिंह को पुलिस ने बेरहमी से पीटा था। वे किसी तरह जेल से भागकर कर्पूरी ठाकुर के पितौंझिया विद्यालय में आ गये थे। रात में स्कूल पर छापा पड़ा और वहाँ उपस्थित अपने सभी साथियों वशिष्ठ नारायण सिंह, सत्यनारायण आजाद, राम बुझावन सिह आदि के साथ कर्पूरी जी गिरफ्तार कर लिये गये। उन्हें दरभंगा जेल में रखा गया।

जेल की खराब व्यवस्था के विरोध में कर्पूरी जी ने वहाँ आंदोलन कर दिया। कैदियों को न भर पेट भोजन दिया जाता था और न उनके साथ ठीक से व्यवहार किया जाता था। कर्पूरी जी ने इसके विरोध में कैदियों को संगठित कर वहाँ धरना-प्रदर्शन शुरू करवा दिया। इससे घबड़ाकर जेल प्रशासन ने

उनका तबादला भागलपुर कैम्प जेल में कर दिया। किन्तु वहाँ भी वही स्थिति थी। मजबूरन उन्हें वहाँ भी धरना-प्रदर्शन करना पड़ा। इससे काम न चला, तो उन्होंने आमरण अनशन शुरू कर दिया, जो 28 दिनों तक चला। कर्पूरी जी जब मरणासन्न हो गये, तब जाकर अंग्रेजी सरकार की नींद टूटी। सरकार ने उनकी सारी मांगें मान लीं। कैम्प जेल में लगभग 13 महीने रहने के बाद उन्हें भागलपुर सेंट्रल जेल भेज दिया गया। लगभग 26 महीने जेल में रहने के बाद वे 1945 में रिहा हुए।

समाजवादी नेता के रूप में कर्पूरी ठाकुर : अब वे जयप्रकाश के कांग्रेस सोशलिस्ट पार्टी के विधि-सम्मत सदस्य और नेता थे। उन्हें दरभंगा 'जिला कांग्रेस सोशलिस्ट पार्टी' का प्रथम मंत्री बनाया गया। इस पद पर रहते हुए उन्होंने एक बार और अपनी अद्‌भुद संगठन क्षमता का परिचय दिया। इसी बीच 1947 में देश आजाद हो गया। 1948 में गाँधीजी की हत्या हो गयी। समाजवादी नेताओं का कांग्रेस से मोहभंग हो गया और उन्होंने 'कांगेस सोशलिस्ट पार्टी' को भंगकर नया समाजवादी दल बनाया। उसके प्रसिद्ध नेताओं में जयप्रकाश नारायण, आचार्य नरेन्द्रदेव, यूसुफ मेहर अली, राम मनोहर लोहिया, राम नंदन मिश्र, अशोक मेहता आदि थे। कर्पूरी जी को 'बिहार प्रदेश समाजवादी दल' का नेता घोषित कर दिया गया। वे वर्षों तक इसी पद पर रहे।

जमींदारी शोषण से दलित-पिछड़े किसानों की मुक्ति : इसी बीच दरभंगा जिले के इलयासपुर और विक्रमपट्टी के जमींदारों ने किसान-मजदूरों के साथ ज्यादती करनी शुरू कर दी। दलित-पिछड़ों की सैकड़ों बीघा जमीन पर उन्होंने जबरन कब्जा कर लिया। कर्पूरीजी कब माननेवाले थे? उन्होंने जमींदारों के विरुद्ध सत्याग्रह शुरू कर दिया। उन्हें मार तक खानी पड़ी। किन्तु अंतत: जिला प्रशासन और जमींदारों को झुकना पड़ा और 60 बीघे जमीन पर गरीबों का फिर से कब्जा हो गया। देश आजाद होनेवाला था। 1947 के आरम्भिक दिनों में समाजवादी दल ने किसानों की समस्याओं को लेकर 'अखिल भाारतीय किसान पंचायत' की स्थापना की, जो बाद में 'हिन्द किसान पंचायत' हो गयी। इसके नेता रामानंद मिश्र बनाये गये। किन्तु उन्होंने कर्पूरी जी के जुझारूपन को देखते हुए पहले उन्हें संगठन सचिव, फिर बाद में प्रांत का महासचिव बना दिया। कर्पूरीजी ने किसान-मजदूरों को संगठित किया और जमींदारों के शोषण और अत्याचार के खिलाफ हल्ला बोल दिया। उनका नारा था-'कमानेवाला खायेगा, लूटनेवाला जायेगा।'

देश में प्रथम आम चुनाव और कर्पूरी ठाकुर : वर्ष 1952! आजाद भारत में प्रथम आम चुनाव हुआ। एक तरफ कांग्रेस थी और दूसरी ओर समाजवादी धड़ा। कम्युनिस्ट अलग थे। कांग्रेस के पास एक लम्बी बिरासत थी। आजादी की लड़ाई का पूरा इतिहास उसी का था। उसे गाँधी और नेहरू जैसे नेताओं का सम्बल प्राप्त था। समाजवादी खेमें में यद्यपि '42 क्रांति के महानायक जयप्रकाश, आचार्य नरेन्द्रदेव, लोहिया, कर्पूरी और उनके साथी थे-सभी के सभी समर्पित देशभक्त, भारी विद्वान और क्रांतिकारी योद्धा। किन्तु थे तो मूलत: कांग्रेसी ही। अत: जनता ने कांग्रेस को ही चुना। समाजवादी दल के गिने-चुने लोग ही चुनाव जीत सके। इन्हीं चुनिंदा लोगों में थे-**कर्पूरी ठाकुर**। वे ताजपुर विधान सभा क्षेत्र से चुने गये थे। कांग्रेस नेता श्रीकृष्ण सिंह बिहार के मुख्यमंत्री बने। आजाद देश की यह प्रथम बिहार विधान सभा एक-से-बढ़कर एक विभूतियों से विभूषित थी। कर्पूरी ठाकुर उन्हीं विभूतियों में एक थे। वे बिहार विधान सभा के सबसे कम उम्र के सदस्य थे-30 से भी कम। देखने में तो और भी छोटे लगते थे। लेकिन प्रतिभा में बड़े-बड़ों के कान काटनेवाले! उनके प्रथम भाषण से ही विधान सभा गद्‌गद् हो गयी। थे तो वे विपक्ष के नेता, किन्तु मुख्यमंत्री श्रीकृष्ण सिंह भी उनके गुणों के कायल हो गये।

श्री कृष्ण सिंह समर्पित स्वतंत्रता सेनानी होने के बावजूद जमींदार परिवार से आते थे। कर्पूरी जी को भय था कि आजाद भारत में भी जमींदार परिवार और सामंती बिरासत से आये लोग कहीं अंग्रेजों की तरह ही न जनता पर अत्याचार करने लगे, इसलिए उन्होंने अपने प्रथम भाषण में ही कह दिया- "हमारा सौभाग्य है कि स्वतंत्रता सेनानियों के अग्रणी नेता बाबू श्रीकृष्ण सिंह जी आज आजाद भारत में बिहार प्रांत के राज सिंहासन पर आरुढ़ हैं। हम उम्मीद करते हैं कि इस राज्य के नेता श्रीबाबू राज्य का संचालन उसी प्रकार करेंगे, जिस प्रकार बादशाह नसिरुद्दीन ने राज्य चलाया था और सारी प्रजा को एक समान पुत्रवत् प्यार किया था।" श्रीकृष्ण सिंह भाव-विह्वल हो गये और कहा कि "कर्पूरी जी के प्रथम भाषण से ही हम बहुत प्रसन्न हैं। हम आशा करते हैं कि **'कर्पूरी ठाकुर कर्पूर की तरह अपनी सुगंध से विधानसभा को सुगंधित करते रहेंगे।'** श्री बाबू की यह भविष्यवाणी अक्षरश: सही निकली। 1952 के बाद 1988 में उनके निधन तक बिहार में कोई भी ऐसी विधान सभा नहीं बनी, जिसमें कर्पूरी जी की आवाज न गूँजी हो।

पार्टी संगठन और देश-विदेश का भ्रमण : 1953 में 'सोशलिस्ट पार्टी' और 'प्रजा कृषक पार्टी' को मिलाकर जयप्रकाश की नयी पार्टी 'प्रजा सोशलिस्ट पार्टी' बनी। समाजवादी धड़े के अधिकांश नेता जे.पी. की इस नयी पार्टी में चले गये। डॉ. लोहिया की 'सोशलिस्ट पार्टी' छोटी पड़ गयी। कर्पूरी ठाकुर ने भी 'प्रजा सोशलिस्ट पार्टी' का ही समर्थन किया। 1957 का चुनाव कर्पूरी जी ने 'प्रजा सोशलिस्ट पार्टी' के टिकट पर ही जीता। 1957 से 1962 तक उन्होंने पार्टी संगठन को मजबूत करने में अपनी पूरी शक्ति लगा दी। उन दिनों विधानसभा के अंदर और बाहर उनके प्रमुख साथी और सहयोगियों में बसावन सिंह, सूरज नारायण सिंह और रामानंद तिवारी प्रमुख थे।

इस बीच अंतर्राष्ट्रीय राजनीति का अध्ययन करने के लिए उन्हें दो-दो बार विदेश भेजा गया। प्रथम बार 1952 में वे लेबनान, मिश्र, युगोस्लाविया, इटली, फ्रांस, स्वीटजरलैंड, इंग्लैंड, प. जर्मनी और आस्ट्रेलिया आदि देशों में गये। पुनः 'सोशलिस्ट यूथ कन्वेंशन' के अंतराष्ट्रीय प्रतिनिधि बनकर वियाना, युगोस्लाविया, मिश्र और इजराइल गये। इसी यात्रा के दौरान युगोस्लाविया के राष्ट्रपति मार्शल टीटो ने अपना 'ओवर कोट' देकर उनको सम्मानित किया था। वे कर्पूरी जी की प्रखर प्रतिभा और क्रांतिकारी दृष्टि से अत्यंत प्रभावित थे। '57 और '62 के बीच का समय 'समाजवादी पार्टी' के लिए बड़ा ही उथल-पुथल और संकट का समय रहा। जयप्रकाश जी दलीय राजनीति से संन्यास लेकर बिनोवा जी के साथ 'सर्वोदय' में चले गये। आचार्य नरेन्द्रदेव और युसूफ मेहर अली का असामयिक निधन हो गया। रामनंदन मिश्र भी राजनीति से संन्यास लेकर धर्म-अध्यात्म की शरण में चले गये। अशोक मेहता ने कांग्रेस का दामन पकड़ लिया। अब ले-देकर डॉ. लोहिया और कर्पूरी जी बच गये, जिनके कंधों पर समाजवादी आंदोलन की जिम्मेवारी थी। इसलिए समर्थकों के अनुरोध पर लोहिया और कर्पूरी जी ने दोनों समाजवादी खेमें 'प्रजा सोशलिस्ट पार्टी' और 'सोशलिस्ट पार्टी' का एकीकरण कर 'संयुक्त सोशलिस्ट पार्टी' का गठन किया। डॉ. राम मनोहर लोहिया को सर्वसम्मति से 'संयुक्त सोशलिस्ट पार्टी' का अध्यक्ष बनाया गया।

राष्ट्रीय राजनीति और पिछड़ा वर्ग : लोहिया और कर्पूरी दोनों महारथियों के एक मंच पर आ जाने से भारतीय राजनीति में भूचाल आ गया। इस पार्टी ने स्वतंत्र भारत में राजनीतिक और सामाजिक परिवर्तन का क्रांतिकारी इतिहास

रचा। इसके बैनर तले 1967 के चुनाव में सात राज्यों में कांग्रेस पार्टी हार गयी और देश के इतिहास में इन राज्यों में पहली बार गैर-कांग्रेसी सरकारें बनीं। इसका श्रेय अकेले लोहिया और कर्पूरीजी को जाता है। जिन आशा, आकांक्षा और सपनों को लेकर देश की आज़ादी में हजारों लोगों ने कुर्बानियाँ दी थीं, कांग्रेस के वर्षों के नेतृत्व ने उन पर पानी फेर दिया। नेता सत्ता-सुख में लीन हो गये। सामाजिक और आर्थिक समस्याएँ ज्यों-की-त्यों बनी रहीं।

इसलिए डॉ. लोहिया कांग्रेस का विरोध करते आ रहे थे। उसे सामंतवादियों की पार्टी बता रहे थे। इस बार उन्होंने नारा ही दे दिया-'कांग्रेस हटाओ, देश बचाओ।' डॉ. लोहिया ने 1963 और 1966 के बीच राष्ट्रहित में कई कार्यक्रम और सिद्धांतों की घोषणा की, जिनमें मुख्य थे-'नर-नारी की समानता', पिछड़ों को आरक्षण, अलाभकर खेती पर लगान नही' इत्यादि। 1969 में लोहिया 'फर्रूखाबाद' से लोकसभा का चुनाव जीतकर पहली बार भारत की संसद में पहुँचे। उन्होंने संसद में जाते ही नेहरू सरकार के विरुद्ध अविश्वास प्रस्ताव रख दिया। यह देश का पहला अविश्वास प्रस्ताव था। इससे सरकार तो नहीं गिरी, किन्तु पूरे देश में हलचल मच गयी। कर्पूरी ठाकुर लोहिया की नीति और सिद्धांतों से केवल सहमत ही नहीं थे, बल्कि उन्हें अमली जामा भी पहनाना चाहते थे।

1967 के आम चुनाव में बिहार की जनता ने कर्पूरी जी और उनकी पार्टी को भारी मतों से जीताया। वे अपने क्षेत्र ताजपुर से विधानसभा के लिए फिर से चुन लिये गये। पहली बार बिहार में गैर-कांग्रेसी सरकार बनी। कायदे से कर्पूरी ठाकुर को ही बिहार का मुख्यमंत्री बनना चाहिए था। किन्तु दलित-पिछड़ी जाति के होने के कारण जनता में तो नहीं, नेताओं में कुछ मनो-सामाजिक कुंठाएँ थीं, जिसके कारण कर्पूरी जी ने एक बार पुनः अपने हित और जनता की आकांक्षाओं की बलि दे दी। उन्होंने महामाया प्रसाद सिंहा को बिहार का मुख्य मंत्री बना दिया। महामाया बाबू ने कर्पूरी जी को उप मुख्यमंत्री और शिक्षा मंत्री बनाया।

मौका मिलते ही कर्पूरी जी ने अपनी विचारधारा के अनुरूप दलित-पिछड़ी और शोषित-पीड़ित जनता के हक में फैसले लेने शुरू कर दिये। शिक्षा मंत्री के रूप में उन्होंने शिक्षा में क्रांतिकारी परिवर्तन किया। उन्होंने पहली बार मैट्रिक से अंग्रेजी की अनिवार्यता समाप्त कर दी। इसके दो कारण थे-एक तो

वे अंग्रेजी भाषा को गुलामी का प्रतीक समझते थे, दूसरे इस अंग्रेजी के कारण ही बहुत सारे दलित-पिछड़े और गरीब लड़के मैट्रिक नहीं पास कर पाते थे। किन्तु महामाया बाबू की यह सरकार अधिक दिनों तक नहीं चल सकी। केवल 10 महीने बाद ही सत्ता-परिवर्तन हो गया। इसके बाद थोड़े-थोड़े दिनों के लिए एक अन्य दलित नेता भोला पासवान शास्त्री बिहार के मुख्यमंत्री होते रहे। इसी बीच कर्पूरी जी के अभियान को एक और धक्का लगा। अक्टूबर 1967 में डॉ. लोहिया का असामयिक निधन हो गया। कर्पूरी जी का मन हाहाकर कर उठा। उनके अभियान को भारी चोट पहुँची थी। लेकिन हौसला और संकल्प के धनी कर्पूरी टूटे नहीं। उन्होंने फिर से शक्ति संजोयी और 1970 में जनसंघ के सहयोग से बिहार में फिर से मिलीजुली सरकार बनायी। वे राज्य में पहली बार मुख्यमंत्री बने। यह सरकार भी अल्पजीवी रही।

कर्पूरी ठाकुर और कांग्रेस : बिहार में कर्पूरी ठाकुर और उनके समथर्कों के साथ कांग्रेसी सरकार ने बहुत अत्याचार और दमन किये। इससे कर्पूरी जी के विरोधी तेवरों में और निखार आता गया। जनता की सहानुभूति उन्हें लगातार मिल रही थी। वे सरकार की नीतियों का विरोध करते रहे और बार-बार जेल जाते रहे। कर्पूरी बिहार के हरदिल अजीज नेता बन गये। वे जहाँ कहीं जाते, जनता की आवाज गूँज उठती-'वीर कर्पूरी मत घबराना, तेरे पीछे सारा जमाना।' 1972 में आम चुनाव हुआ। उस चुनाव में कर्पूरी जी के विरोध में चुनाव प्रचार करने प्रधानमंत्री इंदिरा गाँधी आयी थीं। ताजपुर में विशाल जन सैलाब उमड़ा था। लेकिन जनता के हाथों में कांग्रेसी तिरंगे की जगह समाजवादी झंडे थे। उन्होंने अपने कांग्रेस प्रत्याशी से कहा कि "मालूम पड़ता है, मुझे सोशलिस्ट की सभा में भाषण करने के लिए बुलाया गया है।" वे सभी कर्पूरी जी के समर्थक थे और इंदिराजी को देखने आये थे; मगर अपनी प्रतिबद्धता के साथ। उन्होंने इंदिराजी का विरोध तो नहीं किया, मगर कर्पूरी जी के नारों से आसमान गूँज उठा। कर्पूरी ठाकुर के प्रति जनता का अपार प्यार देखकर इंदिरा गाँधी भी अभिभूत हो गयीं। उन्हें जन-समुदाय की इच्छा की कदर करते हुए कहना कहना पड़ा-"आप लोग जिसे अपना योग्य नेता समझते हों, चुनिये, योग्य और ईमानदार लोगों को जिताइए, मुझे खुशी होगी।" यह थी कर्पूरीजी की महिमा और जनता का उन पर अपार स्नेह और विश्वास! कर्पूरी जी पुनः अपने क्षेत्र ताजपुर से विधानसभा में भारी मतों से चुने गये। सरकार तो कांग्रेस की ही बनी, लेकिन '72 से '78 तक कर्पूरी जी राष्ट्रीय राजनीति में छाये रहे।

कर्पूरी जी के मुख्यमंत्री बन जाने से खाली हुआ समस्तीपुर का लोकसभा चुनाव विश्व का सबसे बड़ा दंगल बन गया था। बी.बी.सी. से लेकर वॉयस ऑफ अमेरिका और दुनिया भर की तमाम मीडिया उतर आयी थीं–समस्तीपुर में। कांग्रेस ने 'क्वीन ऑफ पार्लियामेंट' के नाम से मशहूर संसद सुंदरी तारकेश्वरी सिंहा को अपना उम्मीद्वार बनाया था। कर्पूरी जी ने उनके विरुद्ध राजनीतिक दुनिया से दूर एक सामान्य से इंजीनियर अजित कुमार मेहता को खड़ा किया, जिन्हें बाद में कर्पूरी जी का गूँगा तोता कहा गया। प्रधानमंत्री इंदिरा गाँधी ने घर-घर आँचल पसार कर वोट की भीख मांगी थी। एक तरफ महलों के राजा और रानियाँ लगी हुई थीं और दूसरी ओर झोपड़ी के लाल कर्पूरी ठाकुर थे। गरीब जनता को रुपये-पैसे से लेकर पारिवारिक विकास तक के सब्जबाग दिखाये जा रहे थे। इधर न धनबल था और न बाहुबल, केवल सत्य, निष्ठा और सेवा का बल था। किन्तु क्षेत्र की दलित-पिछड़ी जनता ने झोपड़ी की लाज रख ली। महलों की रानी तारकेश्वरी सिंहा बुरी तरह पराजित हो गयीं।

जयप्रकाश आंदोलन और कर्पूरी ठाकुर : इस बीच समाजवादी आंदोलन में उन्होंने फिर से जान फूँक दी। 1974 के 'राष्ट्रीय आंदोलन' –जयप्रकाश की 'सम्पूर्ण क्रांति' को जमीन पर उतारने का यदि किसी एक आदमी को श्रेय दिया जाये, तो वह व्यक्ति निश्चय ही कर्पूरी ठाकुर होंगे। जयप्रकाश राजनीति से संन्यास लेकर विनोबा जी के आश्रम में सर्वोदयी संत का जीवन बिता रहे थे। कर्पूरी जी ने बिनोवा जी के आश्रम में पड़े '42 की क्रांति' के इस सोये 'शेर' जयप्रकाश को जगाया। और फिर चल पड़ा परिवर्तन का नया दौर। 1973 से इंदिरा गाँधी के तानाशाही शासन से मुक्ति का आंदोलन चल पड़ा। दलित अत्याचार की जघन्य घटनाएँ तो हो ही रही थीं, इधर छात्रों पर भी कांग्रेसी सरकार का दमन चक्र चल पड़ा। बिहार के छात्र पहले ही से भड़के हुए थे। 5 मार्च 1974 को बिहार के छात्र अचानक भड़क उठे। अब्दुल गफूर की कांग्रेसी सरकार ने छात्रों पर लाठियाँ और गोलियाँ बरसायी थी। अंततः जयप्रकाश बाबू छात्र आंदोलन का नेतृत्व करने के लिए तैयार हो गये। फिर क्या था, गुजरात से लेकर बिहार तक छात्र आंदोलन तेज हो गया। जे.पी. और कर्पूरी के '74 की क्रांति का प्रत्यक्षदर्शी और भुक्तभोगी इन पंक्तियों का लेखक भी था।

जयप्रकाश जी ने देश के सभी विरोधी दलों से अपील की कि वे कांग्रेस सरकार की ज्यादतियों के खिलाफ विधायक पद से इस्तीफा दे दें। सबसे पहले कर्पूरी जी ने 7 मई 1974 को विधायक पद से इस्तीफा दे दिया। छात्र आंदोलन सम्पूर्ण देश में जनांदोलन के रूप में फैल गया। इसी बीच इंदिरा जी के चुनाव के विरुद्ध राजनारायण जी की अपील पर इलाहाबाद उच्च न्यायालय ने इंदिरा जी के संसदीय चुनाव को अवैध घोषित कर दिया। नियमत: इंदिरा जी को संसद की सदस्यता से इस्तीफा दे देना चाहिए था। किन्तु उन्होंने जनतंत्र और न्यायपालिका की अवहेलना करते हुए वैसा नहीं किया। वे अपने पद पर बनी रहीं। जयप्रकाश बाबू ने इसके खिलाफ जनांदोलन का आह्वान किया। कर्पूरी जी ने इस मुहिम में अपनी जान लगा दी। जयप्रकाश जी के साथ आंदोलन में उन्होंने दिन-रात इकट्ठा कर दिया।

अंतत: अपने दमन चक्र की हद पार करते हुए इंदिरा जी ने 25 जून, 1975 की रात को पूरे देश में आपातकाल की घोषणा कर दी। तमाम विरोधी नेता जेल में डाल दिये गये। सन् '42 के आंदोलन जैसा माहौल हो गया। कर्पूरी जी भूमिगत हो गये और वहीं से आंदोलन का संचालन करने लगे। कर्पूरी जी तपे-तपाये नेता थे। उस जमाने के कुछ चिकने-चुपड़े नेताओं की तरह वे दूसरों का खून लगाकर शहीद कहलाने और अपनी अकूत दौलत की रक्षा के लिए जेल जानेवाले नेता नहीं थे। इस दौरान कर्पूरी जी अकेले ही कभी सरदार बनकर, कभी मौलवी के वेश में, कभी दाढ़ीवाला बाबा बनकर, कभी सूटेड-बूटेड साहब, कभी बहुरूपिया तो कभी मदारी के वेश में भारत-नेपाल की खाक छानते रहे, इस राष्ट्रव्यापी आंदोलन का संचालन करते रहे। पूरी इमरजेंसी के दौरान 'इंदिरा-ब्रिगेड' उन्हें खोजता रहा; पर उसे उनके ठिकाने की भनक तक नहीं लगी। आखिर में हारकर इंदिरा गाँधी को दिसम्बर 1976 में आपातकाल हटाकर चुनाव की घोषणा करनी पड़ी।

सन् 77 का आम चुनाव और राजनीतिक-सामाजिक परिवर्तन : 1977 में देश में आम चुनाव हुआ। 'जनता पार्टी' के रूप में जे.पी, कर्पूरी और मोरारजी आदि के नेतृत्व में देश का पहला सशक्त राजनीतिक विकल्प उभरा। इस पार्टी ने न केवल इंदिरा गाँधी को हराया, बल्कि कांग्रेस भी चारो खाने चित हो गयी। स्वतंत्र भारत के इतिहास में पहली बार दिल्ली की गद्दी पर कोई गैर-कांग्रेसी सरकार बैठी। कर्पूरी जी समस्तीपुर संसदीय निर्वाचन क्षेत्र से पहली बार संसद में पहुँचे। जून '77 के विधानसभा चुनाव में भी कर्पूरी जी

के नेतृत्व में बिहार विधानसभा में जनता पार्टी को बहुमत मिला। कर्पूरी जी को खून-पसीने से सींचे अपने राज्य को संवारना था। इसलिए वे पुनः बिहार की राजनीति में चले आये। सत्येन्द्र नारायण सिंह और कर्पूरी ठाकुर ने बिहार के मुख्यमंत्रित्व के लिए अपने-अपने दावे ठोंके, मगर कर्पूरीजी की जीत हुई और वे दूसरी बार बिहार के मुख्यमंत्री बने। छः महीना बीतते-बीतते उन्होंने मधुबनी के फुलपरास क्षेत्र से चुनाव जीतकर विधानसभा की सदस्यता ग्रहण की।

बिहार में पहली बार पिछड़ा वर्ग आरक्षण : 1977 में पुनः मुख्यमंत्री बनने के बाद डॉ. लोहिया के सपनों के अनुरूप कर्पूरी जी ने कई महत्त्वपूर्ण कार्य किये। उन्होंने शिक्षा के क्षेत्र में क्रांतिकारी निर्णय लेते हुए बिहार में मैट्रिक तक की शिक्षा निःशुक्ल कर दी। रोजगार के क्षेत्र में उन्होंने छः हजार जूनियर इंजीनियर और चार हजार डॉक्टरों को एकमुश्त नियुक्त किया। किसान-मजदूरों के लिए उन्होंने छोटे किसान और अलाभकर जोतों पर से मालगुजारी (भूमि-कर) हटा दी। भ्रष्ट्राचार उन्मूलन, अंतर्जातीय विवाह करनेवालों को सरकारी नौकरी आदि की योजना शुरू करना उनके अन्य महत्त्वपूर्ण कार्यों में थे। और सबसे क्रांतिकारी काम उन्होंने यह किया कि बिहार में **'मुंगेरी लाल आयोग'** की सिफारिशों के अनरूप सरकारी नौकरी में पिछड़े, महिला और कमजोर वर्ग के सवर्णों के लिए सरकारी नौकरी में आरक्षण की घोषणा कर दी।

दलित वर्गों के लिए आरक्षण तो पहले ही से लागू था। पिछड़े वर्गों के लिए लागू यह आरक्षण भी शत-प्रतिशत पिछड़ा आरक्षण नहीं था। इसके अंतर्गत सरकारी नौकरियों में पिछड़े वर्गों के लिए 8%, अत्यंत पिछड़े वर्ग के लिए 12%, महिलाओं के लिए 3% और आर्थिक दृष्टि से कमजोर सवर्णों के लिए 3% (कुल 26%) आरक्षण की व्यवस्था की गयी। आरक्षण तो लागू हो गया, किन्तु सवर्णों ने इसका भारी विरोध किया। पूरे बिहार में आग लग गई। धरना, प्रदर्शन और तोड़-फोड़ के दौर शुरू हो गये। खुद प्रधानमंत्री मोरारजी देशाई और जनसंघ ने भी कर्पूरी जी का विरोध किया। पार्टी और देश की राजनीति में भूचाल आ गया। जनता पार्टी को भारी नुकसान उठाना पड़ा। इस उठा-पटक का अंत जनता पार्टी की टूट में हुआ। लेकिन कर्पूरी जी यथास्थितिवादी नहीं थे। वे देश की बहुसंख्यक जनता को सचमुच आजाद करना चाहते थे। भले ही उनकी सरकार चली गयी। किन्तु उन्होंने तत्कालीन राजनीतिक विचारधारा

से समझौता नहीं किया। उन्होंने विपक्ष की भूमिका निभाना मंजूर किया, मगर भेदवादी राजनीति के सामने घुटने नहीं टेके।

कर्पूरी जी बिहार की राजनीति के भीष्म पितामह थे। भले ही परिवर्तन की आंधी और आरक्षण की आग में उनकी सरकार चली गयी हो, लेकिन उनके ऊँचे कद के सामने कोई भी सरकार बहुत छोटी थी। वे पक्के स्वतंत्रता सेनानी थे, किन्तु उन्होंने स्वतंत्रता सेनानियों को मिलनेवाला पेंशन कभी नहीं लिया। चाहे सरकार किसी की बनी हो, पार्टी कोई भी हो, कर्पूरी जी की राय के बिना सरकार एक कदम भी नहीं चल सकती थी। सरकार या तो उनके सम्मान में या उनके विरोध के भय से कोई मनमाना निर्णय नहीं ले सकती थी। आजीवन अपराजित विधायक कर्पूरी जी 1952 से 1972 तक अपने क्षेत्र ताजपुर से जीतते रहे। अपनी पूरी ताकत लगाकर भी ललित नारायण मिश्र उन्हें कभी नहीं पराजित कर पाये।

लेकिन महल कब तक झोपड़ी के ताव को बर्दास्त कर सकता है? महलों के षड्यंत्र ने आखिर झोपड़ी के इस लाल को समस्तीपुर की धरती पर पटखनी दे ही मारी। इंदिरा जी की शहादत की लपट में 1984 की लोकसभा में कर्पूरी जी को अपने राजनीतिक जीवन का पहला पराजय स्वीकार करना पड़ा। पुनः 1985 के विधानसभा चुनाव में झोपड़ी की कलह ने कर्पूरी जी को ताजपुर से भी विदा होने को मजबूर कर दिया। यह कर्पूरी जी के साथ सरासर अन्याय था। कर्पूरी जी को अपनी धरती और अपने समाजवादी साथियों पर भरोसा था, अन्यथा देशसेवा को समर्पित इस अथक यात्री को देश ने क्या दिया था? इसलिए उनकी मृत्यु पर उनके प्रतिपक्षी और बिहार के पूर्व मुख्यमंत्री डॉ. जगन्नाथ मिश्र ने भी कहा था कि **"कर्पूरी जी के साथ अन्याय हुआ।"** कर्पूरी जी क्षेत्र छोड़ना नहीं चाहते थे, मगर अपने ही लोगों से हारकर उन्हें सोनबरसा (सीतामढ़ी) की शरण में जाना पड़ा। वहाँ की जनता ने कर्पूरी जी को हाथों-हाथ उठा लिया। शेष सभी प्रत्याशियों की जमानत जब्त हो गयीं। कर्पूरी जी फिर वहाँ से लौटकर नहीं आये। ताजपुर और समस्तीपुर की जनता उनके पास जाकर गिड़गिड़ती रही, किन्तु वे वहाँ से फिर नहीं लौटे। और अंततः 17 फरवरी 1988 ई. को समस्तीपुर और ताजपुर को खून के आँसू बहाने पड़े, जब यह अथक यात्री बिना कुछ कहे-सुने इस दुनिया से विदा हो गया।

राष्ट्रीय राजनीति पर कर्पूरी जी के प्रभाव : कर्पूरी जी दलित-पीड़ित जनता और गरीबों के मसीहा थे। उनका कद किसी भी राष्ट्रपति या प्रधानमंत्री से छोटा नहीं था। उनकी सेवा महान थी। देश और प्रांत को उन्होंने जो दिशा-दृष्टि दी, उन्हीं का अनुकरण आगे चलकर बिहार में लालू प्र. यादव, दक्षिण में देवेगौड़ा, उत्तर में देवीलाल, चरण सिंह आदि नेताओं ने किया। उन्हीं के मार्ग पर चलकर इन लोगों ने देश में परिवर्तन की हवा बहायी। 'अन्त्योदय' जैसी योजना को अपने राज्य में लागू करनेवाले देश के वे पहले मुख्यमंत्री थे। आत्मरक्षार्थ गरीबों को रायफल देने के भी वे पहले प्रस्तावक थे। भूमि-सुधार को सख्ती से लागू करने से लेकर पंचायती राज तक उन्होंने राज्य की गरीब और दलित-पीड़ित जनता के कल्याण के लिए अनेक काम किये। वक्ता ऐसे कि बड़े-बड़े विद्वानों की भी उनके सामने घिग्गियाँ बंध जाती। यदि कर्पूरी जी के भाषणों का ही संकलन किया जाये, तो हजारों-हजार पृष्ठों का विश्वकोश बन जायेगा।

फूले, अम्बेदकर और पेरियार की ओर : वे आधुनिक युग के मुल्ला नसिरूद्दीन थे। राजा होकर भी टोपी सीकर गुजारा करनेवाले! बेटे को मुख्यमंत्री बन जाने से उनके माता-पिता को क्या मिला? सवाल पूछा जा सकता है। क्योंकि उनके मुख्यमंत्रित्व काल में भी पिता गाँव में जमींदारों के घर जाकर दाढ़ी-बाल काटा करते थे। एक बार बीमार पिता द्वारा जमींदार के घर दाढ़ी बनाने जाने से इनकार करने पर जमींदार ने अपने लठैतों को भेजकर उनके पिता गोकुल ठाकुर को अपने दरवाजे पर बुलाया और उनकी पीटाई कर दी। उस समय सूबे के मुख्यमंत्री के पिता पर क्या गुजरी होगी? पुलिस ने सुनते ही बिना कहे-सुने जमींदार को जेल में बंद कर दिया, उसे मारा-पीटा भी। किन्तु कर्पूरी जी ने उसे छुड़ा दिया। उस पर कोई मुकद्दमा भी नहीं चलने दिया। तत्कालीन कलक्टर बिगड़ गये। कहा 'यह आपका नहीं, पूरे सूबे का अपमान है।' इस पर कर्पूरी जी ने जो कहा, वह अत्यंत ही मार्मिक और कठोर यथार्थ था। उन्होंने कहा था-"क्या कीजिएगा? एक मुख्यमंत्री के बाप को तो बचा लीजियेगा, किन्तु देश के हजारों बापों के साथ जो हो रहा है, उसे कौन बचायेगा? गाली देना और मारना उनकी पुश्तैनी आदत है और गाली सुनना और मार खाना हमारी आदतें। ये धीरे-धीरे जायेंगी।" ('मुख्यमंत्री के रूप में कर्पूरी ठाकुर': मनोहर प्र0 गुप्ता)

कर्पूरी जी की भविष्यवाणी आज सही प्रतीत होती दिखाई देती है। 1967 से ही कर्पूरीजी अपने भाषणों में जोतिबा फूले, पेरियार और अम्बेदकर का नाम लेने लगे थे। उन्होंने बड़ी तेजी से उनके विचारों और कार्यों का अनुसरण कर लिया था। यद्यपि उन्हें आरक्षण की प्रेरणा भारतीय संविधान और लोहिया से ही मिली थी, पर अब लोहियावादी व्याकरण उन्हें कहीं-न-कहीं कमजोर दिखने लगा था। अनेक अवसरों पर विशेषकर अम्बेदकर जयन्ती पर उनके द्वारा दिये गये भाषणों से ऐसे विचारों का पता चलता है। 90 के दशक में डॉ. राममनोहर लोहिया स्मारक महाविद्यालय, मुजफ्फरपुर में 'अम्बेदकर जयंती' के उद्‌घाटन के समय उन्होंने कहा था कि "जिस प्रकार अमेरिका में रंगभेद के खिलाफ मार्टिन लूथर किंग ने आवाज उठायी, काले नीग्रो एवं अमेरिकनों के लिए जीवन भर संघर्ष किया, उसी प्रकार डॉ. अम्बेदकर ने भारत में छुआछूत और दलित-पिछड़ों के अधिकारों के लिए जीवन भर संघर्ष किया। वे सच्चे देशभक्त थे। केवल राजनीतिक स्वतंत्रता उनका लक्ष्य नहीं था, वे सामाजिक स्वतंत्रता भी चाहते थे, जो अभी बाकी है। अम्बेदकर का सपना उसी दिन पूरा होगा, जिस दिन भारत में सामाजिक और आर्थिक स्वतंत्रता स्थापित होगी।" (स्व. लक्ष्मी साहू, कर्पूरी जी के निजी सचिव)

आज कर्पूरी हमारे बीच नहीं हैं, लेकिन उनके सपनों का भारत है, सपनों का बिहार है। मगर सपने अधूरे हैं। मौजूदा राष्ट्रीय-प्रांतीय राजनीति आज उन्हीं के बताये मार्ग पर चल रही है। वर्तमान सामाजिक न्याय और सामाजिक परिवर्तन लोहिया और कर्पूरी जी की ही देन है। उन्हीं की बतायी राह पर बिहार भी चल रहा है। मुख्यमंत्री चाहे लालू प्र. यादव हों, राबड़ी देवी या नीतीश कुमार, कर्पूरी जी के सिद्धांतों पर ही सरकार चल रही हैं, जिसमें दलित-पिछड़े, अल्पसंख्यकों और स्त्रियों को समाज की मुख्यधारा से जोड़ने, उन्हें सशक्त और शिक्षित बनाने के आश्वासन और प्रयत्नशीलता है।

14. **जगदेव प्रसाद और शोषित दल** : जगदेव प्रसाद भारतीय स्वतंत्रता संग्राम की दूसरी पीढ़ी के नेताओं में एक थे। यद्यपि स्वतंत्रता संग्राम में उनकी कोई प्रत्यक्ष भागीदारी नहीं थी, फिर भी देश और प्रांत की आजादी और समाज सुधार में बौद्धिक रूप से जिन दलित-पिछड़े नेताओं ने योगदान दिया, उनमें जगदेव प्रसाद का नाम अग्रणी है। वे एक कुशल वक्ता और प्रशासक थे। 1937 से 1939 तक वे जगजीवन राम के निजी सहायक रह चुके थे। सार्वजनिक जीवन में वे 1942 के बाद आये। किन्तु 'जय प्रकाश आंदोलन'

के वे सक्रिय सिपाही थे। आजादी की पहली लड़ाई में तो उनका बाल बांका नहीं हुआ, किन्तु आजादी की इस दूसरी लड़ाई ने उनकी जान ले ली। वे जयप्रकाश आंदोलन में शहीद हो गये। "सन् 1974 के 5 सितम्बर को 'शोषित दल' के नेता जगदेव प्रसाद गया जिले के कुर्था प्रखण्ड के सामने शांतिपूर्ण प्रदर्शन करते हुए पुलिस की गोलियों से बुरी तरह घायल हो गये और फिर पुलिस ने बन्दूक के कुंदे से कूच-कूच कर उन्हें बेरहमी से मार डाला।" (भारत में ब्राह्मणराज और पिछड़ा वर्ग आंदोलन : आर.एल. चंदापुरी) यह आजाद भारत की कांग्रेसी क्रूरता और ब्रिटिशवादी बर्बरता थी, जिसका शिकार दलित-पिछड़ों का यह महान नेता हो गया। वे जयप्रकाश आंदोलन के जुझारू सेनानी थे, फिर भी जेपी के युवा छात्र आंदोलन से उनका मतभेद था। 'क्योंकि वह ब्राह्मणवादी आंदोलन था और उसका उद्देश्य केवल सत्ता परिवर्तन था।'

बिहार और देश की जनता को जगदेव बाबू का अवदान अविस्मरणीय है। 1942 में वे पटना डिस्ट्रिक्ट बोर्ड के सदस्य बने और 1946 में बिहार विधान परिषद के सदस्य मनोनित किये गये। उसी के आस-पास वे कांग्रेस संसदीय दल के सचिव और सचेतक भी बने। आजादी के बाद 1952 में वे पुनः बिहार विधान परिषद् के सदस्य चुने गये। 1955 में वे 'नीग्रो समस्या' के लिए सरकारी खर्च पर अमेरिका गये। 1959 में पटना नगर निगम की ओर से वे स्थानीय निकायों के अंतर्राष्ट्रीय यूनियन की बैठक में भाग लेने प. जर्मनी की राजधानी बर्लिन गये और कई विचारोत्तेजक लेख लिखे। 1948 से 1961 तक विधान परिषद् में उन्होंने लगभग 91 गैर-सरकारी बिल पेश किया था। उनमें कुछ प्रमुख बिल थे-'दि बिहार कास्ट डिस्टिंक्शन रिमूवल बिल, 1948', 'दि बिहार शेड्यूल्ड कास्ट एण्ड शेड्यूल्ड ट्राइब्स रिजर्वेशन ऑफ सर्विसेज बिल, 1954', 'दि बिहार प्रीवेंशन ऑफ फ्री, फोर्स्ड एण्ड कंपल्सरी लेबर बिल, और 'दि बिहार शेड्यूल्ड कास्ट होमस्टीड लैंड्स रेस्टोरेशन बिल, 1960' इत्यादि। किन्तु बाद में कांग्रेस की नीतियों से मतभेद हो जाने के कारण उन्होंने पहले लोहिया की 'प्रजा सोशलिस्ट पार्टी' के सदस्य बने, फिर अपने कुछ साथियों के साथ दलित, पिछड़े और मजदूरों की एक अलग पार्टी बना लीं, जिसका नाम 'शोषित दल' हुआ।

1967 में जब बिहार में महामाया प्र. सिंह की संविद समाजादी सरकार बनी, तो कांग्रेस के पूर्व मंत्रियों पर भ्रष्ट्राचार की जाँच के लिए 'अय्यर

कमीशन' का गठन किया गया। कमीशन की रिपोर्ट के अनुसार कांग्रेसी नेता कृष्ण बल्लभ सहाय, महेश प्र. सिंह, सत्येन्द्र नारायण सिंह, रामलखन सिंह यादव और राघवेन्द्र प्र. सिंह भ्रष्टाचार के दोषी ठहराये गये थे। इसलिए इन दिग्गज नेताओं ने तत्कालीन सरकार को पलट देनी चाही। इस स्थिति से फायदा उठाते हुए 'पिछड़ा वर्ग संघ' के नेता आर. एल. चंदापुरी ने बिन्देश्वरी प्रसाद मंडल की राय से उन्हीं की अध्यक्षता में एक अलग पार्टी बनवा दी, जिसका नाम 'शोषित दल' हुआ। जगदेव प्रसाद को इसका महामंत्री बनाया गया। पिछड़ा वर्ग से मुख्यमंत्री बनाने के लिए चंदापुरी जी ने चाल खेली। उनकी मदद से बिन्देश्वरी प्र. मंडल और जगदेव प्रसाद ने सरकार में रहते हुए भी विभिन्न दलों के विधायकों को तोड़कर सरकार को ही अल्पमत में कर दिया और बिन्देश्वरी प्र. मंडल के नेतृत्व में शोषित दल की सरकार बनी। बिहार के इतिहास में यह पहली सरकार थी, जिसके मुख्यमंत्री पिछड़े वर्ग का कोई व्यक्ति था। जगदेव प्रसाद मंत्री बने। इसके बाद वे दो-दो बार बिहार सरकार में मंत्री बने। वे गरीबों के दुख-दर्द के साथी थे। किन्तु अंत में वे इसी दल की लड़ाई लड़ते हुए शहीद हो गये।

(कर्पूरी जी पर प्रस्तुत आलेख के ऐतिहासिक तथ्य विभिन्न पत्र-पत्रिकाओं में प्रकाशित संस्करण एवं उनके संबंधियों से ली गई भेंटवार्ता पर आधारित है।)

5

आधुनिक भारत में पिछड़ा वर्ग आंदोलन

1. पिछड़े वर्ग की अवधारणा : भारत में 'पिछड़ा वर्ग' एक संवैधानिक अवधारणा है। इसे संविधान में 'ओ.बी.सी.' या 'अन्य पिछड़ा वर्ग' (अदर बैकवार्ड क्लासेस) के रूप में परिभाषित किया गया है। इसका आधार सामाजिक और शैक्षणिक पिछड़ापन है। आर्थिक पिछड़ापन भी जीवन की बहुत बड़ी सच्चाई है। किन्तु यह स बसे बड़ी सच्चाई नहीं है। क्योंकि आर्थिक दृष्टि से समान रहने पर भी भारतीय समाज में सबको समान अधिकार और सम्मान प्राप्त नहीं हो सकता। आर्थिक दृष्टि से सम्पन्न किसी नाई-कहार या डोम को समाज में वह सम्मान और बराबरी प्राप्त नहीं है, जो किसी विपन्न ब्राह्मण या सवर्ण को प्राप्त है। उदाहरण के लिए एक ब्राह्मण भिखारी सम्मानपूर्वक भीख लेकर यजमान को आशीर्वाद भी दे सकता है, किन्तु उन्हीं परिस्थितियों में दलित या पिछड़े समाज का कोई व्यक्ति समाज से भीख के साथ-साथ तिरस्कार और अपमान भी पाता है। यहाँ बात सामाजिक स्वीकृति और सम्मान की है, जो धन-दौलत से सम्पन्न होने पर भी पिछड़े वर्ग को प्राप्त नहीं है। भारतीय सामाजिक संरचना में श्रेष्ठता का आधार जन्मना जाति या वर्ण है, न कि धन-दौलत और सम्पति।

इसलिए जब तक जाति-व्यवस्था है, पिछड़ेपन का आधार भी आर्थिक न होकर सामाजिक ही बना रहेगा। सामाजिक समानता और सम्मान ही सामाजिक न्याय है। अत: सामाजिक न्याय की अवधारणा में महत्त्व शिक्षा, सम्मान और स्वाभिमान का है। आज भी भारतीय समाज का सबसे मजबूत आधार सामाजिक श्रेणीक्रम ही है, जो जाति और वर्ण-व्यवस्था से बनता है। इस दृष्टि से भारतीय समाज में मुख्य रूप से दो वर्ग हो जाते हैं। एक जिनको सामाजिक सम्मान, शिक्षा और आर्थिक सम्पन्नता के साथ-साथ वे सारे निर्णायक अधिकार प्राप्त है, जिनसे कोई व्यक्ति सभ्य और सम्पन्न हो सकता है। दूसरा वह जो

सदियों से जातिजनित शोषण और अत्याचार का शिकार होकर अमानवीय जीवन जीता रहा है। इन्हें समेकित रूप से पिछड़ा वर्ग कहा जा सकता है। इसकी भी कई कोटियाँ हो सकती हैं-मसलन दलित, अति पिछड़ा और पिछड़ा वर्ग। किन्तु पारिभाषिक तौर पर दलितों (भंगी, चमार, महार, मांग आदि अछूत शूद्रों) को छोड़कर सामाजिक और शैक्षणिक दृष्टि से पिछड़े शूद्र और वैश्य वर्णों को संयुक्त रूप से पिछड़ा वर्ग कहा जाता है। संविधान की धारा 340 में वर्णित सामाजिक न्याय और विशेष अवसर के सिद्धांत के तहत इन वर्गों को समाज की मुख्यधारा में लाने के लिए आरक्षण आदि का प्रावधान किया गया है।

अनुसूचित जाति और जनजाति के रूप में परिभाषित दलितों को छोड़कर इन्हें आरक्षण आदि का कोई अधिकार नहीं था और न इनकी कोई राष्ट्रीय पहचान थी। ग्वाला, कोइरी, कुर्मी, कहार, नाई, कुम्हार आदि विभिन्न जातियों के रूप में इनकी स्थानीय और प्रांतीय पहचाने थीं। इन्हें राष्ट्रीय स्तर पर संवैधानिक पहचान मंडल कमीशन (1992-93) लागू होने के बाद ही मिली है। मोटे तौर पर समाज में प्राचीन शूद्र वर्ग के तमाम लोग और वैश्य वर्ग के जो लोग सामाजिक श्रेणीवद्धता और छुआछूत आदि के कारण हीनतर स्थिति में पहुँच गये, वे ही आज के पिछड़े वर्ग हैं। बिहार जैसे कुछ प्रांतों में पिछड़े वर्ग में भी दो वर्ग हैं-पिछड़ा और अत्यंत पिछड़ा। महात्मा फूले के अतिशूद्रों (दलितों) से इनकी स्थिति में इतना ही फर्क है कि दलितों को जहाँ अछूत समझा गया, वहीं इस वर्ग के लोग सछूत होते हुए भी मानसिक तौर पर अछूत और मालिकों के गुलाम ही बने रहे। इस वर्ग के लोग आज भी अधिकांशत: पेशेवर कारीगर और मजदूर ही हैं।

2. पिछड़ों की मनो-सामाजिक स्थिति : वैसे तो भारतीय समाज में हर जाति और वर्ण का अपना पैतृक पेशा और व्यवसाय है; किन्तु पिछड़ी जाति के लोग खास तौर पर अपने पुश्तैनी पेशे से जुड़े रहे हैं। यही इनकी सामाजिक पहचान भी रही है। गाय पालने और दूध का व्यवसाय करनेवाले को ग्वाला, लोहा का काम करनेवाले लोहार, सोना-चांदी की कारीगरी से जुड़े लोग सोनार, कृषि कार्य करनेवाले कुनबी, कुर्मी या कोईरी, बाल काटनेवाले नाई, मिट्टी के बर्तन बनानेवाले कुम्हार, मछली मारनेवाले मल्लाह, चमड़े का काम करनेवाले चमार, कपड़ा बुननेवाले तांती और जुलाहा, कपड़ा धोनेवाले धोबी, तेल निकालनेवाले तेली आदि कहे गये। काम के आधार पर यह वर्गीकरण बुरा

नहीं था। बुरा केवल उनके प्रति समाज की बुरी और घृणास्पद दृष्टि थी। आज भी उन्हें समाज में वह प्रतिष्ठा प्राप्त नहीं है, जो एक सामान्य नागरिक को मिलनी चाहिए।

एक बात और ध्यान देने की है। शूद्रों और वैश्यों के तमाम कार्य कठिन शारीरिक श्रम और उत्पादन से जुड़े रहे हैं। ये तमाम कार्य प्रकृति से जुड़े हैं। इनसे मानव कल्याण होता है तथा सामूहिक जीवन और सभ्यता का विकास होता है। इसके विपरीत ब्राह्मणों के कार्य केवल मानसिक श्रम पर आधारित थे, जिन्हें सामाजिक प्रतिष्ठा प्राप्त थी। इससे संस्कृति का विकास अवश्य होता है, किन्तु ज्ञान और दर्शन पर वर्ग विशेष के आधिपत्य के कारण सांस्कृतिक वर्चस्व और शोषण का आतंक भी कायम हो जाता है, जो भारतीय संस्कृति में भयानक रूप से हुआ है। क्षत्रियों के रक्षा आदि कार्य श्रम पर आधारित अवश्य हैं, पर तलवार चलाना कोई प्राकृतिक श्रम नहीं है। यह कृत्रिम और हिंसक कार्य है, जिन्हें उत्पादन से जोड़ा नहीं जा सकता। फिर ब्राह्मण, क्षत्रिय या वैश्य कोई जाति नहीं वर्ण हैं। उनमें उप जातियाँ अवश्य बनीं, किन्तु आज भी ये जाति से नहीं, वर्ण के नाम से ही पहचाने जाते हैं। इसके विपरीत शूद्रों में सैकड़ों जातियाँ बन गयीं और वे अपनी जातिगत पहचान में ही स्थिर हो गयीं। इनकी मनो-सामाजिक स्थिति बद से बदतर होती चली गयी। प्राचीन काल में भी 'शूद्र' कहना गाली थी और आज भी नाई-कहार या चमार के मुहावरें गालियों के रूप में ही प्रचलित हैं।

इस प्रकार ब्राह्मण आदि वर्णों की अपेक्षा पिछड़ी जातियों की सामाजिक स्थिति अत्यंत हीन रही है। जातिजनित पहचान को लेकर सदियों से ये भय, अवसाद और कुंठाओं से घिरे रहे हैं। जातियाँ उनकी सम्पूर्ण अस्मिता और अस्तित्व के लिए अपमानबोधक बन गयीं। प्रतिभावान होने पर भी केवल जाति के कारण उन्हें घृणा की दृष्टि से देखा जाता रहा। यही कारण है कि प्रशासनिक पद और प्रतिष्ठा मिलने पर भी इस वर्ग के लोगों को अपनी जातियाँ छुपाकर रहना पड़ा। खुद बाबा साहब को भी अपनी जाति छुपानी पड़ी थी। जातिगत हीनता ने उनके मनो-सामाजिक गर्व को चूर-चूर कर दिया था। पहले भी वे गर्व से अपनी जाति या वर्ण का नाम नहीं ले सकते थे, आज भी नहीं ले सकते। इस प्रकार इस वर्ग की सारी प्रतिभा, इनका सारा तेज जातिजनित हीनता, तिरस्कार और उपेक्षा तले दबकर रह गया। इनके गुण और प्रतिभा को केवल इसी कारण सामाजिक स्वीकृति नहीं मिली कि वे जाति से श्रेष्ठ नहीं थे।

शास्त्र तो शास्त्र लौकिक ग्रंथों में भी इनके लिए प्रतिष्ठा सूचक शब्द नहीं कहे गये। मध्यकाल के सबसे बड़े संत और कवि माने जानेवाले बाबा तुलसी दास ने भी कहा-

"पूजीय विप्र शील, गुण हीना। शूद्र न गुण गन ज्ञान प्रवीना।।"

और आधुनिक काल में पंत जैसे कवियों ने तो चमारों का गीत तक लिख डाला। समाज के इस नकारात्मक नजरिये ने दलित-पिछड़े वर्ग के लोगों को मनो-सामाजिक स्तर पर तोड़ डाला। इसके लिए दोषी केवल ब्राह्मण या सवर्ण समाज ही नहीं हैं। दोषी खुद दलित-पिछड़े वर्ग भी हैं, जिन्होंने व्यवस्था की रूढ़ियों को अपनी नियति-प्रकृति मान लिया तथा भाग्य, भगवान और शास्त्रों के भरोसे घुट-घुटकर जीते रहे। आधुनिक काल की उदारवादी-सुधारवादी दृष्टि से उनकी सामाजिक स्थिति में थोड़ा सुधार हुआ है। छुआछूत तो बहुत हद तक मिट चुकी है; किन्तु मानसिक छुआछूत अभी बाकी है।

3. पिछड़ों की आर्थिक स्थिति : शास्त्र में शूद्रों को धन-संग्रह का कोई अधिकार प्राप्त नहीं था। वैश्यों ने तो धन-संग्रह किया, पर शूद्र-अतिशूद्र जातियाँ इसी कारण धन-दौलत से वंचित रहीं। इसलिए उनके पास भूमि और चल-अचल सम्पति का सदा अभाव रहा। जातीय शोषण की हद तो यह थी कि उन्हें अपने श्रम पर भी अधिकार नहीं था। आज भी शूद्र और पिछड़ी, अति पिछड़ी कही जानेवाली इन जातियों के पास भूमि और भवन का घोर अभाव है। वे अपने मालिकों द्वारा दी गयी जमीन पर झुग्गी-झोपड़ी बनाकर उन्हीं की दया और कृपा पर रहते आये हैं। आज भी उनके पास जो भूमि या मकान हैं, वे मालिकों के दिये हुए हैं। अथवा सरकारी गैर-मजरूआ जमीन ही उनके आश्रय हैं। कहीं-कहीं इंदिरा आवास या सरकारी अनुदान से उनकी आवासीय समस्याएँ दूर हुई हैं, किन्तु आर्थिक गुलाम वे आज भी हैं। भारत की लगभग एक तिहाई आबादी ऐसी ही दीन-हीन जनता की आबादी हैं, जिनमें से अधिकांश दलित और अति पिछड़ी जातियाँ हैं। इसके विपरीत यादव, कुर्मी, कोयरी आदि पिछड़ी कही जानेवाली कुछ जातियों की आर्थिक स्थिति अपेक्षाकृत अच्छी है। इसके ऐतिहासिक कारणों की पड़ताल करना आवश्यक है।

पुराणों में वर्णित जरासंध आदि के यादव राज से हम परिचित हैं। उसे किस प्रकार कपटपूर्ण व्यवहार और युद्धों द्वारा नष्ट किया, इसे लोग जानते है। मध्यकाल और आधुनिक काल में पिछड़े समाज के जिन लोगों को मुगल

सम्राट् या अंग्रेजों की कृपा से जागीरें मिल गयीं, उनकी आर्थिक बुनियाद अच्छी अवश्य बनी, किन्तु जातिगत अपमान और शोषण के शिकार वे भी रहें। यद्यपि परम्परा जनित सामंती प्रवृत्तियाँ उनमें भी रहीं, किन्तु जातिगत शोषण के विरुद्ध आवाजें भी सबसे पहले इन्हीं लोगों ने उठायीं। आज भी जो लोग पढ़-लिखकर अच्छी सेवा या व्यवसाय में चले गये हैं, उनकी आर्थिक स्थिति अच्छी है। किन्तु ऐसे लोगों की संख्या बहुत कम है। कुछ अपवादों को छोड़कर इस वर्ग के बड़े नेताओं, समाजसेवियों और नौकरशाहों तक की आर्थिक स्थिति अच्छी नहीं कही जा सकती। इस वर्ग के लोग देश और समाज पर अपना सर्वस्व न्योछावर करके भी कंगाल ही बने रहे हैं। "इसका सबसे बड़ा उदाहरण बिहार के पूर्व मुख्यमंत्री जननायक कर्पूरी ठाकुर का परिवार है। लगभग 50 वर्षों तक बिहार और देश की राजनीति पर छाये रहनेवाले स्व. कर्पूरी ठाकुर का परिवार आज भी बदहाली के कगार पर है। नेता और मंत्री होते हुए भी कर्पूरी जी के पास ऐसा कोई आर्थिक संसाधन नहीं था कि वे अपने बाल-बच्चों को पढ़ा सके, घर बनाना तो दूर की बात है। माता-पिता वही पुश्तैनी काम करते रहे। पत्नी फटा-पुराना ही पहनती रही। उनके दोनों बेटों को लोगों ने चंदे देकर पढ़ाया-लिखाया। बेटी भी उनके मातहतों की कृपा से ही थोड़ा-बहुत पढ़ सकी। आज भी **'कर्पूरी गाँव'** में उनके पैतृक घर को देखा जा सकता है, जिसके मात्र दो कमरे इंदिरा आवास योजना से बने हुए हैं।" (लेखक की पुस्तिका 'बिहार में अति पिछड़ा वर्ग आंदोलन और डॉ. रामकरण पाल से)

4. स्थिति से असंतोष और विद्रोह की भावना : पूछा जा सकता है कि जब दलित-पिछड़े वर्ग के लोगों के साथ इतने अमानुषिक अत्याचार हुए, तो वे चुपचाप क्यों सहते रहे? एक जानवर भी अपने दुश्मनों को सिंघ मारता है। वे तो मनुष्य थे। उनके अंदर भी विरोध और विद्रोह के भाव विराजमान थे। फिर सदियों से ऐसा शोषण उन्होंने क्यों स्वीकार किया?

इसका उत्तर है-इस शोषण को उन्होंने मन से स्वीकार कभी नहीं किया। उनके तन पर मालिकों का अधिकार अवश्य था, पर मन हमेशा विद्रोह करता रहा। अपनी विरोधजनित भावनाओं को उन्होंने अपने लौकिक पूजा-विधानों, कला माध्यमों द्वारा व्यक्त करते रहें। लोककलाएँ और अनेक लोकगाथाओं में बिखरे आख्यान इसके प्रमाण हैं। हड़प्पा आदि सभ्यताओं से लेकर आज तक चली आयी सामानान्तर विचारधाराएँ भी इस बात की पुष्टि करते हैं कि पिछड़े

वर्गों ने मनुवादी वृतियों को मन से स्वीकार कभी नहीं किया। पुस्तक में अन्यत्र इस पर विस्तार से चर्चा हुई है। आधुनिक युग लोकतंत्र और जनतांत्रिक मूल्यों का युग है। जब से विचारों का जनतंत्र आया है, सभी वर्गों में थोड़ी-बहुत चेतना और जागृति आयी है। इसलिए समकालीन समाज में पिछड़े वर्गों में भी जागृति आयी है। उनके विरोध और विद्रोहों को कई स्तरों पर देखा जा सकता है। आर्यसमाजी जोश में पिछड़े समाज ने देख लिया था कि केवल अतीत गौरव और इतिहास की खुशफहमी पर उनका गुजारा नहीं हो सकता। इसलिए इस वर्ग में अपनी मानवीय अस्मिता और सामाजिक, आर्थिक स्थिति के प्रति असंतोष उत्पन्न हुआ। इस असंतोष का इजहार यह वर्ग विभिन्न संगठन और आंदोलनों द्वारा करता रहा है।

"भारतीय समाज और राजनीति की यह विचित्र विडम्बना है कि यहाँ अगड़े समाज के जो जनप्रतिनिधि होते हैं, उन्हें तो एक ही स्तर पर जनसंघर्ष करना पड़ता है। वे केवल गरीबी, अशिक्षा और बेरोजगारी जैसे आम मुद्दों पर ही लड़ते हैं। किन्तु दलित-पिछड़े समाज के जनप्रतिनिधि और समाजसेवियों को दो-दो स्तरों पर लड़ना पड़ता है। वे उपर्युक्त सामान्य मुद्दों पर तो लड़ते ही हैं, जाति और वर्ण-व्यवस्था के कारण उत्पन्न भेदभाव और सामंती शोषण के खिलाफ भी उन्हें लड़ना पड़ता है। इसलिए उनकी लड़ाई अपेक्षाकृत बड़ी और कठिन हो जाती है। वे समय और समाज की जमीनी समस्याओं के संघर्ष से तपकर निकलते हैं। इसलिए इनके नाम और प्रभाव क्षेत्र भी बड़े होते हैं। समय और समाज पर उनका दूरगामी प्रभाव पड़ता है और उनका संघर्ष एक बड़ा इतिहास बन जाता है। इसलिए ऐसे लोग अधिक दिनों तक प्रासंगिक बने रहते हैं। आज तक जो भी समाजसुधार या जनक्रांति हुई है, उनमें इन्हीं दलित-पिछड़े लोगों का योगदान है। फूले, अम्बेदकर, पेरियार से लेकर लोहिया, कर्पूरी और चरण सिंह आदि तथा आज के तमाम दलित-पिछड़े नेताओं के संघर्ष के कारण ही आज अपेक्षाकृत सामाजिक उदारता आयी है। किन्तु सत्ता लोभ मनुष्य मात्र की कमजोरी है। इसलिए इस वर्ग के नेताओं के राजनीतिक चरित्रों में भी गिरावट आयी हैं और वे अपने वर्गीय हित का ख्याल न करके येन-केन प्रकारेण सत्ता में बने रहना चाहते हैं।" (वही)

पिछड़े वर्ग की जागरूकता ने देश की राजनीति में अनेक नये इतिहास और चरित्र गढ़े हैं। यद्यपि इस वर्ग के लोग प्रायः सभी राजनीतिक पार्टियों में सुविधानुसार दिखाई पड़ते हैं, फिर भी आज उनकी अलग राजनीतिक पार्टियाँ

और मिशन को समर्पित अनेक सामाजिक संगठन हैं। किन्तु लोहिया और कर्पूरीजी के समय से और फिर बाद में मंडल कमीशन के आने पर पिछड़े समाज में जो जागृति आयी, उसका आर्थिक-शैक्षिक लाभ इस वर्ग को कम ही मिला है।

पिछड़ा वर्ग आंदोलन और संघ-संगठन : नवजागरण कालीन आंदोलनों के बाद जब अंग्रेजों ने भारतीयों को राजनीति और राजसत्ता में भागीदारी देनी शुरू की, तो तत्कालीन सरकार और भविष्य में स्वतंत्र होनेवाले देश की राजसत्ता में भागीदारी के लिए देश की प्राय: सभी अगड़ी और पिछड़ी जातियों में जागृति आने लगी।

इस जातीय जागरण में सबसे आगे उत्तर भारत की कायस्थ जाति आयी। सन् 1887 में इलाहाबाद में 'अखिल भारतीय कायस्थ महासभा' की स्थापना हुई, जिसकी शाखाएँ बाद में पूरे देश में फैल गयीं। यह देश के इतिहास में पहला जातीय संगठन था। इसकी प्रेरणा से तुरत ही (उसी वर्ष-1887 में) बिहार में 'भूमिहार-ब्राह्मण महासभा' का गठन हुआ। इसके साथ ही जातीय संगठनों की बाढ़-सी आ गयी। जातीय संगठनों ने अपनी-अपनी जातियों के बीच शिक्षा तथा समाजसुधार आदि के काम शुरू किये। 20वीं सदी शुरू होते-होते देश में कई जातीय संगठन स्थापित हो गये। 1905 में 'सरयूपारिण ब्राह्मण सभा' और 'कानू महासभा', 1906 में 'राजपूत सभा', 1911 में 'दुसाध सभा', 1912 में 'गोप जातीय सभा' तथा 'कुर्मी सभा' स्थापित हुए। इसके साथ ही 'नाई-ब्राह्मण सभा', 'गहलौत महासभा', 'यादव महासभा' (गोप सभा का नया नाम) आदि की भी स्थापना हो गयी। इनमें से अधिकांश जातीय संगठनों का जन्म और गठन बिहार और उत्तर प्रदेश जैसे उत्तरी प्रांतों में ही हुआ।

आजादी के पूर्व बनी अंतरिम सरकार और आजादी के बाद बनी 1952 की सरकार में प्राय: देश के सभी राज्यों में ब्राह्मण मुख्यमंत्री ही बने। केवल बिहार में ही भूमिहार वर्ग के श्री कृष्ण सिंह मुख्यमंत्री हुए, जो उच्च श्रेणी के सवर्ण और प्रकारान्तर से ब्राह्मण ही थे। उन्होंने बड़े ही कौशल से पिछड़ी जातियों में अपेक्षाकृत दबंग यादव, कुर्मी और कोयरी जातियों को पद का लोभ देकर और सरकार में शामिल करके अपना वर्चस्व कायम रखा। इन्हीं दिनों इन तीन जातियों ने मिलकर पिछड़ों का एक संगठन बनाया, जिसे **'त्रिवेणी संघ'** कहा गया।

(क) पिछड़े वर्गों के संघ-संगठन : वैसे तो नवजागरण काल से आज तक देश में पिछड़ों के सैकड़ों संघ-संगठन और सामाजिक दल कार्यरत रहे। बिहार और यूपी में ही इसके दर्जनों संगठन आज भी सक्रिय देखे जा सकते हैं। किन्तु यहाँ हम आजादी के आस-पास खासकर 'पूना-पैक्ट' और उसके बाद आजाद भारत में संगठित सामाजिक संगठनों के बारे में ही संक्षिप्त रूप से विचार करेंगे।

1. त्रिवेणी संघ : 1932 के 'पूना पैक्ट' के बाद अनुसूचित जाति/ जनजातियों को तो प्रांतीय विधान एसेम्बलियों में आरक्षण मिल गया; किन्तु उन्हीं की तरह हाशिये पर जी रही पिछड़ी जातियों को इस तरह की कोई सुविधा नहीं मिली। इससे पिछड़ी जातियो के नेताओं में असंतोष उभरा और इन जातियों में अपेक्षाकृत अधिक सम्पन्न, शिक्षित और जागरूक तीन जातियों यादव, कुर्मी और कोयरी ने मिलकर 1934 में एक संगठन बनाया, जिसे 'त्रिवेणी संघ' कहा गया। इस संघ के संस्थापक बाबू दासू सिंह (कुर्मी) थे, जो पटना हाई कोर्ट में वकील थे। संगठन के अन्य नेताओं में पटना हाईकोर्ट के ही वकील नवदीप चन्द्र घोष (यादव), बिहार सरकार के पूर्व मंत्री गुरुसहाय लाल, सक्रिय समाजसेवी गणपति मंडल (यादव) आदि थे। बाद में शिव दयाल चौरसिया, जगदेव प्रसाद (कुशवाहा), राम लखन सिंह यादव, देवशरण सिंह (कुशवाहा), राम अवधेश सिंह (कुशवाहा) आदि भी इसी संघ के नेता हुए।

इसकी सुगबुगाहट 1933 से ही शुरू हो चुकी थी। इसी के आस-पास गाँधीजी का 'हरिजन सेवक समाज' और जगजीवन राम का 'दलित वर्ग संघ' अस्तित्व में आया। 'त्रिवेणी संघ' का उद्देश्य सामाजिक और राजनीतिक स्तर पर पिछड़े वर्गों के लिए मान-सम्मान और राजनीतिक आर्थिक अधिकारों की लड़ाई लड़ना था। बाद में 'त्रिवेणी संघ' को परोक्ष रूप से बिहार के मुख्यमंत्री श्री कृष्ण सिंह और कांग्रेस का भी समर्थन मिलने लगा, जिसके कारण इस संघ के कई नेता विधायक और मंत्री बने। किन्तु बाद में त्रिवेणी संघ के नेताओं ने कांग्रेस की चालाकी को भांप ली। इसलिए उससे पींड छुड़ाकर जब उन्होंने अपने अस्तित्व को कायम रखने की कोशिश की, तो कांग्रेस ने उसे जातीय संगठन घोषित कर उसके विरुद्ध प्रचार करना शुरू कर दिया, जिससे संगठन कमजोर पड़ गया। अंततः देश के आजाद होते-होते 1947 में जब आर. एल. चंदापुरी ने 'बिहार प्रांतीय पिछड़ी जाति संघ' की स्थापना की, तो

इस संघ का विलय उसी में कर लिया गया। त्रिवेणी संघ एक राजनीतिक दल के रूप में शुरू हुआ था और इसका उद्देश्य सत्ता में भागीदारी थी। किन्तु बाद में इसकी चिंताओं में सामाजिक-सांस्कृतिक सरोकार भी जुड़ते चले गये।

पिछड़े वर्ग के नेता अपने समुदायों के प्रतिनिधित्व को लेकर काफी चिंतित थे। इसलिए 1937 के विधान सभा चुनाव के पूर्व इसी संघ के नेता गणपति मंडल ने यादव और पिछड़े वर्ग के नेताओं को असेम्बली में भेजने के लिए एक बड़ी ही मार्मिक और प्रभावशाली अपील जारी की, जो 'यादवों से हमारी अपील' शीर्षक से 'यादव' पत्रिका वर्ष: 12, अंक: 3-4, सन् 1936 में छपी। इस अपील से तत्कालीन समाज में पिछड़े वर्ग की स्थिति और यादव, कुर्मी, कोयरी आदि जातियों की जागरूकता का पता चल जाता है। उपर्युक्त लम्बे लेख का संक्षिप्त अंश यहाँ दिया जा रहा है-

"...कोई भी देश स्वाधीनता के बिना अनंतकाल तक जी नहीं सकता। यह सिद्धांत सभी को मान्य है....अहिरादि जातियाँ भी स्वराज्य की ओर जा रही है। इनका यज्ञोपवीत संस्कार, बेगारी का बंद करना, अपने भाइयों के अपमानजनक कार्यों का विरोध करना, समाज में बराबरी का दावा पेश करना आदि स्वाधीनता की ओर अग्रसर होने के लक्षण हैं। परन्तु उच्च श्रेणी की राजनीति अर्थात् वर्तमान सरकार को उन्मूलन करने की नीति को समझने की शक्ति उनमें अभी प्रकट से वर्तमान नहीं है। काल चक्र ने सिंह संतान को सियार बना दिया है। विदेशी सरकार का शासन इन्हें जरा भी नहीं खटकता है।.....इनकी अन्यायी सरकार, इनको पैरों तले कुचलनेवाली सरकार इनके अपने भाइयों की ही सरकार है। ये जातियाँ तो अनेक दीवारों के भीतर गिरफ्तार हैं। ये दीवारें एक-आध को छोड़कर इनके भाइयों की ही बनायी दीवारें हैं। सामाजिक, धार्मिक, आर्थिक तथा राजनीतिक दीवार ही इनके जेल की दीवार हैं। राजनीतिक दीवार अपेक्षाकृत तथा सुदूरवर्ती है। शेष दीवारें निकटतर तथा प्राचीन हैं। इनमें सामाजिक दीवार ही निकटस्थ हैं तथा राजनैतिक दीवार दूरतम है। अहिरों को सबसे बेशी परेशान करनेवाली सामाजिक तथा धार्मिक दीवारें हैं। अथवा यों कहिए कि पिछड़ी जातियाँ एक मजबूत खूँटे में बँधी हैं तथा खूँटे से बाँधनेवाले कई रस्से हैं, जिनमें सबसे छोटा सामाजिक तथा धार्मिक रस्से हैं। राजनीतिक रस्से का इन जातियों को अनुभव नहीं है।"(स्वर्ग पर धावा : बिहार में दलित आंदोलन, प्रसन्न कुमार चौधरी व श्रीकान्त, वाणी प्रकाशन, नयी दिल्ली, पृष्ठ-334-35)

उपर्युक्त उद्धरण से स्पष्ट है कि यादव, कुर्मी, कोयरी आदि पिछड़ी जातियों की स्थिति समाज में अत्यंत ही हीन थी। ब्रिटिश सत्ता की राजनीतिक दासता उनकी चिंता का विषय नहीं थी। उससे अधिक वे सवर्ण जातियों और सामंतों की सामाजिक और धार्मिक दासता से चिंतित थे। आर्य समाज के प्रभाव के कारण ये जातियाँ यज्ञोपवीत आदि धारण कर संस्कृतिकरण की ओर बढ़ रही थीं। वे ब्राह्मण पुरोहित, जमींदार और सामंतों द्वारा अपने भाइयों के शोषण, अपमानजनक व्यवहार आदि का विरोध करते हुए समाज में बराबरी का दावा पेश कर रही थी। सामाजिक-धार्मिक रूढ़ियों से मुक्ति ही उनकी स्वाधीनता थी और इस स्वाधीनता की मांग वे अपने भाइयों, अर्थात् ब्राह्मणादि जातियों से कर रहे थे। राजनीतिक स्वाधीनता उनके लिए दूर की चीज थी।

लेख में आगे कहा गया है-"अतएव स्वभावतः अहीर, कोइरी, कुर्मी आदि जातियाँ सन्निकट दीवार अथवा सबसे छोटे रस्से को तोड़ने में दत्तचित्त हैं। इस दीवार अथवा रस्से को तोड़ने में इन्हें विदेशी सरकार से कुछ सहायता मिल जाती है। भारतीयों के पारस्परिक झगड़े में विदेशी सरकार अपेक्षाकृत बेशी निष्पक्ष बन सकती है, जिससे सामाजिक तथा धार्मिक युद्ध में पिछड़ी जातियों को बहुत मदद मिलती है।.....वर्तमान वातावरण तथा मनोनीत रहने से देशी राज्य रहता, तो स्यात् पिछड़ी जातियों को उठने का मौका ही न मिलता। इनका जनेऊ लेना, क्षत्रिय अथवा ब्राह्मण बनने का दावा करना असंभव होता। नेपाल राज्य में अहीर जनेऊ नहीं ले सकते हैं.....यही कारण है कि पिछड़ी जातियाँ विदेशी सरकार को बुरा नहीं समझती हैं। फिर इन जातियों में विदेशी सरकार को नष्ट-भ्रष्ट कर देने की भावना कैसे पैदा होगी?.....यह हमारे लिए गौरव तथा आनंद का विषय नहीं है। जिनको स्वाधीनता की लड़ाई में सबसे आगे रहना चाहिए, वे आज पीछे भी रहने योग्य नहीं हैं। इनके पेट में अन्न नहीं, शरीर पर वस्त्र नहीं, घर पर खर नहीं, माथे में बुद्धि नहीं, समाज में मान नहीं। मनुष्य का प्राण आत्मप्रतिष्ठा है और सबसे कठिन जाति अपमान है। इस दयनीय दशा में भी इनके साथ मधुर भाषण नहीं। ये स्वराज में भाग ले तो कैसे लें? सबसे पहले इन्हें वास्तविक मनुष्य बनाना होगा। इनमें आत्मसम्मान का भाव भरना होगा....कांग्रेस इन्हें मनुष्य बनने का अवकाश नहीं देती। जातीय सभा इन्हें मनुष्य बनाने में लगी है।" (वही)

पत्र के इस अंश से स्पष्ट है कि पिछड़ी जातियों की सामाजिक-सांस्कृतिक दासता को दूर करने में ब्रिटिश सरकार ज्यादा मददगार सिद्ध हो रही थी और इन

जातियों के नेताओं को आशंका थी कि यदि देशी सरकारें रहतीं, तो शायद ये रूढ़ियाँ दूर नहीं होतीं। उनके बीच ऊँच-नीच, छोटा-बड़ा, राजा-प्रजा आदि के भेदभाव मौजूद ही रहते। इसलिए वे बड़े ही कातर भाव से ब्राह्मणादि जातियों से बराबरी का दर्जा और बराबर सामाजिक-धार्मिक अधिकारों की मांग करते हैं, ताकि समान भाव से वे भी स्वराज आंदोलन में उनके भागीदार बन सकें।

पिछड़ी जातियों के प्रति कांग्रेस के आचार-व्यवहार और नीतियों का खुलासा करते हुए लेख में कहा गया है कि "......गलत ख्याल है कि जातीय सभाओं से देश की क्षति हो रही है। जिस देश में चार हजार जातियाँ हों, एक जाति में अनेक उपजाति हों....जिस देश में कृषक होते हुए भी हल चलाना पाप समझें तथा जो हल चलावे, उसको नीच समझें, उस देश में यह मान लेना कि जाति-पांति भाव दूर हो गया, बहुत भयानक भूल है। इस रोग पर बाहर से पर्दा डालने से काम नहीं चलेगा।.......अतएव यादवों से हमारा नम्र निवेदन है कि वे अपने स्वजातीय उम्मीद्वारों तथा हितैषियों को अपना वोट दें। कांग्रेस से क्षमा माँग लें....क्या यह कांग्रेस द्वारा नहीं हो सकता? इसका उत्तर है-'नहीं'। कांग्रेस सिद्धांततः जाति-पांति को नहीं मानती है, परन्तु कार्यतः उसके अधिकांश सदस्य जाति-पांति और भेदभाव से भरे हुए हैं। जो आदमी अभी पिछड़ी जातियों से नफरत करनेवाला है, वह भी कांग्रेस का टिकट प्राप्त कर कौंसिल में जा सकता है। केवल 'कांग्रेस क्रीड' को कबूल कर लेने से ही वह तुरंत पिछड़ी जातियों को प्यार करनेवाला नहीं हो सकता है। उनका मानसिक भाव सड़ा ही रहेगा।" (वही, पृष्ठ-336)

इस प्रकार देश में पिछड़ी जातियों की संभवतः पहली सामाजिक और राजनीतिक पार्टी 'त्रिवेणी संघ' ने पिछड़े वर्ग के मान-सम्मान और अधिकार के लिए एक बड़ी पहल की। संघ ने इस वर्ग की जागरूकता के लिए जातीय संगठन को जरूरी और देशहित में बताया।

2. पिछड़ा वर्ग संघ और आर.एल. चंदापुरी : 'त्रिवेणी संघ' के बाद बिहार में ही 1947 में 'पिछड़ी जाति संघ' का गठन हुआ, जो बाद में 'पिछड़ा वर्ग संघ' के नाम से आंदोलन बनकर पूरे देश में फैल गया। इस आंदोलन के कर्त्ताधर्ता राम लखन चंदापुरी थे। इनके बारे में कहा गया है-

"जिस प्रकार कार्ल मार्क्स और साम्यवाद एक-दूसरे के पर्यायवाची शब्द हैं, उसी प्रकार त्यागमूर्ति आर. एल. चंदापुरी और पिछड़ा वर्ग आंदोलन एक-दूसरे

के पर्याय हैं। ...इस महापुरुष ने भारत की नयी खोज की, जिसने शूद्रों के बीच प्रबल रचनात्मक शक्तियों का पुनर्आविष्कार कर भारतीय इतिहास में एक नया अध्याय जोड़ दिया। इन पर कई बार जानलेवा आक्रमण हुए, परन्तु गंभीर रूप से जख्मी होने पर भी वे मौत से निकलते रहे और मानव समाज में सामाजिक न्याय की सत्यता को स्थापित करने के लिए ऊँच-नीच की भावना खत्मकर मानव-मानव में प्रेम और भाईचारा स्थापित करने की कोशिश करते रहे।'' (प्रां. (डॉ.) स्टीफेन हेन्निंघम, आस्ट्रेलिया) पिछड़ा वर्ग आंदोलन के अनेक चरण हैं, जिन पर विचार करने के पहले इसके संगठनकर्त्ता त्यागमूर्ति राम लखन चंदापुरी पर विचार करना आवश्यक है।

3. त्यागममूर्ति राम लखन चंदापुरी : ऐसे जुझारू चिंतक, विचारक और क्रांतिकारी समाजसेवी पर अलग से पुस्तक की आवश्यकता है। किन्तु विषय की सीमा को देखते हुए हम यहाँ संक्षेप में उनके व्यक्तित्व और कृतित्व पर विचार करेंगे। चंदापुरी भारतीय समाज के सभी दलित, पिछड़े और अल्प-संख्यकों को पिछड़ा मानते थे। उन्होंने देश की आजादी के साथ ही ब्राह्मणवादी व्यवस्था के खिलाफ राष्ट्रव्यापी पिछड़ा वर्ग आंदोलन छेड़ा था। यह पिछड़ों का मुक्ति संग्राम था, जो अनेक घात-प्रतिघातों के बावजूद तब से लेकर आज तक देश के सामाजिक-राजनीतिक परिवर्तन की दिशा में सक्रिय है। इसनेअपनी निर्णायक भूमिका भी अदा की है।

जन्म और शिक्षा : आर. एल. चंदापुरी का जन्म 20 नवम्बर 1923 को पटना जिले के बसुहार गाँव में हुआ था। यहाँ उनका ननिहाल था। किन्तु उनका पालन-पोषण पैतृक गाँव चंदापुर में ही हुआ। उनके माता-पिता पिछड़े वर्ग के कुरमी (कुनबी) जाति के एक किसान परिवार से आते थे। इनके पिता का नाम महावीर सिंह एवं माता का नाम हीरामणि कुँवर था। पिता पहलवान थे और खलीफा नाम से इलाके में प्रसिद्ध थे। ''इनके पूर्वज छत्रपति शिवाजी महाराज के उन सेनानियों में थे, जो उनके रक्षार्थ आगरा के किले से छिपकर भागते हुए बिहार की पवित्र भूमि मगध में बस गये थे, जिनका नाम बालाजी राव था।'' (सुशील कुमार सिंह के लेख पिछड़ा वर्ग आंदोलन के अग्रदूत....से)

चंदापुरी जी की आरंभिक शिक्षा घर पर ही हुई। फिर हाई स्कूल की शिक्षा के लिए 1938 में वे मसौढ़ी चले गये। वहाँ नौवीं कक्षा से ही उन्होंने स्वतंत्रता संग्राम के छात्र आंदोलन में भाग लेना शुरू कर दिया। यह क्रम

1942 और '46 के आंदोलनों में भी चलता रहा। 1946 में नौआखाली दंगे के दौरान मुस्लिम समुदाय की औरत, मर्द और बच्चों को बचाने में चंदापुरी ने अद्‌भुत साहस का परिचय दिया था। इसलिए 1947 में 'शांति मिशन' के सिलसिले में जब महात्मा गाँधी मसौढ़ी आये, तो उन्होंने युवक चंदापुरी को अपने पास बिठाकर उनकी भूरि-भूरि प्रशंसा की। उनके साथ सीमांत गाँधी खान अब्दुल गफ्फार खाँ और दक्षिण अफ्रीकी नेता दादू भी वहाँ मौजूद थे। चंदापुरी को उनके भी आशीर्वाद मिले। किन्तु इन सारी गतिविधियों के बीच चंदापुरी ने अपनी पढ़ाई जारी रखी। उन दिनों वे पटना विश्वविद्यालय के छात्र थे। इस बीच 15 अगस्त 1947 को देश आजाद हो गया।

चंदापुरी के सामाजिक कार्य : सदियों से समाज और राजनीतिक व्यवस्था पर सवर्णवादी ब्राह्मणों के वर्चस्व को देखते हुए वे बचपन से ही चिंतित थे। अंग्रेजों द्वारा स्थापित अंतरिम सरकारों में भी उन्हीं का वर्चस्व था। इसके विरुद्ध त्रिवेणी संघ ने पहले ही आवाज उठायी थी। युवक चंदापुरी को आजाद देश में पिछड़े वर्ग के नेताओं के प्रतिनिधित्व एवं इस विशाल वर्ग की हीन दशा में सुधार की चिंता थी। आजादी के बाद भी समाज की वही स्थिति थी। सवर्ण समाज के लोग केवल अछूतों को ही नीच और पतित नहीं कहते थे, बल्कि अन्य पिछड़ी जातियाँ भी उनकी नजर में शूद्र और पतित ही थीं। वे उन्हें 'नान्ह जाति' या 'सोलकंद' कहकर उनसे घृणा करते थे। पिछड़े वर्ग के लोगों को सवर्णों के यहाँ अब भी खाट आदि पर बैठना मना था। वे जमीन पर बैठकर या खड़े-खड़े ही उनसे बातें करते। अपने घर या चौपालों पर रहते हुए भी उन्हें जब-तब सवर्ण लोगों को देखकर उनके आतंकपूर्ण सम्मान में उठ खड़ा होना पड़ता था। पिछड़े वर्गों के प्रति सवर्ण समाज के ऐसे अपमानपूर्ण व्यवहारों ने शिक्षित युवक चंदापुरी को अंदर से विचलित कर दिया। इसलिए उन्होंने पिछड़े वर्ग के कुछ स्वतंत्रता सेनानियों के साथ 10 सितम्बर 1947 को बिहार में 'बिहार प्रांतीय पिछड़ी जाति संघ' की स्थापना की, जो बाद में 'अखिल भारतीय पिछड़ा वर्ग संघ' के रूप में एक राष्ट्रव्यापी संगठन बन गया और इसकी शाखाएँ प्राय: हर प्रांत में फैल गयी।

प्रो. एफ. आर. फ्रैंकल की पुस्तक 'डिक्लाइन ऑफ सोशयल आर्डर इन इंडिया' के अनुसार ''बिहार राज्य पिछड़ा वर्ग संघ' के कार्यकारी अध्यक्ष आर. एल. चंदापुरी ने संघ के उद्देश्यों और कार्यक्रमों की वृहत् रूप से व्याख्या की। उन्होंने 1949 ई. में 'पिछड़ा वर्ग' नामक हिन्दी साप्ताहिक पत्रिका

का प्रकाशन किया। उसमें प्रकाशित उनके भाषणों एवं लेखों से गाँवों में बसनेवाली पिछड़ी जातियाँ जागरित होने लगी।'' चंदापुरी ने 1949 में लिखा, ''जब कभी भारत में क्रांति का उद्रेक होगा तो उसका नेतृत्व पिछड़ी जाति के लोग और पददलित ही करेंगे। जमीन के कुलीन मालिक तथा उच्च जाति के नेतागण पूँजीपतियों की साँठ-गाँठ में रहते हैं और वे सब-के-सब समाज को लूटनेवाले ब्लैकमेलर हैं। वे केवल नारेबाजी करनेवाले हैं और उनका एकमात्र उद्देश्य भारतीय समाज में यथास्थिति बनाये रखना है।'' (भारत में ब्राह्मणराज और पिछड़ा वर्ग आंदोलन : आर.एल. चंदापुरी).

आंदोलन की व्यस्तता के कारण चंदापुरी जी की पढ़ाई तो छूट ही चुकी थी। उनका सम्पूर्ण निजी और पारिवारिक जीवन समाज की सेवा में ही समर्पित था। उन्होंने पटना विश्वविद्यालय से स्नातक और कानून की डिग्रियाँ हासिल की थीं। इसी बीच 1948 में चंदापुरी को अमेरिका के न्यूयार्क विश्वविद्यालय से लोक प्रशासन में एम.ए. और पी-एच.डी. करने का आमंत्रण और सरकारी सुविधा सम्बंधी पत्र मिला। 1949 में उन्हें तीन वर्षों के लिए अमेरिका जाना था। उन्होंने अमेरिका जाने की सारी तैयारी पूरी कर ली और अपनी जगह 'पिछड़ी जाति संघ' का एक नया अध्यक्ष बना दिया। किन्तु आंदोलन की व्यस्तता के कारण उन्होंने अमेरिका यात्रा रद्द कर दी। परिवार भी इसी सामाजिक जीवन का अंग था। इसलिए उनकी शादी संघ के नेताओं विशेषकर डॉ. पंजाब राव देशमुख, जो 'अखिल भारतीय पिछड़ा वर्ग संघ' के अध्यक्ष थे, की पहल से महाराष्ट्र की एक सुंदर और विदुषी कन्या सुश्री सरस्वती सिंह से 1951 ई. में हुई। वह नागपुर विश्वविद्यालय से बी.ए. बी.टी. थी, विवाह के बाद उन्होंने पटना विश्वविद्यालय से एम.ए. पास किया। उनके पिता डॉ. बी. पी. सिंह महाराष्ट्र के बुलढाना जिले में सिविल सर्जन थे। उन दिनों चंदापुरी 'संघ' के कार्य से महाराष्ट्र के सघन दौरे पर थे।

चंदापुरी जी अपने 'पिछड़ा वर्ग संघ' के बैनर तले संविधान निर्माण के समय से ही संविधान में पिछड़ों के लिए विशेष अवसर और आरक्षण सम्बंधी धारा (340) जोड़वाने, देश में 'पिछड़ा वर्ग आयोग' के गठन, उसकी सिफारिशों को देश में लागू करवाने एवं बिहार में पिछड़े वर्ग को आरक्षण दिलवाने के लिए आंदोलनात्मक प्रयास करते रहे। इसके लिए वे संविधान सभा और डॉ. भीमराव अम्बेदकर के सम्पर्क में बराबर रहे। बिहार में पिछड़ों के आरक्षण के

लिए वे 1952 से ही प्रयत्नशील थे। 1977 में उनके उग्र आंदोलन के कारण ही बिहार के तत्कालीन मुख्यमंत्री कर्पूरी ठाकुर ने पिछड़ा वर्ग आरक्षण को लागू किया। चंदापुरी ने जीवन भर समाज के लिए काम किया। सत्तारूढ़ सरकारों द्वारा अनेक बार प्रलोभन दिये जाने के बावजूद उन्होंने लाभ का कोई पद स्वीकार नहीं किया। वे जनता के बीच जाकर चुनाव द्वारा विधायिका और सरकार में जाना चाहते थे, किन्तु इस कार्य में उन्हें सफलता नहीं मिली।

ऐसे समर्पित समाजसेवी और क्रांतिकारी मसीहा का निधन 81 वर्ष की उम्र में 2004 में हो गया। यह बात सही है कि चंदापुरी ने पिछड़ों के राजनीतिक सत्ता पर काबिज करने के लिए 'पिछड़ा वर्ग संघ' का गठन किया था, किन्तु उनका उद्देश्य समाज और राष्ट्र की मूलधारा में बहुसंख्यक जनता के अनुरूप पूर्ण परिवर्तन था, जो सत्ता प्राप्ति से ही संभव था। विधायिका ही तदनुरूप कानून बनाकर दलित-पिछड़ों के हितों की रक्षा कर सकती थी। इसलिए उन्होंने जीवन भर इस लड़ाई को जारी रखा। वे डॉ. अम्बेदकर और डॉ. लोहिया के आंदोलन और मिशन से अत्यंत प्रभावित थे और चाहते थे कि दोनों शक्तियाँ (दलित-पिछड़ी) यदि एक मंच पर आ जाये, तो देश में सत्ता परिवर्तन हंसी-खेल में हो जायेगा। इसके लिए उन्होंने प्रयास भी किया और 1951 में डॉ. अम्बेदकर को पटने के गाँधी मैदान में बुलाकर एक विशाल जनसभा को संबोधित भी करवाया।

यद्यपि शरारती तत्त्वों द्वारा सभा पर ईंट-पत्थरों से हमला करवाया गया और चंदापुरी जी को चोटें भी आयीं, किन्तु डॉ. अम्बेदकर ने ओजस्वी भाषण देकर अपना अमूल्य संदेश छोड़ दिया था, जिसने संजीवनी का काम किया और डॉ. लोहिया जैसे दिग्गज नेता भी चंदापुरी और डॉ. अम्बेदकर से ऐसे प्रभावित हुए कि उन्होंने सोशलिस्ट पार्टी को डॉ. अम्बेदकर की पार्टी में मिलाकर देश के लिए काम करने की योजना बना डाली। चंदापुरी ने पिछड़ा वर्ग संध को सोशलिस्ट पार्टी में मिला भी लिया। किन्तु लोहिया जी के विलम्ब के कारण वैसा कुछ नहीं हो पाया। लोहियाजी ने अंततः डॉ. अम्बेदकर से पत्राचार अवश्य किया, किन्तु तब तक काफी देर हो चुकी थी। कार्य-योजना बनाने में लोहिया जी की ओर से ही देरी हुई। बाबा साहब दिल्ली में बीमार चल रहे थे। उन्होंने डॉ. लोहिया को बुला भेजा था। किन्तु लोहिया खुद नहीं जाकर अपने दूतों को भेजा। फिर तो बाबा साहब इस दुनिया से ही चल बसे।

इस प्रकार दलित-पिछड़ों की एकता का राजनीतिक-सामाजिक समीकरण जो उस समय बनते-बनते रह गया, आज भी नेताओं की महत्त्वाकांक्षाओं के बीच लटका हुआ है।

चंदापुरी और पं. जवाहर लाल नेहरू : 1961 के आस-पास नेहरू ने चंदापुरी से मिलने का प्रयास किया। उनके निमंत्रण पर चंदापुरी उनसे मिले भी। नेहरू 'पिछड़े वर्ग' के अन्य अनेक नेताओं की तरह चंदापुरी को भी कांग्रेस में शामिल कर पिछड़ा वर्ग आंदोलन को ध्वस्त कर देना चाहते थे। उन्होंने चंदापुरी से कहा था कि "मैं देश की एकता और तरक्की के लिए आपका सहयोग चाहता हूँ। आप युवक हैं, आप जैसे युवकों पर देश का भविष्य निर्भर है।' इस पर चंदापुरी ने जबाब दिया था कि 'मैं भी देश की तरक्की करना चाहता हूँ, लेकिन इसके लिए पिछड़ा वर्ग आयोग की सिफारिशों का लागू होना आवश्यक है।' नेहरू ने जबाब दिया था-'आप मेरे मंत्रिमंडल में सम्मिलित होकर सिफारिशों को लागू करें।" वस्तुत: नेहरू पिछड़ा वर्ग की परिभाषा में आर्थिक पहलुओं को भी लागू करना चाहते थे, केवल जातीय नहीं। चंदापुरी ने नेहरू से इस पर वक्तव्य देने को कहा। किन्तु उन्होंने चुप्पी साध ली।

नेहरू ने चंदापुरी को कांग्रेस में मिलाने के लिए कांग्रेस के तत्कालीन अध्यक्ष नीलम संजीव रेड्डी को लगा दिया था। संजीव रेड्डी के कमरे में पहले तो जातीयता के सवाल पर चंदापुरी से उनका कसकर वाद-विवाद हुआ। किन्तु उनकी तर्क-शक्ति और वाक्पटुता से प्रभावित होकर संजीवा साहेब ने उनसे पटने में मिलने का वादा किया। फिर पटने में जाकर उन्होंने किसी प्रकार चंदापुरी को कांग्रेस में शामिल होने को राजी कर लिया। 1962 के चुनाव में उनके लिए श्रीमती इंदिरा गाँधी और संजीवा रेड्डी ने मिलकर नवादा का संसदीय सीट खाली करवाया। किन्तु इस कार्य से जगजीवन राम नाराज हो गये। चंदापुरी ने जगजीवन राम को मुँहतोड़ जबाव देकर चुनाव लड़ने से ही इनकार कर दिया और हमेशा के लिए कांग्रेस से अलग होकर दलित-पिछड़ों के लिए काम करते रहने का व्रत ले लिया।

(ख) बिहार में पिछड़ा वर्ग आंदोलन और संघ-संगठन : आजादी के पूर्व और बाद में भी देश में पिछड़ा वर्ग आंदोलन में 'पिछड़ा वर्ग संघ' की बहुत कड़ी भूमिका है।

1. बिहार प्रांतीय पिछड़ी जाति संघ : बिहार प्रांतीय पिछड़ी जाति संघ 'त्रिवेणी संघ' के मॉडल पर गठित हुआ था, जिसका उद्देश्य 1952 में होनेवाले देश के पहले आम चुनाव का सामना करना था। इसका गठन पटने में ही चंदापुरी की अध्यक्षता में हुई बैठक में हुआ था। चंदापुरी इसके संस्थापक अध्यक्ष थे। यह एक राजनीतिक संगठन था। इस संगठन ने समाज सुधार एवं सामाजिक जागरूकता के अनेक काम किये। संगठन के सदस्यों ने गाँव-गाँव में जाकर लोगों में जातीय दुरवस्था एवं जातीय गौरव के प्रति चेतना जगायी। समाज में दलित-पिछड़े वर्ग के लोगों की स्थिति अत्यंत ही दयनीय थी। वे अधिकांशत: किसान और मजदूर थे। समाज के सामंत और सवर्ण बाबू लोग उनसे जबरन काम लेते थे। उनके बच्चों को पढ़ने नहीं दिया जाता था। उनके साथ अपमानजनक व्यवहार किया जाता था। 'पिछड़ी जाति संघ' ने इन सामाजिक अत्याचारों के खिलाफ आवाज उठायी।

पिछड़ी जातियों के फैलते आंदोलन के कारण उनमें आत्मसम्मान की भावना जग रही थी। अनेक सुधार कार्यक्रम चल रहे थे। किन्तु इस आंदोलन को दबाने के लिए सवर्णों में हिंसात्मक प्रतिक्रिया उत्पन्न होने लगी थी। आंदोलन को दबाने के लिए सवर्णों ने उसे हिंसात्मक रूप दे दिया। इसमें संघ के दो नेता शहीद हो गये। देश के प्रथम राष्ट्रपति डॉ. राजेन्द्र प्रसाद के गाँव जीरादेई (छपरा) के निकट एकमा थाने के माने गाँव में रहनेवाले संघ के सक्रिय नेता चुल्हाई साहू पर हिंसक हमले हुए। वे तेली जाति के स्वाभिमानी व्यक्ति थे और खाते-पीते परिवार के किसान और व्यवसायी थे। सवर्ण लोगों के सामाजिक भोज में दलित-पिछड़े लोगों को अपमानजनक तरीके से न केवल अलग बैठना पड़ता था, बल्कि अपना जूठा पत्तल भी उन्हें खुद ही उठाना पड़ता था। दलित-पिछड़ों के स्वाभिमान की रक्षा के लिए एक दिन उन्होंने अपने यहाँ एक सहभोज का आयोजन किया, जिसमें इलाके के पिछड़े समाज के लोगों को निमंत्रण मिला। उसमें अछूत समुदाय के प्रमुख व्यक्तियों को भी बुलाया गया। दलित-पिछड़ों से छुआछूत की भावना मिटाने के लिए सबको एक ही पांत में प्रेमपूर्वक खिलाया गया। भोजन करके वे सभी उत्साह से गले मिले और दूसरे गाँवों में भी ऐसा ही आयोजन करने का निर्णय लेकर विदा हो गये।

ऊँची जाति के लोगों ने इसे अपना अपमान समझा। इसलिए चुल्हाई साहू को सबक सिखाने के लिए अगले दिन कुछ सवर्ण युवक उनके दरवाजे पर

चढ़ बैठे। वे अपने बरामदे में बैठे थे कि युवकों ने उन्हें पकड़ कर तेज हथियार से उनके दोनों कान काट डाले। उन्हें धमकी भी दी कि भविष्य में यदि फिर ऐसे भोज हुए तो तुम्हारा घर फूँक दिया जायेगा। घटना की खबर मिलते ही आसपास के गाँवों से पिछड़े वर्ग के लोग चुल्हाई साहू के दरवाजे पर इकट्‌ठे हो गये। 'छपरा जिला पिछड़ी जाति संघ' के नेताओं ने यद्यपि लोगों को धैर्य से काम लेने का आह्वान किया, अहिंसात्मक ढंग से स्थिति का सामना करने को कहा, किन्तु युवकों ने इस घटना को चुनौती के रूप में स्वीकार किया। उन्होंने चुल्हाई साहू जैसे पिछड़ी जाति के सम्मानित नेता के कान काटने की घटना को पूरे पिछड़े समाज का अपमान समझा। इसलिए कल होकर कुछ युवक कान काटनेवाले के यहाँ पहुँच गये। वह घर पर नहीं था। युवकों ने प्रतिहिंसा में उसके पिता के ही दोनों कान काट लिये। घटना की खबर इलाके में बिजली की तरह फैल गयी। जिस पुलिस ने चुल्हाई साहू के कान काटने की घटना पर कोई ध्यान नहीं दिया था, इस घटना की खबर मिलते ही कार्रवायी शुरू कर दी। आनन-फानन में उन्हें पकड़कर जेल में बंद कर दिया गया। उन पर मुकद्दमा चला। सुनवाई के लिए चंदापुरी तथा 'उत्तर प्रदेश पिछड़ी जाति संघ' के प्रसिद्ध नेता शिवदयाल सिंह चौरसिया भी आये, किन्तु उनकी एक न सुनी गयी। श्री चुल्हाई साहू को चार वर्ष की सजा हो गयी। सजा काटकर निकले घायल और बूढ़े चुल्हाई साहू तुरत ही चल बसे।

इस घटना से चंदापुरी जी काफी मर्माहत थे। चूंकि चंदापुरी को अमेरिका जाना था, इसलिए उन्होंने 'संघ' का दायित्व दूसरे लोगों पर डालने की योजना बनायी। इसके लिए 'त्रिवेणी संघ' के संस्थापक अध्यक्ष बाबू दासु सिंह के निवास पर 20 सितम्बर को संघ की बैठक हुई, जिसकी अध्यक्षता प्रसिद्ध स्वतंत्रता सेनानी आचार्य दिनेशचंद्र ने की थी। त्रिवेणी संघ कांग्रेस की मार से मृतप्राय हो चुका था। बैठक में पटना हाई कोर्ट के वकील तथा यादव महासभा एवं त्रिवेणी संघ नेता नवदीपचंद्र घोष को संघ का नया अध्यक्ष बना दिया गया।

चंदापुरी के अनुसार "नवदीपचंद्र घोष बिहार के प्रथम मुख्यमंत्री डॉ. श्रीकृष्ण सिंह से थोड़े ही मतों से हार खाये थे। उस बैठक में स्वतंत्रता सेनानी डॉ. कैलाश देव 'यति', गंगा प्रसाद सिंह, चुल्हाई साहू, संत प्रसाद गुप्ता, देवलाल प्रसाद आदि नेताओं ने भाग लिया था। बाद में पिछड़ी जाति आंदोलन में चुल्हाई साहू तथा संत प्रसाद गुप्त शहीद हो गये थे। मैंने पिछड़ी जाति

शब्द परिभाषित किया था और इसी अभिप्राय से. मैंने पिछड़ी जाति संघ एक राजनीतिक दल का गठन किया था। डॉ. अम्बेदकर के नेतृत्व में संचालित 'परिगणित (अनुसूचित) जाति संघ' के साथ उसकी कोई गलतफहमी न हो, इसलिए उस समय ऐसा किया गया था। बाद में अछूत शूद्र भी 'पिछड़ी जाति संघ' में सम्मिलित होने लगे।''

इधर एक नये घटनाक्रम में दिसम्बर 1948 में कांग्रेस और श्रीकृष्ण सिंह की चाल से आनन-फानन में 'पिछड़ी जाति संघ' की बैठक बुलाकर कांग्रेस के एक वयोवृद्ध नेता हरेकृष्ण प्रसाद को संघ का अध्यक्ष चुन लिया गया। 'पिछड़ी जाति संघ' के बढ़ते प्रभावों से कांग्रेस पहले ही से चिंतित थी। श्री बाबू ने 'पिछड़ी जाति संघ' पर काबू पाने के लिए पहले कांग्रेस के तीन पिछड़े नेताओं को, जो पहले 'संघ' के भी नेता थे, मिलाया। उनको कांग्रेस ने पहले ही से छोटा-मोटा पद दे रखा था। उनमें से शिवनंदन प्रसाद मंडल और वीरचंद पटेल श्रीबाबू की सरकार में संसदीय सचिव तथा देवशरण सिंह बिहार विधान सभा के उपाध्यक्ष थे। फिर उन्हीं लोगों की मदद से 'पिछड़ी जाति संघ' के अध्यक्ष नवदीपचन्द्र घोष को झांसे में डालकर 'संघ' की बैठक बुला ली गयी। उन्हें पद का प्रलोभन दिया गया।

इसमें चंदापुरी या दासु सिंह को जानबूझकर नहीं बुलाया गया। दासु बाबू कांग्रेस के इस षड्यंत्र को भांप गये थे, इसलिए वे बैठक में नहीं आये; किन्तु चंदापुरी को जब पता चला, तो अपने खून-पसीने से सींचे गये 'संघ' को बर्बादी से बचाने के लिए वे दौड़े-दौड़े बैठक में गये। किन्तु वहाँ पहुँचने से पहले ही सारे प्रस्ताव पास हो चुके थे और हारकर चंदापुरीजी को प्रस्तावों से समझौता करना पड़ा। नवदीपचन्द्र घोष के साथ भारी विश्वासघात हुआ था। चंदापुरी के पहुँचने पर 'संघ' के नेता दो भागों में बँट गये और 'संघ' को टूटने से बचाने के लिए चंदापुरीजी ने समझौता कर लिया।

2. बिहार प्रांतीय पिछड़ा वर्ग संघ : संगठन मूलतः राजनीतिक दल के रूप में खड़ा हुआ था और इसमें कांग्रेस के भी पिछड़े नेता थे, जिन्हें संघ हटाना चाहता था, ताकि कांग्रेस की ओर से कोई षड्यंत्र न हो। किन्तु अब 'पिछड़ी जाति संघ' को एक गैर-राजनीतिक (सामाजिक) संगठन के रूप में परिणत कर दिया गया। चंदापुरी जी के ही सुझाव पर इसके नाम में थोड़ा-सा

परिवर्तन करके उसे 'बिहार प्रांतीय पिछड़ा वर्ग संघ' नाम दे दिया गया। अब उसमें सभी राजनीतिक दल के सदस्य रह सकते थे। कांग्रेस को इससे सुविधा मिली कि कांग्रेस **संघ** के अपने दलित-पिछड़े नेताओं को कभी भी प्रलोभन देकर संघ की गतिविधियों पर अंकुश लगा सकती थी। ऐसा हुआ भी। चंदापुरी जी के न चाहते हुए भी उन्हें **'संघ'** का कार्यकारी अध्यक्ष बनना पड़ा। क्योंकि संघ के नये अध्यक्ष हरेकृष्ण प्रसाद काफी बूढ़े थे। सब कुछ जानते हुए भी चंदापुरी जी ने चुप रहना ही उचित समझा और वे सही समय की ताक में रहने लगे। और आखिर वह समय आ ही गया, जब चंदापुरी जी ही 'बिहार प्रांतीय पिछड़ा वर्ग संघ' के सर्वमान्य नेता हो गये।

आस्ट्रेलिया के प्रो. (डॉ.) हेन्निंघम ने कहा था कि "आर. एल. चंदापुरी द्वारा संचालित दलित-पिछड़े समाज का मुक्ति आंदोलन केवल सत्ता प्राप्ति के लिए राजनीतिक उथल-पुथल नहीं है, बल्कि यह विश्व-आंदोलन का एक बहुत ही महत्त्वपूर्ण ऐतिहासिक हिस्सा है, जिसका उद्देश्य विश्वबंधुत्व, भाईचारा, बराबरी एवं सामाजिक न्याय की स्थापना के जरिये एक उच्चतम मानव संस्कृति का सृजन करना है।"

'बिहार प्रांतीय पिछड़ा वर्ग संघ' के बैनर तले दलित-पिछड़ों को जगाने एवं उनको शोषण से मुक्ति दिलाने के अनेक कार्य किये गये। 1949 में 'गाँव जगाओ अभियान' शुरू किया गया, जिसमें टोली बनाकर कार्यकर्त्ता दलित-पिछड़ों के गाँव में पैदल जाते थे और वहाँ शिविर लगाकर लोगों को शिक्षा, स्वास्थ्य, स्वाभिमान और अपने अधिकार के प्रति जागृत करते थे। उन्हें सवर्णों, सामंतों और जमींदारों के अत्याचार से मुक्त करवाते थे। इस ग्राम यात्रा के चार उद्देश्य थे-1. समाज से छुआछूत और ऊँच-नीच की भावना मिटाना तथा लोगों में एकता तथा भाईचारे का भाव पैदा करना. 2. हर गाँव में शिक्षा शिविर लगाकर दलित-पिछड़ों में शिक्षा का प्रचार करना. 3. ग्रामवासियों के आपसी झगड़ों को मिटाना. तथा 4. जमीन पर जमीन जोतनेवालों को अधिकार दिलाना। किन्तु बाद में इस चौथे कार्यक्रम को स्थगित कर दिया गया, क्योंकि जमीन पर अधिकार दिलाना कठिन कार्य था, जिससे शांति भंग होने की आशंका थी। किन्तु अन्य तीनों कार्यक्रम अबाध रूप से चलते रहे।

इसका नारा था-'ग्राम यात्रा सफल बनावे, यही हमारा नारा हो, आपस के सब भेदभाव भुला, शोषित को शोषित प्यारा हो।' ग्रामीणों, विशेषकर युवक-युवतियों

ने ग्राम-यात्रा का दिल खोलकर स्वागत किया। यात्राओं द्वारा अनेक कार्यक्रम आयोजित किये गये। ग्राम-यात्राओं के कार्यक्रमों से उस जमाने के अखबार भरे रहते थे। एक बार बिहार के मुख्यमंत्री श्रीकृष्ण सिंह के विधानसभा क्षेत्र के एक गाँव महरथ में दलितों ने ग्राम-यात्रा के सदस्यों को घेर लिया और बड़े ही कातर भाव से अपना दुखड़ा सुनाया। उनके घास-फुस और मिट्टी के स्कूल को सवर्ण युवक और जमींदार तोड़ देते थे, उनके बच्चों को पढ़ने नहीं देते थे। चंदापुरी के नेतृत्व में ग्राम यात्रा के सदस्यों ने वहाँ तत्काल मिट्टी के छप्पर पर घास डलवाकर स्कूल चालू करवाया। और उसी समय चंदापुरी ने मुख्यमंत्री श्रीकृष्ण सिंह को पत्र लिखकर सारी सूचनाएँ दे दी। रात में ग्राम यात्रा के सदस्यों ने वहीं पढ़ाव डाला और एक विशाल सहभोज का आयोजन किया गया, जिसमें अछूत-सछूत सभी जाति के लोग सरीख हुए। फिर दलित स्कूल की झोपड़ी नहीं गिरी।

साल भर के अंदर ही 'बिहार प्रांतीय पिछड़ा वर्ग संघ' की शाखाएँ पूरे प्रांत में फैल गयीं। सभी जिलों में विधिवत संघ के कार्यालय खोले गये और जोर-शोर से पिछड़ा वर्ग के कार्यक्रम चलाये गये। इस बीच मार्च 1948 में चंदापुरी अपने कुछ साथियों के साथ दिल्ली में डॉ. अम्बेदकर से भी मिले। संविधान में उन्होंने पिछड़े वर्गों के लिए सुविधाएँ दिलवाने का अनुरोध किया, जिससे डॉ. अम्बेदकर ने स्वीकार कर लिया। वे खुद भी वैसा ही करना चाहते थे। बाद में उन्होंने अपने इसी उद्देश्य की पूर्ति के लिए संविधान की धारा 340 में अन्य पिछड़े वर्गों के लिए कुछ अधिकार दिये। उन्होंने चंदापुरी जी को बिहार के दौरे का वचन भी दिया था, जिसे उन्होंने वर्ष 1951 में पूरा किया। संविधान-सभा में अनुसूचित जाति, जनजातियों की तरह अन्य पिछड़ी जातियों के लिए सुविधा के प्रावधानों की बहस से सारे देश की पिछड़ी जातियों में एक नया उत्साह आ गया था। वे आशा भरी नजरों से संविधान की ओर देख रहे थे। दिल्ली, पंजाब, उत्तरप्रदेश, मध्यप्रदेश, राजस्थान, महाराष्ट्र, मद्रास, प. बंगाल आदि प्रांतों में पिछड़ी जातियों में एक नयी जागृति आ गयी थीं।

(ग) अखिल भारतीय पिछड़ा वर्ग संघ की स्थापना : संविधान में पिछड़ों के उत्थान के लिए विशेष व्यवस्था की खबर से उत्साहित होकर चंदापुरी ने 1949 में 'बिहार प्रांतीय पिछड़ा वर्ग संघ' को राष्ट्रीय विस्तार देने की सोची। उनके एक मित्र कमलेश्वरी प्रसाद यादव संविधान सभा के सदस्य

भी थे। चंदापुरी ने उनसे सम्पर्क करके इस आशय का प्रस्ताव किया। राष्ट्रीय स्तर पर 'पिछड़ा वर्ग संघ' के नेतृत्व के लिए पिछड़े वर्ग के प्रसिद्ध समाजसेवी और नेता पंजाब राव देशमुख का नाम प्रस्तावित किया गया। कमलेश्वरी प्रसाद सहर्ष तैयार हो गये। शीघ्र ही 26 जनवरी 1950 में दीवानचंद हॉल, दिल्ली में पिछड़े वर्गों का विशाल सम्मेलन बुलाया गया और उसमें सर्वसम्मति से प्रस्ताव पारित कर 'बिहार प्रांतीय पिछड़ा वर्ग संघ' को 'अखिल भारतीय पिछड़ा वर्ग संघ' के रूप में परिवर्तित कर दिया गया। उसके सारे मूलभूत सिद्धांत और कार्यक्रमों को ज्यों-का-त्यों स्वीकार कर लिया गया। सम्मेलन में सर्वसम्मति से पंजाब राव देशमुख को संघ का अध्यक्ष चुन लिया गया। संघ अखिल भारतीय स्तर पर काम करने लगा।

(घ) अखिल भारतीय पिछड़ा वर्ग संघ के प्रांतीय संगठन : देश के प्राय: सभी प्रांतों में संगठन की शाखाएँ काम करने लगी। संघ के राष्ट्रीय नेताओं ने राष्ट्रव्यापी दौरा करके पिछड़ों को राष्ट्रीय स्तर पर एकता के सूत्र में बाँधने की कोशिश की। इसमें चंदापुरी के अलावे पंजाब राव देशमुख और शिवदयाल चौरसिया की महत्त्वपूर्ण भूमिका थी। यहाँ संक्षेप में राज्यवार संघ के संगठनकर्त्ता और नेताओं की सूची दी जा रही है-

1. **दिल्ली प्रदेश पिछड़ा वर्ग संघ :** दिल्ली प्रदेश के तत्कालीन मुख्यमंत्री चौधरी ब्रह्मप्रकाश पिछड़ा वर्ग आंदोलन को प्रोत्साहित कर रहे थे। संघ के नेताओं में रामप्रसाद सैनी, प्यारे लाल सोनकर, पृथ्वीपाल सिंह, ज्ञानेन्द्र नाथ, भैरव प्रसाद चक्र, रामप्रसाद धनगर, सरदार मोहन सिंह, भगवान दास सेठ, बिहारी लाल, जी.डी. चौरसिया, जी.पी. यादव, बदन सिंह पाल आदि प्रमुख थे।

2. **उत्तर प्रदेश पिछड़ा वर्ग संघ :** यहाँ संघ के अध्यक्ष डॉ. बदलू राम 'रसिक' के अलावे अन्य प्रमुख लोग थे-द्वारका प्रसाद मौर्य, दुर्गादत्त सिंह कुशन, शिवदयाल सिंह चौरसिया, चन्द्रिका प्रसाद जिज्ञासु, दुर्गादीन साहू, छेदी लाल साथी, बाबूलाल प्रजापति, कुंवर उदय वीर सिंह आदि।

3. **मध्य प्रदेश पिछड़ा वर्ग संघ :** डॉ. इन्द्रजीत सिंह, खूबचंद पटेल, चिंतामणि साह, गोखुल प्रसाद सैनी, कन्हैया लाल जी आदि वहाँ जोरशोर से संगठन का काम कर रहे थे।

4. **पंजाब प्रदेश पिछड़ा वर्ग संघ :** पंजाब में पिछड़ा वर्ग संघ के कार्यों में डॉ. हजारी लाल, संतराम (बी.ए.), अमीर सिंह, चौधरी चानन सिंह, सीताराम सैनी आदि जुटे हुए थे।

5. **प. बंगाल प्रदेश पिछड़ा वर्ग संघ** : इसके अध्यक्ष आशुतोष दास थे। इनके अलावे प्रमुख नेता एस.के. सरकार, उपेन्द्र नाथ बर्मन, गौरसुंदर नाथ, खलीलुर्रहमान अंसारी, विवेकानंद विश्वास आदि संगठन के कार्य में सक्रिय थे।

6. **उड़िसा प्रदेश पिछड़ा वर्ग संघ** : उड़िसा में इस संघ का संचालन यदुमण मंगराज, डॉ. पी. पारीजा, लक्षी नारायण साहू आदि नेता कर रहे थे। उनको केन्द्रीय नेताओं का भरपूर सहयोग एवं समर्थन प्राप्त हो रहा था।

7. **राजस्थान प्रदेश पिछड़ा वर्ग संघ** : राजस्थान के पिछड़ा वर्ग आंदोलन का संचालन महंथ लक्षानंद, घीसाराम जाट, कालू राम राठौर, स्वामी परमानंद जी भारती, संतोष सिंह कछवाहा, छोटेलाल सुखाजी, राम स्वरूपचंद लाल आदि नेता कर रहे थे।

8. **बम्बई प्रदेश पिछड़ा वर्ग संघ** : के. एस. डोंडकर, डब्लू सिंह वाग, जी.सी. बोबाड़े, के.पी. साह, एस.आर. लोण्ढे, आर.बी. राउत, डी.आर. गाढे आदि नेता बम्बई (महाराष्ट्र) में संघ के संचालन में सक्रिय थे।

9. **आंध्र प्रदेश पिछड़ा वर्ग संघ** : आंध्र प्रदेश में पिछड़ा वर्ग संघ का संचालन जी. लच्छना, डॉ. एन. चेन्ना रेड्डी, जी.आर. वर्मा, के. कामराजू, ए. हुसैनप्पा, टी.एन. विश्वनाथ रेड्डी आदि नेता कर रहे थे।

10. **मैसूर प्रदेश पिछड़ा वर्ग संघ** : यहाँ संगठन को सुदृढ़ बनाने में बी. गोपाल रेड्डी, एन.सी. देशप्पा, पी. मरियप्पा, के.जी. देशप्पा, के.पी. बोडियर, एम. बीरप्पा, एन.बी. कृनप्पा आदि नेता सक्रिय थे।

11. **मद्रास प्रदेश पिछड़ा वर्ग संघ** : मद्रास में संगठन के कार्य में अभूतपूर्व उत्साह था। वहाँ प्रदेश पिछड़ा वर्ग के अध्यक्ष वी.एम. घटिकाचलम थे। उनके नेतृत्व में संघ के अन्य नेताओं में एन.ई. मनोरम, एस. रामानाथन, एम.ए. नायर आदि सक्रिय थे।

12. **केरल प्रदेश पिछड़ा वर्ग संघ** : यहाँ मुख्य रूप से क्रिश्चन पिछड़ा वर्ग संगठन का कार्य कर रहा था। इसके नेताओं में मुख्य रूप से पी.एम. अब्राहम, पी. नीलकंठ, बी.डी. जॉन, ई.पी. वर्गीज आदि सक्रिय थे।

13. **असम प्रदेश पिछड़ा वर्ग संघ** : इस प्रदेश में जीतेन्द्र नाथ चौधरी, हीरालाल गुप्ता, गौरमोहन दास, चारू बर्मन, सोनाराम फुकम, गिरधारी दास,

ज्ञान मोहन दास, एम.एन. सैकिया, नीलाम्बर दास आदि नेता संगठन के कार्य में सक्रिय थे।

14. **बिहार प्रदेश पिछड़ा वर्ग संघ :** अखिल भारतीय पिछड़ा वर्ग संघ की गतिविधियों का मुख्य केन्द्र बिहार ही था। इसके प्रमुख नेताओं में हरे कृष्ण प्रसाद, वंशीलाल, शिवपूजन सिंह (पूर्व महामंत्री, रेडिकल डेमोक्रेटिक पार्टी), कन्हैया जी (जो बाद में पटना हाई कोर्ट के पिछड़ी जाति के प्रथम न्यायमूर्ति बने), कमलाकांत, रामस्वरूप प्रसाद राय, वृजमोहन लाल, गंगा प्रसाद सिंह, रामरूप प्रसाद चौरसिया, बुल्लम बहादुर सिंह, रामचरण तुर्री, मास्टर हीरालाल, रामलक्ष्मण शर्मा, डॉ. रामशरण प्रसाद, अब्दुल कयूम अंसारी (बाद में अध्यक्ष, ऑल इंडिया मोमिन कांफ्रेंस), भोला पासवान शास्त्री (बाद में बिहार के मुख्यमंत्री), अहमद मुहम्मद नूर आदि थे। इसका कार्यालय राज्य की राजधानी पटना के 'शिव निकेतन' में था।

इस प्रकार लगभग पूरे देश में संघ का प्रचार-प्रसार तेजी से हो रहा था। इससे कांग्रेस चिंता में पड़ गयी। जिस प्रकार 1948-49 में 'बिहार प्रांतीय पिछड़ी जाति संघ' के साथ बिहार कांग्रेस के द्वारा षड्यंत्र किये गये, उसी प्रकार कांग्रेस के राष्ट्रीय नेतृत्व द्वारा 'अखिल भारतीय पिछड़ा वर्ग संघ' के साथ भी षड्यंत्र शुरू हो गये। देश के प्रथम प्रधानमंत्री पं. जवाहर लाल नेहरू 'पिछड़ा वर्ग संघ' के बढ़ते प्रभावों से चिंतित हो उठे थे। उन्होंने पिछड़ा वर्ग संघ की गतिविधियों को नियंत्रित करने और इसे कांग्रेस के कब्जे में लेने के लिए केन्द्रीय मंत्री जगजीवन राम को अधिकृत किया। जगजीवन बाबू ने बिहार के मुख्यमंत्री श्रीकृष्ण सिंह, कद्दावर नेता डॉ. अनुग्रह नारायण सिंह एवं पिछड़े वर्ग के अनेक नेताओं से सम्पर्क और गुप्त मंत्रणा कर आंदोलन को कुचल देना चाहा। उन्होंने संघ में गुटबाजी करा दी और 'अखिल भारतीय पिछड़ा वर्ग संघ' को दो खेमे में बाँट देने की साजिश शुरू हो गयी। इसमें कांग्रेस को सफलता नहीं मिली। हारकर कांग्रेस ने 'बिहार प्रदेश पिछड़ा वर्ग संघ' को बाँटने की कोशिश की, जिसमें वह सफल हो गयी। चंदापुरी जी को षड्यंत्र की सूचना बिहार सरकार के संसदीय सचिव नूर मोहम्मद से मिली।

फिर क्या था, उन्होंने 12 जून 1950 को संघ का प्रांतीय अधिवेशन बुलाया, जिसमें पिछड़े वर्ग के सैकड़ों कार्यकर्त्ता और नेताओं ने भाग लिया। इस प्रकार 'पिछड़ा वर्ग संघ' को खंडित करने के षड्यंत्र का पर्दाफाश तो हो

गया। बावजूद इसके कांग्रेस ने 'पिछड़ा वर्ग संघ' के अनेक लोगों को विधान सभा और लोकसभा के टिकट का प्रलोभन देकर फोड़ने में सफलता प्राप्त कर ली। इससे आंदोलन कुछ कमजोर पड़ गया। और अंततः कांग्रेस का सामानान्तर संघ खड़ा हो गया। 20 दिसम्बर 1953 में पटने में पिछड़ा वर्ग संघ के कुछ कांग्रेस नेताओं का अधिवेशन बुलाकर कांग्रेस नेता शिवनंदन मंडल को संघ का अध्यक्ष बना दिया गया। चंदापुरी जी का संघ अपना अलग चलता रहा।

किन्तु बाद में डॉ. अनुग्रह नारायण सिंह को अपनी गलती का अहसास हुआ और उन्होंने पिछड़ा वर्ग संघ को तोड़ने में कोई दिलचस्पी नहीं ली। क्योंकि वे राजपूत जाति के थे और बिहार मंत्रिमंडल और कांग्रेस पर पूरी तरह भूमिहार-ब्राह्मणों का कब्जा था। 'पिछड़ा वर्ग संघ' के रहने से उन्हें परोक्ष रूप से संरक्षण ही मिलता। इसलिए बाद में उन्होंने चंदापुरी जी से सम्पर्क किया और उन्हें समर्थन देने की बात कही। इसके लिए उनके सजातीय सहयोगी और बिहार सरकार में मंत्री श्री दीप नारायण बाबू से चंदापुरी की बातचीत भी हुई, पर कांग्रेस के सामानान्तर पिछड़ा वर्ग संघ को भंग करने के सवाल पर वार्ता विफल हो गयी। इस प्रकार संघ कमजोर पड़ गया।

उनकी पत्रिका 'पिछड़ा वर्ग' का प्रकाशन बंद हो गया। लेकिन उन्होंने हिम्मत नहीं हारी। एक दूसरी पत्रिका 'पिछड़ा वर्ग संदेश' का प्रकाशन शुरू किया। 1952 के प्रथम आमचुनाव के समय चंदापपुरी ने डॉ. अम्बेदकर से बातचीत करके दलित-पिछड़ों की एक सम्मिलित पार्टी बनानी चाही। किन्तु 'अखिल भारतीय पिछड़ा वर्ग संघ' के अध्यक्ष डॉ. पंजाब राव देशमुख के मना करने पर यह कार्य संभव नहीं हो सका। बाद में देशमुख को कांग्रेस ने अपने मंत्रिमंडल में शामिल कर लिया।

1957 का आम चुनाव आनेवाला था। पिछड़ों की राजनीतिक भागीदारी के लिए चंदापुरी के मन में एकबार फिर से हिलोरें उठने लगी। आरम्भ में उन्होंने 'पिछड़ी जाति संघ' का गठन भी राजनीतिक उद्देश्य के लिए ही किया था। 'अखिल भारतीय पिछड़ा वर्ग संघ' के सामाजिक संगठन बन जाने के कारण उन्होंने 'भारतीय राष्ट्रीय पिछड़ा वर्ग संघ' के नाम से एक अलग राजनीतिक पार्टी का गठन किया, जिसका सोशलिस्ट पार्टी में विलय हो गया। फिर से 1960 में अलग से 'भारतीय राष्ट्रीय पिछड़ा वर्ग पार्टी' का गठन किया गया। सामाजिक संगठन के रूप में पिछड़ा वर्ग संघ ज्यों-का-त्यों चलता रहा। पार्टी के गठन के लिए शिवनारायण यादव की अध्यक्षता में 101 नेताओं

की एक विशाल स्वागत समिति बनायी गयी। 8-10 जनवरी 1960 में पटने में पार्टी का विशाल सम्मेलन हुआ, जिसमें देश के पिछड़े वर्ग के दिग्गज नेताओं ने भाग लिया। हजारों लोगों का जुलूस शहर के मुख्य मार्गों से जब चला, तो श्रीकृष्ण सिंह मंत्रिमंडल में खलबली मच गयी। 10 जनवरी को पटने के गाँधी मैदान में पार्टी का खुला अधिवेशन हुआ, जिसमें प्रस्ताव पास कर अनुसूचित जाति, जनजाति और पिछड़े वर्ग के लोगों को एक मंच पर आने का आह्वान किया गया तथा जाति तोड़ने का सर्वसम्मत प्रस्ताव भी पारित हुआ। इसी सम्मेलन में चंदापुरीजी को 'त्यागमूर्ति' की उपाधि दी गयी।

(ङ) अखिल भारतीय पिछड़ा वर्ग संघ के ऐतिहासिक कार्य : देश की राजनीति और समाज निर्माण में 'अखिल भारतीय पिछड़ा वर्ग संघ' की महत्त्वपूर्ण भूमिका है। संवैधानिक वाध्यता और पहल से काका कालेलकर के नेतृत्व में 1953 में 'राष्ट्रीय पिछड़ा वर्ग आयोग' का गठन हो चुका था, उसने अपनी रिपोर्ट भी जमा कर दी थी। किन्तु कांग्रेस सरकार उसकी सिफारिशों को लागू नहीं कर रही थी। इस पर चंदापुरी और कांग्रेस में अनेक वाद्-विवाद हुए।

इस बीच चंदापुरी 'अखिल भारतीय पिछड़ा वर्ग संघ' के अध्यक्ष बन चुके थे। उन्होंने इस बैनर से सघन आंदोलन चलाया। पिछड़े वर्ग की जागृति रंग लायी और सन् 1967 के आम चुनाव में देश के अनेक राज्यों में कांग्रेस सरकार हार गयी। बिहार में भी संविद सरकार बनी। चंदापुरी अब 'पिछड़ा वर्ग संघ' का दायित्व किसी योग्य व्यक्ति के हाथों में देकर बिहार में पिछड़े वर्ग का नेतृत्व तैयार करना चाहते थे। उस समय दारोगा प्रसाद राय, धनिक लाल मंडल, कर्पूरी ठाकुर और बिन्देश्वरी प्रसाद मंडल-ये चार ही व्यक्ति थे, जो ऐसे कार्य कर सकते थे। 22 अगस्त 1967 को पटने में संघ का सम्मेलन बुलाकर चंदापुरी ने सर्वसम्मति से बिन्देश्वरी प्रसाद मंडल को संघ का अध्यक्ष बनवा दिया और वहीं पर घोषणा कर दी कि ''प्रतिनिधियों ने जिस व्यक्ति को अध्यक्ष चुना है, वह बिहार के भावी मुख्यमंत्री हैं।'' फिर तुरत ही कांग्रेस सरकार के भ्रष्ट्राचार की जाँच के लिए बनी अय्यर कमीटी की रिपोर्ट पर बिहार की कृष्ण वल्लभ सहाय की कांग्रेस सरकार हटी और 'शोषित दल' की ओर से बिन्देश्वरी प्रसाद मंडल बिहार के मुख्यमंत्री बने। वे बिहार की पिछड़ी जाति के पहले मुख्यमंत्री थे। इस प्रकार बिहार में एक नया इतिहास बना। फिर तो कर्पूरी ठाकुर, भोला पासवान शास्त्री, लालू प्रसाद यादव

दलित-पिछड़े वर्ग से मुख्यमंत्री बनते ही चले गये। आज भी नीतीश कुमार पिछड़े ही वर्ग के मुख्यमंत्री हैं। प्रकारांतर से यह चेतना चंदापुरी ने ही पैदा की थी।

(इस अध्याय के अधिकांश तथ्य और घटनाएँ चंदापुरी की पुस्तक 'भारत में ब्राह्मणराज और पिछड़ा वर्ग आंदोलन' एवं कतिपय अन्य पत्र-पत्रिकाओं से लिये गये हैं।)

(च) पिछड़ा वर्ग आंदोलन और कांग्रेस : यह सही है कि कांग्रेस के अधिकांश नेता ब्राह्मणवादी सोच के थे, किन्तु कांग्रेस एक तपी-तपायी पार्टी थी, जिसके संघर्ष का अपना अलग इतिहास था। आजादी के पूर्व गाँधीजी के नेतृत्व में और आजादी के बाद नेहरू के नेतृत्व में इस पार्टी ने हमेशा राष्ट्र की एक मुकम्मल जातीय और राष्ट्रीय अस्मिता के लिए प्रयास किया। कांग्रेस के सामने दलित-पिछड़े बहुसंख्यक और मुस्लिम आदि अल्पसंख्यकों की एक गंभीर समस्या थी, जिसके समाधान के लिए उसने अपने ढंग से काम किया।

कांग्रेस ने बहुत सारे संघर्ष और विवाद झेले थे। देश में कई-कई साम्प्रदायिक दंगे हो चुके थे। कांग्रेस को हमेशा भय रहता था कि कहीं फिर से शांति-भंग न हो जाये। इसलिए उसके नेता ऐसे किसी भी आंदोलन से सतर्क और सावधान हो जाते थे। यह सही है कि कांग्रेस नेतृत्व पर ब्राह्मणों का ही कब्जा था, उनके मन में खोट भी हो, वे दूसरे के नेतृत्व को बर्दास्त नहीं कर पाये, फिर भी कांग्रेस ने 'पिछड़े वर्ग' आंदोलन को इसी रूप में देखा। उन्हें हमेशा आशंका रही कि पिछड़ा वर्ग आंदोलन के कारण समाज में कहीं अगड़े-पिछड़े के साम्प्रदायिक दंगे न शुरू हो जाये। इसलिए कांग्रेस के नेता उनमें संतुलन बनाने के प्रयास करते रहे। खुद चंदापुरी जी ने भी उनके'इस काम में सहयोग किया। भले ही उनका कांग्रेस से मतभेद रहा हो, किन्तु इसी आंदोलन के प्रभाव से पिछड़े वर्ग के अनेक नेता कांग्रेस के मंत्री और पदाधिकारी बने।

हमेशा से कांग्रेस और दलित-पिछड़े वर्ग के आंदोलनों के बीच ढाल और तलवार का सम्बंध रहा है। बाबा साहब के समय से लेकर '74 के आंदोलन तक यह सम्बंध बराबर बना रहा। किन्तु इसके बाद कांग्रेस ने भी दलित-पिछड़ों के स्वतंत्र अस्तित्व और अहमियत को समझा और आज वह उसके कदम से कदम मिलाकर चलना चाहती है। डॉ. अम्बेदकर, लोहिया, कर्पूरी ठाकुर और चंदापुरी जी जैसे दलित-पिछड़े वर्ग के समर्पित नेताओं और समाजसेवियों के आंदोलन का ही परिणाम है कि आज दलित-पिछड़ी राजनीति हाशिये से उठकर केन्द्र की ओर बढ़ रही है। इसलिए संघर्ष कभी बेकार नहीं जाता।

(छ) भारतीय राजनीति में पिछड़ा वर्ग : भारतीय राजनीति का राष्ट्रीय स्वरूप स्वतंत्रता संग्राम के दौरान कांग्रेस के आंदोलन और उसके कुछ दिनों के बाद मिली आजादी के बाद ही बन पाता है। किन्तु इसकी सुगबुगाहट नवजागरण काल से ही हो चुकी थी। मोटे तौर पर भारतीय राजनीति में जब हम पिछड़े वर्ग के प्रवेश की बात करते हैं, तो कहा जा सकता है कि गाँधी और पटेल के रूप में इसकी शुरूआत कांग्रेस के अंदर और बाहर पहले ही हो चुकी थी। पर गाँधी और सरदार वल्लभ भाई पटेल में से किसी को भी पिछड़े वर्ग का प्रतिनिधि नहीं कहा जा सकता। कारण स्पष्ट है। पूरे देश के सामाजिक समीकरण में ये दोनों ही महापुरुष (बनिया और पटेल) भले ही वैश्य और पिछड़े वर्ग में आते हों, पर गुजरात के सामाजिक समीकरण में वे अगड़े और सवर्ण थे। वे सम्पन्न और संभ्रांत घराने से आते थे। दोनों ही की मानसिकता में भारतीय संस्कृति की पौराणिक परम्परा और ब्राह्मणवादी संस्कार थे। यह बात अलग है कि बाद में अखिल भारतीय स्तर पर उन्हें स्वीकृति पिछड़े वर्ग के रूप में ही मिली। फिर भी भारतीय राजनीति में पिछड़ों के प्रवेश का सिलसिला कांग्रेस के पिछड़े वर्ग के नेताओं के रूप में ही शुरू होता है। इनमें बहुत से नाम गिनाये जा सकते हैं। कुछ की चर्चा पुस्तक में अन्यत्र भी हुई हैं।

शुद्ध रूप से पिछड़े वर्ग की राजनीति का आरम्भ डॉ. राममनोहर लोहिया से होता है। इसके बाद इस सूची में अनेक नाम जुड़ते चले जाते हैं। बिहार और उत्तर प्रदेश से शुरू हुआ पिछड़ा वर्ग आंदोलन पिछड़ों का राष्ट्रव्यापी आंदोलन बन जाता है, जिसकी चर्चा पुस्तक में हो चुकी है। आजादी के बाद 1952 में हुए देश के प्रथम आम चुनाव से यह सिलसिला ठीक से शुरू होता है। किन्तु पिछड़े वर्ग की राजनीति की सही शुरुआत 1967 से ही होती है, जब देश में कांग्रेस से मोहभंग होने लगता है और करुणानिधि, चौधरी चरण सिंह, राजनारायण, कर्पूरी ठाकुर जैसे समाजवादी नेताओं का उदय होता है। तब से लेकर आज तक लोकसभा के केवल दो चुनावों 1980 और 84 (इंदिरा लहर और उनकी हत्या के बाद राजीव लहर) को छोड़कर देश में जो भी प्रांतीय या राष्ट्रीय चुनाव हुए हैं, पिछड़े वर्ग के प्रतिनिधियों की संख्या में वृद्धि ही हुई है। 1974 के जयप्रकाश आंदोलन और 1977 के आम चुनाव के बाद उत्तर भारत में पिछड़े वर्ग की राजनीति जोर पकड़ने लगती है और 1991 में देश की जनता पार्टी की सरकार से पिछड़े वर्ग की राजनीति राष्ट्रीय बन जाती है। 1993 में जब विश्वनाथ प्रताप सिंह की सरकार द्वारा देश में 'मंडल कमीशन' लागू किया जाता है, तो इस प्रवृत्ति को और बढ़ावा मिलता

है। पिछड़े वर्ग की राजनीति के उत्तरोत्तर विकास के सभी आंकड़े तो उपलब्ध नहीं है। पर बिहार से एक आंकड़ा से इसे समझा जा सकता है।

1. लोकसभा चुनाव

(1967 से 2004 तक बिहार से चुने गये लोकसभा के सदस्य)

वर्ष	ऊँची जाति	प्रतिशत	पिछड़ी जाति	प्रतिशत
1967	27	51.90	13	24.00
1971	25	48.80	15	27.70
1977	24	46.50	16	29.60
1980	32	61.50	12	22.20
1984	32	61.50	12	22.20
1989	18	33.30	24	44.40
1991	18	33.30	24	44.40
1996	19	35.10	23	42.50
1998	21	38.80	21	29.60
2004	15	37.50	28	45.00

(स्रोत : डॉ. श्रीधर नारायण पांडेय के आलेख, हिन्दुस्तान, पटना, दिनांक : 9 मई 2008)

2. विधान सभा चुनाव

(बिहार में 1967 से 2005 तक विधानसभाओं के प्रतिनिधि)

वर्ष	ऊँची जाति	प्रतिशत	पिछड़ी जाति	प्रतिशत
1967	133	41.00	82	25.30
1969	122	37.60	83	25.60
1972–1977 के आंकड़े उपलब्ध नहीं				
1985	118	36.40	88	27.60
1990	105	32.40	114	35.10
1995	55	16.90	161	49.60
2000	157	48.40	98	30.20
2005–1	62	25.50	142	58.40
2005–2	70	28.60	134	55.10

(स्रोत : ए.एन. सिंहा समाज अध्ययन संस्थान, पटना के वरीय अधिकारी डॉ. श्रवण कुमार सिंह का आलेख, वही हिन्दुस्तान अंक)

बिहार में जब लालू प्रसाद यादव की पार्टी से रामविलास पासवान और नीतीश कुमार बाहर निकलते हैं, 2000 के पूर्व से ही दलित-पिछड़ी राजनीति का विकेन्द्रीकरण होने लगता है। इसका नया गणीतीय समीकरण उभरता है और दलित राजनीति लालू यादव और रामविलास पासवान तथा पिछड़े वर्ग की राजनीति लालू यादव और नीतीश कुमार के बीच बंट जाती है। इस आपसी बंटवारे के कारण 2000 में हुए विधानसभा चुनाव में पिछड़े वर्ग के विधायकों की संख्या घट जाती है। दक्षिण के राज्यों और लोकसभा चुनावों में भी एक-दो वर्षों तक यह प्रवृत्ति दिखायी पड़ती है, किन्तु 2003 के बाद स्थिति में फिर से सुधार होता है। 2004 तक आते-आते पिछड़ा वर्ग देश और राज्यों की राजनीति में अपनी पकड़ फिर से बना लेता है। कर्नाटक में देवगौड़ा और तमिलनाडु में करुणानिधि की राजनीति प्रभावी होती है। इसी प्रकार दक्षिण के अन्य राज्यों में भी दलित-पिछड़ी जनता और नेता राजनीतिक समीकरण में निर्णायक भूमिका अदा करते हैं।

(ज) अति पिछड़ा वर्ग आंदोलन : भारतीय समाज में नाई, कहार, कुम्हार, तांती, जुलाहा, मल्लाह आदि जातियाँ पिछड़ों में भी अधिक पिछड़ी है। इन्हें 'अत्यंत पिछड़ा' या 'अति पिछड़ा वर्ग' कहा जाता है। देश में ऐसी पिछड़ी जातियों की संख्या सबसे अधिक लगभग 35% बतायी जाती है।

वैसे तो दलित-पिछड़ी चेतना के प्राथमिक संवाहक और समाजसुधार के सबसे बड़े अग्रदूत महात्मा फूले और रामास्वामी पेरियार भी अति पिछड़ा वर्ग के ही थे; किन्तु उनके समय दलित, पिछड़े या अति पिछड़ों का कोई अलग वर्गीकरण नहीं हुआ था और न अलग से कोई आंदोलन ही चले थे। बिहार में कर्पूरी ठाकुर जैसे अति पिछड़े वर्ग के नेताओं के उदय के साथ यह चेतना उत्पन्न हुई। 'मंडल कमीशन' ने भी इस पर अलग से विचार करने की जरूरत समझी। किन्तु सुप्रीम कोर्ट के एक निर्णय के तहत आयोग के सदस्यों ने इस पर विचार नहीं किया। स्व. बिन्ध्येश्वरी प्र. मंडल की अध्यक्षता में गठित आयोग के 4 सदस्यों में से एक श्री एल.आर. नायक ने अंत-अंत तक अति पिछड़े वर्ग की अलग सूची बनाने का प्रयास किया, किन्तु सफल नहीं हुए। इसलिए मंडल कमीशन की रिपोर्ट में उनकी विरोधी टिप्पणियाँ खंड 7 में दर्ज की गयी है। श्री नायक ने सर्वाधिक शोषित ऐसे पिछड़े वर्ग को 'दलित पिछड़ा वर्ग' कहा था।

भारत के तत्कालीन राष्ट्रपति श्री नीलम संजीव रेड्डी को समर्पित 'मंडल आयोग' के प्रतिवेदन में आयोग के अध्यक्ष श्री बी.पी. मंडल ने स्वीकार किया है कि-"श्री नायक का मुख्य रूप से यह विचार है कि अन्य पिछड़े वर्गों (ओबीसी) की राज्यवार सूचियों को दो भागों में बाँट दिया जाये, अर्थात् पहले में माध्यमिक पिछड़े वर्ग हों तथा दूसरे में दलित पिछड़े वर्ग। दलित पिछड़े वर्गों के अंतर्गत उन्होंने उन जातियों को रखा, जो उनके अनुसार पिछड़े वर्ग के सर्वाधिक वंचित एवं शोषित वर्ग रहे हैं। उनका विचार है कि इस रिपोर्ट में सिफारिश की गयी सुविधाओं और रियायतों के लिए उन्हें एक अलग इकाई के रूप में माना जाये। इन दोनों वर्गों को एक साथ रखकर वह यह महसूस करते हैं कि इससे इन दोनों ग्रुपों को समान लाभ नहीं मिल सकेंगे।" (मंडल कमीशन का अग्रसारण-पत्र, बी.पी. मंडल, मंडल विचार, जनवरी, 2008)

किन्तु श्री नायक के तर्कों से सहमति के बावजूद आयोग ने उनकी संस्तुतियों को नहीं माना। इस सम्बंध में सुप्रीम कोर्ट का हवाला देते हुए मंडल रिपोर्ट के उक्त पत्र में कहा गया है कि "चूंकि आयोग श्री नायक के विवाद का अभिप्राय समझता है और उनके दृष्टिकोण को स्वीकार करने से वह स्थिति उत्पन्न हो जायेगी, जो संविधान के अनुच्छेद 15(4) के प्रतिकूल है। बालाजी बनाम मैसूर राज्य (ए.आई.आर. 1963 एस.सी., 649) के मामले में उच्चतम न्यायालय ने स्पष्ट रूप से माना है कि 'पिछड़े वर्गों को दो श्रेणियों में विभाजित करने से, उक्त विचारगत आदेश में यह अभिप्राय व्यक्त किया गया है कि राज्य में अत्यधिक उन्नत वर्गों की तुलना में कम उन्नत नागरिकों के सभी वर्गों के लिए उपाय ढूँढने होंगे, तथा हमारे विचार में यह अनुच्छेद 15(4) का विषय नहीं है।'...इसको दृष्टि में रखते हुए, आयोग ने अन्य पिछड़ा वर्गों को दो वर्गों में विभाजित करने के श्री नायक के विचार से सहमत होना सम्भव नहीं समझा।" (वही)

किन्तु इन सबके बावजूद बिहार जैसे प्रांतों में 1951 से ही अति पिछड़े वर्गों को अलग से सूचीबद्ध किया गया है। कर्पूरी ठाकुर के जमाने से ही उन्हें अलग से आरक्षण और अन्य सुविधाएँ प्राप्त हैं। इन्हें आबादी के अनुपात में पहले 12%, फिर 18% और अब स्थानीय निकाय के चुनावों में 20%

आरक्षण प्राप्त है। किन्तु 'मंडल कमीशन' में उन्हें यह सुविधा नहीं दिये जाने के कारण इस बड़े वर्ग में असंतोष और विरोध के भाव है। इसलिए बिहार, झारखंड, उत्तरप्रदेश, राजस्थान और उड़ीसा जैसे राज्यों में 'अति पिछड़ा वर्ग' आंदोलन सक्रिय है। अलग-अलग नामों से सक्रिय इन संगठनों की अनेक माँगें हैं। इस आंदोलन के नेताओं में बिहार से श्री महेन्द्र सहनी (सांसद राज्यसभा), डॉ. रामकरण पाल (सदस्य, पिछड़ा वर्ग आयोग), श्री भीम सिंह (पूर्व अध्यक्ष, पिछड़ा वर्ग आयोग, बिहार), श्री उदयकांत चौधरी (अध्यक्ष, अति पिछड़ा वर्ग आयोग, बिहार), अति एवं अपेक्षित पिछड़ा वर्ग कल्याण संघ के संस्थापक अध्यक्ष श्री बिन्देश्वरी प्र. ठाकुर, अति पिछड़ा वर्ग संघर्ष मोर्चा के श्री महेन्द्र मधुप, डॉ. जयवीर सिंह (अध्यक्ष, अंखिल भारतीय अत्यंत पिछड़ा वर्ग कर्मचारी संघ, उ.प्र.), मौलिक अधिकार संघर्ष समिति (मास) के संस्थापक श्री जे.पी. शास्त्री, संरक्षक प्रो. अंगनेलाल, राष्ट्रीय उपाध्यक्ष डॉ. जी.एल. प्रजापति (उ.प्र.) इत्यादि प्रमुख हैं।

6

साहित्य और कला माध्यमों के द्वारा दलित-पिछड़ों में जागरण

प्राचीन बौद्धकालीन साहित्य से लेकर मध्यकाल के भक्ति आंदोलन तक और आधुनिक नवजागरण से लेकर आज के समकालीन साहित्य तक भारतीय साहित्य दलित-पिछड़ों की समस्या और संवेदनाओं से भरे पड़े हैं। 'बौद्ध जातक' और 'थेरीगाथाएँ', कबीर, रैदास, नानक, तुकाराम आदि संतों की वाणियाँ, महात्मा फूले, पेरियार, अम्बेदकर, लोहिया, चंदापुरी और कांशीराम के ग्रंथ और आज के दलित साहित्य में दलित-पिछड़े समाज के सरोकार, जीवन मूल्य और संवेदनाओं को आसानी से देखा-परखा जा सकता है।

1. जनजागरण में लोकगाथा एवं नाच-तमाशों की भूमिका : दलित-पिछड़े समाज ने प्राचीन काल से ही लोकगाथा, लोककथा, लोकनाटक एवं तमाशों के माध्यम से सामाजिक समस्या और जीवन मूल्यों को उद्‌घाटित करने का ऐतिहासिक काम किया है। देश की विभिन्न भाषाओं, संस्कृतियों और समाजों में जो लोककथाएँ और लोकनाट्य परम्परा प्रचलित हैं, उसका श्रेय दलित-पिछड़े कलाकारों को ही जाता है। और तो और कहा जाता है कि भरत मुनि का 'नाट्यशास्त्र' भी शूद्रों की कला परम्परा और इतिहास को ही दर्शाता है। पाँचवें वेद के रूप में नाटक की उत्पत्ति की आवश्यकता के बारे में बताते हुए भरत मुनि कहते हैं कि -

"न वेद व्यवहारोऽयं संश्राव्य: शूद्रजातिषु।
तस्मात् सृजापरं वेदं पंचमं सार्ववर्णिकम्।।"

('नाट्यशास्त्र 1/12, 'अभिनव भारती' अभिनव गुप्त, प्रकाशक-हिन्दी विभाग, विश्वविद्यालय प्रकाशन, दिल्ली विश्वविद्यालय)

अर्थ स्पष्ट है कि चूंकि शूद्र आदि जातियाँ वेदों का व्यवहार नहीं कर सकतीं, इसलिए शूद्र सहित सभी जातियों के श्रवण और ज्ञानवर्द्धन के लिए

पंचम वेद 'नाटक' की रचना की गयी। भरत मुनि के नाट्यशास्त्र के अवतरण की व्याख्या करते हुए अभिनव गुप्त आगे कहते हैं कि "जब जम्बूद्वीप पर देवताओं, राक्षसों आदि की हुकूमत थी एवं लोकपाल अपने-अपने पदों पर लगा दिये गये थे, तब देवताओं के राजा इन्द्र ने, ब्रह्मा से विनती की थी कि हमें ऐसा खिलौना दो, जो आँख तथा कान दोनों इन्द्रियों को सुख दे। शूद्र आदि को चार वेद सुनाये नहीं जा सकते, इसलिए पाँचवें वेद (नाटक) की रचना करो, जिसके परिणामस्वरूप भरत मुनि ने ऋग्वेद से वाक्य, यजुर्वेद से अभिनय, अथर्ववेद से रस तथा सामवेद से संगीत लेकर पाँचवें वेद नाट्यशास्त्र की रचना की। इस प्रकार नाटक का अवतरण हुआ।

नाटक और नाट्यकर्म उपेक्षित समाज की एक कला के रूप में लोक में प्रचलित हो गये। कालान्तर में समाज में अपनी महत्त्वपूर्ण भूमिका निभाने के बावजूद यह कला समाज से दूर होती चली गयी और आज सिनेमा के पर्दे और दूरदर्शन धारावाहिकों से अलग इसका कोई बहुत खास अस्तित्व दिखाई नहीं पड़ता। साहित्य से तो लगभग यह गायब ही हो गया है। किन्तु किसी भी भाषा के आरम्भिक साहित्य में इसकी प्रचुरता है। बंगला, उड़िया, मराठी, हिन्दी, तमिल, मलयालम सहित प्राय: सभी आधुनिक भारतीय भाषाओं में नाटकों की रचना हुई है।

किन्तु यदि लोकनाट्य परम्परा को देखा जाये, तो एक सुखद तस्वीर यह उभरती है कि प्राय: इन सभी नाट्य परम्पराओं के सूत्रधार दलित-पिछड़े ही रहे हैं। अशिक्षित दलित और पिछड़ी जनता अपने दुख, संघर्ष, अभाव और पीड़ा को नाटक या तमाशों द्वारा प्रत्यक्ष रूप से देख और सुन सकती थी। इसलिए फूले और अम्बेदकर के आंदोलनों में भी ऐसे नाटक और रूपकों का प्रदर्शन प्रमुखता के साथ होता रहा। दलित चेतना के विकास और प्रचार-प्रसार के लिए दक्षिण में विधिवत मराठी दलित रंगभूमि की स्थापना हुई, जो आज तक समकालीन दलित साहित्य के विकास में अपनी महत्त्वपूर्ण भूमिका निभा रही है। यह रंगभूमि लोकनाट्य परम्परा का ही विकास है। महात्मा फूले के अभियानों और 'सत्यशोधक समाज' के जलसों में ऐसे ही नाटक और तमाशों ने चेतना फैलाई थी। रंगभूमि के इतिहास में इनका बड़ा ही महत्त्व है।

कौसल्या बैसंत्री के अनुसार "महाराष्ट्र के माहपा गाँव के निवासी किसन फागुजी बनसोड़े जी को दलित रंगभूमि का पहला शिल्पकार कहा जा सकता

है। उन्होंने 'संत चोखामेला' नाटक की रचना की और लोक रंगभूमि द्वारा दलित समाज के दुख-दर्द को समाज के सामने प्रस्तुत किया।'' (दलित रंगभूमि, युद्धरत आम आदमी, जुला.-सित., 2001). 'लोक रंगभूमि' मराठी के परम्परागत लोकनाट्य शैली 'तमाशा', 'भट्ट-भट्टिनी संवाद' आदि की शैली की ही लोक-नाट्य परम्परा है। बनसोड़े जी के अलावे मराठी में गोपाल बाबा भीमराव कर्डक और उनके अनेक अनाम कलाकारों ने शहिरों के संवाद, पवांड़ा, लावणी आदि लोक-नाट्य शैली और तमाशों द्वारा दलित रंगभूमि और जलसों को जन्म दिया, जो आज एक लोकप्रिय विधा के रूप में ख्याति प्राप्त कर चुके हैं। इस दिशा में बाबा साहेब अम्बेदकर के सहयोगी मा.भा. चिटनीस का भी अभूतपूर्व योगदान है। उनकी 'युगयात्रा' नाटक आज भी प्रसिद्ध है। अन्नाभाऊ साठे ने इस विधा को और लोकप्रियता प्रदान की।

इसी लोक नाट्य परम्परा के सूत्रधार के रूप में भोजपुरी (हिन्दी) के शेक्सपीयर राय बहादुर भिखारी ठाकुर को रखा जा सकता है। उन्होंने अपने प्रसिद्ध लोकनाटक 'विदेसिया' के द्वारा जो विश्वव्यापी ख्याति बटोरी, वह दुर्लभ है। 'विदेसिया' मानव जीवन का एक अमर रूपक बन गया और लोकनाट्य शैली के रूप में यह पूरे देश के ग्रामीण समाज में प्रचलित हो गया।

2. **लोक कलाकार भिखारी ठाकुर :** उत्तर भारत का शायद ही कोई संवेदनशील बुद्धिजीवी हो, जो लोकनाट्य परम्परा के अमर सूत्रधार, स्त्री और दलित-पिछड़ी चेतना के सच्चे उद्‌गाता भिखारी ठाकुर को नहीं जानता है। बिहार, उत्तर प्रदेश, मध्यप्रदेश, प. बंगाल और नेपाल की जनचेतना के तो वे कंठाहार ही थे, दलित-पिछड़े समाज की उनकी लोकचेतना देश-विदेश के अन्य भागों में भी गूँजती रही। भिखारी ठाकुर के सम्बंध में हिन्दी क्षेत्र के विभिन्न कवि, साहित्यकार और आलोचकों ने सम्मतियाँ दी हैं।

महापंडित राहुल सांकृत्यायन कहते हैं -''हमनी के बोली में केतना जोर हवे, केतना तेज बा- ई अपने सब भिखारी ठाकुर के नाटक में देखीला। भिखारी ठाकुर हमनी के एगो अनगढ़ हीरा हवें। उनका में कुलि गुन बा, खाली एने-ओने तनी-मुनी छाँटे के काम हवे। (हमारी बोली मे कितनी जोर है, कितना तेज है, यह सब अगर देखना हो, तो आप भिखारी ठाकुर के नाटकों में देखें। भिखारी ठाकुर हमारे बीच एक अनपढ़ हीरा हैं। उनमें गुण ही गुण हैं। केवल उसमें थोड़ा-मोड़ा इधर-उधर काट-छांट करने की जरूरत है।) ('भोजपुरी', बरसात, 2005 वि.)

डॉ. कृष्णदेव उपाध्याय का मंतव्य है- "जनता की वस्तु को जनता के सामने, जनता के मनोरंजन के लिए प्रस्तुत करके भिखारी (ठाकुर) ने बड़ी लोकप्रियता प्राप्त की। सच तो यह है कि केवल इस एक व्यक्ति ने भोजपुरी का जितना अधिक प्रचार किया, उतना अधिक शायद ही किसी ने किया हो। भोजपुरी प्रदेश में भोजपुरी कविता और भोजपुरी नाटक की धूम मचा देनेवाले इस नाटककार तथा अभिनेता का भोजपुरी भाषा के प्रचार तथा प्रसार में अत्यधिक योगदान है। (भोजपुरी साहित्य का इतिहास पृ.- 409). चर्चित कवि डॉ. केदार नाथ सिंह कहते हैं कि "वे सच्चे अर्थों में लोक कलाकार थे, जो मौखिक परंपरा के भीतर से उभर कर आये थे, पर इनके नाटक और गीत हमें लिखित रूप में उपलब्ध हैं। वे एक लोक-सजग कलाकार थे, इसलिए कोरा मनोरंजन उनका उद्देश्य नहीं था। उनकी हर कृति किसी-न-किसी सामाजिक विकृति या कुरीति पर चोट करती है और ऐसा करते हुए उनका सबसे धारदार हथियार होता है-व्यंग्य। (नई कविता के मंच पर भिखारी ठाकुर, दैनिक 'हिन्दुस्तान', 5 नव.-2002.)

लोककला की वाचिक परम्परा में 'लीजेंड' बन चुके जनकवि भिखारी ठाकुर का जन्म 18 दिसम्बर सन् 1887 में बिहार के सारण जिले में कुतुबपुर गाँव के एक निर्धन नाई परिवार में हुआ था। उनके पिता का नाम दलसिंगार ठाकुर और माता का नाम शिवकलि देवी था। माता-पिता की रोजी-रोटी वही थी-नाईगीरी। बचपन में इन्हें भी वही कुछ करना पड़ता था, जो इस जाति का पेशा है-मसलन लोगों के दाढ़ी-बाल काटना, उनके रिश्तेदारों के यहाँ खबर-संवाद एवं नेवता आदि पहुँचाना एवं इसी तरह के अन्य सेवा कार्य। बचपन में वे गाय भी चराया करते थे।

भिखारी ठाकुर के संबंध में उनके नाटकों में दिये गये संक्षिप्त परिचय के सिवा कुछ अधिक जानकारी नहीं मिलती। भोजपुरी साहित्य में उन पर जो शोध-कार्य हुए हैं, वे भी अधिकतर उनकी मौखिक परम्परा और किंवदन्ती आदि पर ही आश्रित हैं। इन्हीं किंवन्दतियों तथा भिखारी ठाकुर के गाँव-समाज, उनके रिश्तेदार और जीवित समकालीन साथियों के साक्षात्कार आदि के आधार पर लिखे गये संजीव के जीवनीपरक उपन्यास 'सूत्रधार' में भिखारी ठाकुर का जीवन बड़ी ही विश्वसनीयता के साथ चित्रित है। नाच-तमाशे को अश्लीलता और भड़ौती से निकाल कर उन्होंने कलात्मक ऊँचाई दी, जीवन यथार्थ से जोड़ा और उसे सामाजिक परिवर्तन के हथियार में बदल दिया। उन्होंने साबित कर दिया कि-"नाच-कांच है, बात सांच है।"

जैसे दलित-पिछड़ों के नाम होते हैं, इस अद्‌भुत प्रतिभावान बालक का नाम पड़ा-भिखारी। अच्छे नाम तो बड़े और कुलीन लोगों के बच्चों के ही होते हैं। पिछड़े लोग तो अपनी जाति के नाम से ही पुकारे जाते हैं, अपने व्यक्तिगत नाम से नहीं। जैसे-'नउवा, चमरा, धोबिया, कहरा, तेलिया आदि। इसीलिए नउवा भिखारी जब स्कूल जाते हैं, तो तीर बरसाते सवाल उनका पीछा करते हैं--

''इ के ह-रे?' बड़ जात का कोई बच्चा कनमना कर पूछता है।

दूसरा जबाब देता है- 'नउवा'

'नउवा....? ई हो पढ़ेगा? पढ़ लिख के तें का करेगा रे?'

'नौवा कौवा, बार बनौवा!' और ऐसी ही तरह-तरह की अश्लील टिप्पणियाँ।

'हजामत के बनाई?'

'नहरनी ले-ले बाड़े रे, तनी नह काट दे।'' (सूत्रधार उपन्यास से).

इस जटिल परिस्थिति में भिखारी जब अपनी पढ़ाई छोड़कर जातीय पेशे में पिता का हाथ बँटाने लगता है, तो वहाँ भी हजाम होने का अपमान-बोध पीछा नहीं छोड़ता। इस दलितबोध की पीड़ा से मुक्ति कब मिलेगी? भिखारी को नीच पिछड़ी जाति के होने के कारण पग-पग पर अपमान का सामना करना पड़ता है। मरण-श्राद्ध आदि के समय पिता के साथ जजमानों की छोड़ी धोती (कफन के बचे कपड़े का टुकड़ा) धोकर सुखाना, फिर उस उतरन को घर ले जाकर पहनना, गाँव-गाँव घूमकर उनके यज्ञादि की खबर पहुँचाने, दाढ़ी-बाल बनाने आदि में ही उनके बचपन का बहुत भाग बीत जाता है। सुंदर गौर वर्ण के कारण एक बार यज्ञ के पुरोहित ने बालक भिखारी को यज्ञशाला की चौक पूरने में लगा दिया था। किन्तु बाद में जाति की पहचान होने पर उसकी भारी फजीहत हुई थी और उसी के सामने गंगाजल से उस यज्ञशाला को शुद्ध किया गया था। भिखारी सोचते कि 'जिस गंगाजल को नाई-कहार ही ढोकर लाते हैं, वह पवित्र कैसे हो गया?' बचपन से छुआछूत और दलितबोध का दंश झेलते-झेलते भिखारी ने जीवन का गहरा अनुभव प्राप्त कर लिया। उन्होंने इस जाति-व्यवस्था और छुआछूत की विसंगति को अपने नाटक और गीतों में व्यक्त किया है। अपनी कला द्वारा उन्होंने उनके सुधार का भी प्रयास किया। उनके 'नाई बहार' तथा अन्य नाटक और गीतों में इसी सुधारवादी चेतना का विस्तार हुआ है।

भिखारी ठाकुर में कला-चेतना भी छुटपन से ही थी। अपने जातीय पेशे के अतिरिक्त गाय की चरवाही उनका मुख्य धंधा था। पढ़ाई-लिखाई की न सहुलियत थी, न अवकाश। फिर भी उन्हें स्कूल भेजा गया, जिसकी चर्चा पूर्व में की गयी है। बड़े होने पर उन्होंने स्वाध्याय द्वारा कुछ अक्षर ज्ञान प्राप्त कर लिया। उन्होंने कैथी और देवनागरी दोनों लिपियों में पढ़ना-लिखना सीख लिया।

फिर तुलसीदास के रामचरित मानस का परायण करने लगे। उन्होंने कबीर, सूर, जायसी और मीरा के भजनों का भी अध्ययन किया। भिखारी ठाकुर के जीवन और चिंतन पर इन सबका प्रभाव है। उन पर सबसे अधिक प्रभाव तुलसी की रामकथा का पड़ा। यही कारण है कि उनके नाटकों में रामायण के दोहे-चौपाइयों के अलावे मानस शैली के गीत भी मिलते हैं। उन्होंने सवैया और कवित्तों को अपना विशेष छंद बनाया। इसके साथ ही उन्होंने बिरहा, चैता, होली, चौबाला, सोहर, बारहमासा, जंतसार, सोरठी-वृजाभार, गोपीचंद, आल्हा, पचरा, भजन, कीर्त्तन, पूर्वी आदि अनेक लोकगीत और लोकधुनों को अपने नाटक और गीतों में स्थान दिया। उनके नाम पर 'विदेसिाया' एक अलग गीत शैली ही चल पड़ी। उनके काव्य और नाटकों में प्रायः सभी रसों का परिपाक हुआ है; किन्तु श्रृंगार और भक्ति उनके काव्य के मुख्य रस हैं। वियोग श्रृंगार में तो भिखारी सूर को भी पीछे छोड़ देते हैं।

भिखारी ठाकुर के मन में बचपन से ही गीत-संगीत और नाटक की रुचि और प्रवृत्ति थी। आस-पास के गाँवों में शादी-विवाह, उत्सव-त्योहार के अवसर पर नाच-गाने, भजन-कीर्त्तन, रामलीला आदि होते रहते थे। रात में वे प्रायः इन लोकगाथाओं, रामलीला और नाच-तमाशों को देखने-सुनने जाया करते थे। इन सब का उनके जीवन पर जबर्दस्त प्रभाव पड़ा और बचपन से ही वे उनका अनुकरण करने लगे। ईश्वर ने उन्हें अच्छा रूप-रंग और स्वर दिया था। इसलिए कला और संगीत पर उनकी पकड़ मजबूत होती चली गयी। अक्सर गाय चराते हुए अपने चरवाहा साथियों के साथ वे नाटक और लीला का स्वांग करते थे। गाँव में भी वे नाटक और रामलीला, रासलीला आदि का रोचक आयोजन करते थे। उनके साथी गायक अभिनेता और गीतकारों में रामानंद सिंह, महेन्दर मिश्र, बाबूलाल आदि प्रसिद्ध थे। बचपन में ही उनकी शादी कर दी गयी, जैसा उस जमाने में होता था।

अतः भिखारी ठाकुर के सामने रोजी-रोटी की समस्या भीषण रूप में खड़ी हो गयी। परिवार का पेशा नाईगीरी बेहतर और सम्मानपूर्ण जीवन के

अनुकूल न था। भिखारी को पग-पग पर यजमानों का अपमान झेलना पड़ता था। फिर रोजी-रोटी का दूसरा कोई उपाय भी न था। इस बीच भिखारी को एक लड़का भी हो गया। इस पारिवारिक दायित्व को भरने के लिए कुछ आर्थिक लाभ और नाच-गाना आदि में अपनी जबर्दस्त प्रवृत्ति के कारण भिखारी ठाकुर एक नाच मंडली खड़ा करना चाहते थे। लेकिन इसके लिए धन की जरूरत थी।

भिखारी को मन मसोस कर रह जाना पड़ता था। वे पास-पड़ोस के गाँव में इधर-उधर भजन-कीर्त्तन और रामलीला आदि करते थे। किन्तु वह तो मुफ्त का काम था। उसमें कोई ऐसी आमदनी न थी, जिससे रोजी-रोटी चले। इसी बीच 1914 का भीषण अकाल पड़ा। भिखारी ठाकुर अपनी छुरा-कैंची के सहारे ही जीवन यापन के लिए कलकत्ता चल पड़े। खड़गपुर में उनके कुछ रिश्तेदार रहते थे। सोचा वहीं जाकर कुछ कमा-धमा लेंगे। पर वहाँ उनका मन नहीं लगा। खड़गपुर, मेदिनीपुर, कलकत्ता, जगन्नाथपुरी आदि स्थानों से घूमघाम कर खाली हाथ घर लौट आये। जीवन का कड़ा अनुभव हो चुका था। उनके नाटक और गीतों में जीवन का यही कटु अनुभव कला बनकर उतर आया है।

अब उन्होंने घर पर ही कड़ी मेहनत और आर्थिक संघर्ष से एक नाच मंडली खड़ी कर ली। शुरू में भिखारी ठाकुर को अपनी नाच मंडली के कारण कड़े सामाजिक प्रतिरोधों का सामना करना पड़ा; क्योंकि उनके नाटक और स्वांग सामाजिक कुरीतियों और बुराइयों पर आधारित होते थे। बाल विवाह, विधवा विवाह, वेश्या समस्या, गरीबी के कारण बेटी बेचना, छुआछूत, बेरोजगारी आदि स्त्री और दलित-पिछड़े जीवन की अनेक सामाजिक समस्यायें थीं, जिन पर भिखारी ठाकुर गीत और नाटक लिखते और प्रदर्शित करते थे।

किन्तु विरोधों के बावजूद भिखारी ठाकुर के नाटकों की ऐसी धूम मची कि मारा-मारी शुरू हो गयी। उनके नाटक और नाचों को देखने दूर-दराज के लोग भी आने लगे। गीत-संगीत, नाच और मनोरंजन के बीच सामाजिक समस्याओं पर एक से बढ़कर एक मार्मिक और हृदय-विदारक दृश्य देखकर लोग अभिभूत हो जाते। जनता-जनार्दन और दर्शक बागबाग हो उठते। अब भिखारी ठाकुर की नाच पार्टी को बुलाना साधाारण लोगों के बस का काम नहीं रहा। उनके सट्टों की कीमत बढ़ती ही गयी। दूर-दूर से बुलाबा आने लगा। इस प्रकार भिखारी ठाकुर की नाच मंडली प्रसिद्ध हो गयी।

भिखारी ठाकुर खुद नाटक और गीत लिखते तथा उसे मंचित करते थे। तत्कालीन समाज में व्याप्त प्रमुख समस्याओं को भिखारी ने अपने नाटकों का विषय बनाया। उन्होंने जीवन के प्रारंभिक तीस वर्षों में अनुभव, अभ्यास और यात्रा के दौरान बिहार, बंगाल, उत्तरप्रदेश, नेपाल आदि में प्रचलित लोक-नाटक की लगभग सभी विधाओं का मनोयोगपूर्वक अध्ययन और अवलोकन किया था। रामलीला, रासलीला, जात्रा, भांड, धोबी, नेटुआ, गोड़ा आदि लोकनाट्य विधाएँ भिखारी के प्रिय क्षेत्र थे। तत्कालीन पारसी थियेटरों के मंचों पर प्रदर्शित होनेवाले नाटक भी बहुत लोकप्रिय थे। भारतेन्दु हरिश्चन्द्र द्वारा लिखित एवं मंचित नाटक भी जन-मानस में अपना स्थान बना रहे थे।

भिखारी ठाकुर ने इन सभी से प्रभाव ग्रहण किया और सबके समन्वय से अपने नाटकों की रचना की। उन्होंने अपने नाटकों में पद्य-संवाद के अलावे सरल, छोटे और प्रभावशाली गद्य-संवादों का भी सृजन किया और नाटकों को नौटंकी शैली देकर उन्हें रोचक और मनोहारी बनाया। परम्परागत नाट्य शैलियों से सूत्रधार, मंगलाचरण तथा अन्य रूढ़ियों को कुछ ढीले-ढाले ढंग से स्वीकार कर विदूषक के बदले 'लबार' जैसे रोचक पात्रों का सृजन कर भिखारी ने ऐसी लोकनाट्य शैली का सृजन किया, जो दर्शकों के लिए बिल्कुल नयी थी। मंचीय व्यवस्था तथा साज-सज्जा के शास्त्रीय विधानों को छोड़कर उन्होंने मुक्त (खुले) मंच को अपनाया। ये सारे प्रभाव भिखारी की कला में अनायास ही आये। उन्होंने इसके लिए खास तौर पर कोई अध्ययन या प्रशिक्षण प्राप्त नहीं किया। खुली मंच व्यवस्था और गीत नाट्य की अनेक शैलियाँ उनकी अपनी मौलिक उद्भावना है।

भिखारी ठाकुर ने समाज के उपेक्षित एवं दलित-शोषित वर्ग से कलावंत व्यक्तियों का चयन किया। उन्होंने अपने कलाकारों को अभिनय, गायन एवं वादन का विधिवत् प्रशिक्षण दिया। वर्ष के दो माह सावन और भादो कलाकारों के अभ्यास के लिए निर्धारित होते। सभी गायक, वादक, और नर्त्तक निर्धारित स्थान पर इकट्ठे होते थे और भिखारी ठाकुर के निर्देशन में कड़ा प्रशिक्षण प्राप्त करते थे। महीनों उनका अभ्यास चलता रहता। यह स्थान अक्सर सारण जिला स्थित चन्दनपुर गाँव में स्व. बाबूलाल का दलान होता। भिखारी के अधिकांश नाटक यहीं से मंचन के लिए तैयार हुए थे।

नाटकों में सूत्रधार की भूमिका भिखारी खुद निभाते। विशिष्ट वेश-भूषा में वे जब मंच पर आते तो तालियों की गड़गड़ाहट के साथ दर्शक और श्रोता

उनका स्वागत करते और अभिनय के लय-ताल में सुध-बुध खो बैठते। भीखारी विभिन्न मुद्राओं में प्रवचन करते, भजन गाते और नाटक के सार सूत्र प्रस्तुत कर वातावरण का निर्माण कर चले जाते। उसके बाद ही नाटक शुरू होता। किन्तु अनेक नाटकों में भिखारी ने मुख्य नायक और पात्रों की भी भूमिका निभायी। 'बिदेसिया' में बटोही, 'गबरघिचोर' में पंच, 'बेटी वियोग' में पण्डित, 'राधेश्याम बहार' में 'बूढ़ी सखी' तथा 'कलियुग-प्रेम' में 'नशाखोर पति' आदि उनकी प्रसिद्ध भूमिकाएँ हैं। उनकी श्रवण-शक्ति, मन-मस्तिष्क की एकाग्रता तथा कला चेतना ऐसी प्रबल थी कि जब कहीं कोई गायक, वादक या नर्त्तक बेताला या बेसुरा होने लगता, तो वे वहीं से नाराज हो जाते और हँसते-खेलते उसमें आवश्यक सुधार करा देते थे। दर्शकों को पता भी नहीं चलता था।

भिखारी ठाकुर ने अपने 'तमाशों' के प्रस्तुतीकरण में भी नये-नये प्रयोग किये। खुला मंच का प्रयोग विश्व में सबसे पहले संभवतः भिखारी ठाकुर ने ही किया था। भिखारी के नाटकों की प्रस्तुति के समय किसी खाली मैदान, बागीचा या दालान के सामने शामियाना लग जाता था। कुछ समतल चौकियाँ आपस में सटा-सटा कर रख दी जाती थी और उस पर दरी और सफेदा (बड़े आकर की उजली चादर) बिछा दी जाती थी। मंच के पीछे कनात या सफेदा टाँग दिया जाता था। मंच पर दायीं ओर वाद्य-वृंद के साथ सभी वादक स्थान ग्रहण कर लेते थे। नाटक के सभी पात्र (अभिनेता) मंच पर अपनी-अपनी वेश-भूषा में आकर बैठ जाते थे। मंच के तीन ओर दूर-दूर तक दर्शक-श्रोता बैठ जाते थे। पेट्रोमैक्स, डे-लाईट जला कर स्थान-स्थान पर टाँग दिये जाते थे और तब लोक कलाकार भिखारी ठाकुर सूत्रधार की भूमिका में मंच पर पधारते थे। प्रस्तुतिकरण के समय बीच-बीच में दर्शक और अभिनेताओं के बीच सामयिक प्रसंग पर संवाद और विनोद-वार्ता भी होते रहते थे, जो दर्शक, श्रोता, पात्र और अभिनेताओं के सम्पूर्ण साधारणीकरण का परिचायक था। नाटकों में ऐसा प्रयोग विश्व में पहली बार हुआ था।

बिहार, बंगाल और उत्तर प्रदेश की अनेक लोक-नाट्य शैलियाँ भिखारी ठाकुर के नाटकों से ही निकली हैं। भिखारी के नाटक-प्रदर्शन का यह आकर्षण था कि अभिनय और नृत्य के लय में दर्शक और श्रोता डूब जाते थे। उनमें खुद संयम और अनुशासन आ जाता था। मीलों दूर से दर्शक आते और सबसे आश्चर्य की बात यह होती कि हजारों हजार की भीड़ को नियंत्रित करने के

लिए कहीं न कोई पुलिस होती न कार्यकर्त्ता। कला के जादू में दर्शक और श्रोता स्वतः नियंत्रित और अनुशासित हो जाते। सम्पूर्ण वातावरण पर एकछत्र भिखारी का ही राज होता। सफल नाट्य-संयोजन और रंगकर्म की ऐसी सफलता संसार में दुर्लभ है।

भिखारी ठाकुर भारत की ग्रामीण-संस्कृति के सफल चितेरा थे। वे खुद भी संस्कृति के अनुरूप ही आचार-विचार और व्यवहारों का पालन करते थे। विनयशीलता, मृदुभाषिता और ईमानदारी उनके विशिष्ट व्यक्तिगत गुण थे। प्रारंभिक सामाजिक जीवन में उन्हें जितना ही दुत्कार, फटकार और अपमान झेलना पड़ा, उनका कलाकार जीवन उतना ही संभ्रांत और सम्मानित रहा। समाज के छोटे-बड़े, बच्चे-बूढे, जवान, स्त्री-पुरुष सभी उनका आदर और सम्मान करते थे। भिखारी की एक झलक पाने के लिए लोग तरस जाते थे।

ऐसे लोकप्रिय कलाकार भिखारी को भी समाज की उतनी ही चिंता थी। उन्होंने सामाजिक विसंगतियों को करीब से देखा था। समाज में व्याप्त गरीबी, भूख, छुआ-छूत, ऊँच-नीच, स्त्री और दलित-पिछड़ों पर हो रहे अत्याचार और शोषण को उन्होंने न केवल गहराई से महसूस किया था, बल्कि भोगा भी था।। इसलिए उन्होंने अपने नाटकों द्वारा इनके शमन और परिष्कार का प्रयास किया। भिखारी का मन सामाजिक जीवन के अपमान से दुखी रहता था। इन सामाजिक बुराइयों का भिखारी ने अपने नाटकों द्वारा कसकर विरोध किया है। इसके लिए उन्हें जहाँ एक ओर सामाजिक विरोधों का सामना करना पड़ा, वहीं अनेक उपहार और सम्मान भी मिले। उनके 'बिदेसिया' नाटक पर फिल्म बनी, जो देश की पहली भोजपुरी फिल्म थी। भारत की गरीब, उपेक्षित और विशेषकर बिहार-यूपी की भोजपुरी जनता ने भिखारी को अपार सम्मान और स्नेह दिया। भोजपुरी क्षेत्र के हथुआ, बेतिया, रामनगर, डुमरिया, बहुरिया, श्यामबाबू (छपरा) सोनपुर आदि के तत्कालीन राजा और सामंतों द्वारा भी उन्हें अनेक सम्मान और पुरस्कार मिले।

अंग्रजी सरकार ने उन्हें रायबहादुर की उपाधि से अलंकृत किया। 1939-1944 में द्वितीय विश्वयुद्ध के दौरान सरकार द्वारा अंग्रेजी साम्राज्यवाद के समर्थन में **'वार फंड'** के लिए भिखारी की कला का इश्तेमाल किया गया। भिखारी के नाटकों के बड़े-बड़े 'चैरिटी शो' होते, जिसमें भारी टिकट की व्यवस्था होती। लोग तन्मय होकर पैसे देते, नाटक देखते और भाव-विभोर होकर घर जाते।

ब्रिटिश साम्राज्यवाद की इस मदद के लिए उनके जमाने में ही उनकी किरकिरी हुई। चारो ओर से थू-थू किया गया। आज भी प्राय: इस काम के लिए भिखारी ठाकुर की आलोचना होती है। किन्तु आलोचक यह भूल जाते हैं कि भिखारी ने तो अंग्रजों से केवल अपनी कला बेची, अपने नाटकों के प्रदर्शन से चंदे बटोरे, बड़े-बड़े कवि-साहित्यकार और नामी-गिरामी देशभक्त, राष्ट्रकवि और गुरुओं की तरह अंग्रेज बहादुर की प्रशंसा में कशीदे नहीं काढ़े, उनकी राह में कालीन की तरह बिछे नहीं। भारतेन्दु ने महारानी विक्टोयिा की प्रशंसा में गीत लिखे, तो गुरुदेव ने 'जार्ज पंचम' की अभ्यर्थना में 'भारत भाग्य विधाता' लिखा, जो कालान्तर में इस देश का राष्ट्रगान बना।

'मर्यादा' पत्रिका में प्रकाशित कुछ तथ्यों के हवाले से कहा गया है कि "'मर्यादा' पत्रिका का वह संयुक्तांक जो जार्ज पंचम के भारत आगमन पर प्रकाशित हुआ था। सन् 1912-13 रहा होगा। पंडित चन्द्रधर शर्मा गुलेरी ने 'राज राजेश्वर' की अभ्यर्थना में संस्कृत में कविता लिखी, लेख लिखे, बदरी नारायण चौधरी 'प्रेमघन' ने छह पृष्ठों में भिन्न-भिन्न छंदों में स्तुति लिखकर उन्हें रघु और राम के बराबर ला खड़ा किया। अयोध्या सिंह उपाध्याय ने दादरा और कौवाली में राजाधिराज की वंदना की। बालकृष्ण भट्ट ने 'बड़ों का बड़प्पन' लिखा। 'मर्यादा' के अलावा भी सभी क्षेत्रों के विशिष्ट लोग स्वागत में बिछे पड़े थे। कहते हैं, रवीन्द्रनाथ टैगोर ने 'भारतभाग्य विधाता' कहकर 'जये हे, जय हे' कहा। इसी के चलते 'गर्भरंडा' जैसी अगिया बैताल रचना लिखनेवाले पंडित नाथूराम शंकर शर्मा ने 'मर्यादा' में ही इन सभी के ऊपर 'हिजड़ों की मजलिस' का आल्हा लिखा था।" (सूत्रधार, पृ.-270) भिखारी ठाकुर 'वार फंड' के लिए नाचे जरूर, पर उन्होंने इन कवि, साहित्यकार और बड़े लोगों की तरह अंग्रेजों की स्तुति नहीं की।

यही नहीं, भोजपुरी के इस 'शेक्सपीयर' को जीवन के आरम्भिक दिनों में अपमान और लांछन के दंश तो झेलने ही पड़े, लोकप्रियता के शिखर पर पहुँचकर भी उन्हें अपेक्षित सम्मान नहीं मिला। सवर्ण आमजनों के बीच भिखारी ठाकुर के लिए रेकार-तोकर और अपमानजनक विशेषणों का प्रयोग तो आम बात थी, हिन्दी के तत्कालीन भद्रलोक में भी भिखारी के लिए सम्मानजनक स्थान नहीं था। जहाँ अंग्रेज और बड़े-बड़े विद्वानों ने उन्हें महान कलाकार समझा, अनेक राजा-महाराजाओं ने उन्हें सम्मान दिया, वहीं कुछ स्वनामधन्य

आलोचकों ने उनकी जमकर आलोचना की। भिखारी ठाकुर की मौजूदगी में ही "बिहार राष्ट्रभाषा परिषद् की 'भोजपुरी परिषद्' की ओर से आयोजित व्याख्यानमाला में जाने-माने विद्वान गणेश चौबे ने कहा था- 'भिखारी मौलिक नहीं हैं,.....यह जो बिदेशिया है, इस पर 'प्यारी सुंदरी वियोग' से लेकर दूसरी चीजों के प्रभाव हैं। कथासूत्र भी मौलिक नहीं, भोजपुरी की छौंक-बघार को छोड़ दें, तो इसमें तुलसी से लेकर आज तक....और क्या-क्या है भिखारी में-ब्राह्मण निंदा, नाई-स्तुति, आपन बखान, अहम् ब्रह्मास्मि!" (वही, पृष्ठ-303).

कहनेवालों ने तो बिदेसिया पर बिसलदेव रासो, विद्यापति और ब्रेख्त की कविताओं की नकल तक का आरोप लगा दिया। भिखारी कहें, तो क्या कहें? बड़े-बड़ों की उस सभा में कौन बोलने देगा भिखारी को? उस बेचारे को तो विद्यापति को छोड़कर किसी का नाम भी मालूम नहीं, दर्शक दीर्घा में बैठे भिखारी इन टिप्पणियों से दुखी और निराश होकर पटने से अपने गाँव की ओर लौट गये। आखिर में सम्मान दिया किसी ने, तो राहुल सांकृत्यायन ने-"भिखारी, तुम मामूली कवि नहीं हो, लोककवि हो, वाचिक परम्परा के कवि। इस देश में ज्यादा पढ़े-लिखे लोग नहीं, ज्यादा धनी-मानी लोग भी नहीं, यह गरीब, गुरबों और गाँवों का देश है। यहाँ श्रुति और वाचिक.... विद्वानों, कवियों की परम्परा ही चलती रही है। वेद भी श्रुति है, गुरुओं की बानी भी ....कबीर से बड़ा कोई कवि नहीं हुआ, वह भी वाचिक परम्परा के ही थे।" (वही, पृ-279).

भिखारी भी वाचिक परम्परा के महान कवि थे। शेक्सपीयर को भी बाल्तेयर 'शराबी वहशी' कहते थे। पर इससे क्या फर्क पड़ा? शेक्सपीयर तो शेक्सपीयर ही रहे। उल्टे नाई जैसे नीच वंश में जन्में भिखारी ठाकुर को पानी पी-पीकर गरियाने वाले सिरमौर जाति के लोगों ने उनकी रचना चुरायी, अपने नाम से छपवा-छपवा कर बेची। किन्तु भिखारी ने मुँह तक नहीं खोला। "मान-अपमान के शिखर, पग-पग पर लांछन, तिरस्कार और घुटन, छोटी जाति में पैदा होने का दंश, अपनी लाचार और परवश जिन्दगी छूटने और आसमान छूने की ललक, जात-पात से बाहर समरस-समदर्शी समाज रचने की आकांक्षा-यही उनका सपना था, जो बड़ी जातिवाले लोगों की नजरों में अक्षम्य अपराध था। अपने इस अपराध की बहुत बड़ी कीमत चुकाई उन्होंने। अपने प्रियजनों का, मित्रों का असह्य बिछोह झेला, लेकिन हतस्वप्न कभी नहीं हुए। समाज की

कुरीतियों और कुप्रथाओं पर हास्य की चासनी सने विष-बाण जीवन भर छोड़ते रहे। स्वयं टूटे, लेकिन समाज के दर्प और खोखले अहंकार को भी तोड़ा। हास्य, लास्य, व्यंग्य और करुणा के घोल से निर्मित अपने व्यक्तित्व को कभी विरल नहीं होने दिया।'' (केन्द्र में संजीव : विजय गुप्त, 'परस्पर', जुलाई-2006, पृष्ठ-39).

भिखारी अपनी राह पर सीधे चलते रहे। उन्होंने इन आलोचनाओं की परवाह नहीं की। और अपने नाटकों के माध्यम से उन्होंने जो मुक्ति संदेश दिये, वह न केवल दलित-पिछड़े समाज और स्त्री मुक्ति के सामाजिक-सांस्कृतिक संदेश थे, बल्कि राष्ट्रीय मुक्ति-संग्राम के महान मानवीय संदेश भी थे। भिखारी का सपना भारतीय जनजीवन की बेहतरी और संकीर्ण मानव-मूल्यों से मुक्ति का सपना था, जिसको साकार करने में वे एक वीर योद्धा की तरह जीवन भर संघर्षरत रहे। इस महान मानव-मुक्ति संग्राम में भिखारी ठाकुर पूर्णतः सफल रहे।

''स्त्री मुक्ति का महत्व भिखारी ठाकुर बहुत पहले भांप गये थे। स्त्री को उन्होंने बड़े कायदे और करीने से अपने नाटकों रख दिया था। 'बेटी वियोग' के प्रदर्शन के बाद तो जैसे आग सी लग गई। बेटियों में भी हिम्मत आ गई। उन्होंने बिकने से इन्कार कर दिया। कई जगह बेटियाँ मण्डप से भाग गईं। कइयों ने जहर खा लिया। नौतनवां गाँव में तो गाँव के लोगों ने ही प्रौढ़ वर को मय बारात भगा दिया। यह बिल्कुल नये किस्म और तेवर का नाटक था। दीन-हीन भिखारी के भीतर का विद्रोह मंच पर प्रकट हो गया था। गुलाम भारत में सामंती फांस में फंसे रूढ़िबद्ध समाज को भिखारी ने चीर कर रख दिया था। एक लबार (विदूषक) ने अपनी लबारी से पूरे समाज को आईना दिखा दिया था। आईने में परछाइयाँ थीं और जलते हुए सवाल।'' (वही, पृष्ठ-36). भिखारी ने अपने नाटकों के माध्यम से स्त्री-पुरुष का लिंग-भेद मिटा दिया था।

उस जमाने में नाटकों के लिए स्त्री का मिलना कठिन काम था। यद्यपि बाद में भिखारी की नाटक मंडली से स्त्रियाँ भी जुड़ गयीं; अच्छी खासी सुंदर लड़कियाँ भिखारी के नाच में आने को लालायित रहतीं। किन्तु भिखारी ने गाँव-समाज की मर्यादा को नहीं तोड़ा, जरूरत भर नाचनेवाली लड़कियों को ही लिया। अन्यथा उनके नाटकों के स्त्री चरित्रों को प्रायः पुरुष ही निभाते थे।

खुद भिखारी भी स्त्री का पाठ करते थे। जब वे मेहरारू का पाठ करते, तो सर्वांग स्त्री में बदल जाते। अभिनय का चमत्कार, पूर्ण कायान्तरण, परदेश गये पति की याद में रोती-घुलती पत्नी की भूमिका करते तो स्त्रियाँ रो पड़तीं। बेमेल बिवाह की भेंट चढ़ती बेटी की पीड़ा प्रस्तुत करते, तो पुरुष तक की छाती फटने लगती। उनके लिए स्त्री केवल देह नहीं थीं, भोग्या नहीं थीं। मेहरारू का पाठ करने पर एतराज करती अपनी पत्नी मनतोरना देवी को वे समझाते-"मेहरारू मरजाद है, मरद की सखी है, माई है, बहिनी है, बेटी है, भौजाई है, भावज है, मामी, फूफी, काकी, आजी, नानी- कितने-कितने रूप हैं उसके।" (सूत्रधार, पृष्ठ-98).

इस महान लोक कलाकार और महामानव का निधान 10 जुलाई 1971 ई. को हो गया। आज भिखारी ठाकुर नहीं है। लेकिन उनकी सम्पूर्ण नाट्य-परम्परा और उनके लोक-नाटक हमारे बीच हैं। उनकी प्रसिद्ध नाट्य रचनाओं में- 'बिदेसिया, भाई विरोध, बेटी वियोग, विधत्रा विलाप, कलियुग प्रेम, राधोश्याम बहार, गंगा-स्नान, पुत्र-बध, गबरघिचोर, बिरहा बहार, नकल भांड़ आ नेटुआ के, ननद-भऊजाई, शिव विवाह, भजन-कीर्त्तन: राम, रामलीला गान, भजन-कीर्त्तन: कृष्ण, माता भक्ति, आरती, बूढ़शाला के बेयान, चौवर्ण पदवी, नाई बहार, शंका समाधान आदि प्रमुख हैं।

3. भिखारी ठाकुर के लोकनाटकों में दलित-पिछड़ी चेतना :

"ब्राह्मण क्षत्री वैश्य शूद्र गण। सुनहूँ विनय सब मोर।।
गिरत 'भिखारी त्राहि चरन में। त्राहि-त्राहि करि शोर।।
विद्या के ना जानी हाल। माफ करऽ गौरी के लाल।।
कहे 'भिखारी' बतिया खारा। सुनि के गुनी सकल परिवारा।।"

('नाई बहार', नाटक : भिखारी ठाकुर)

भिखारी ठाकुर अपने व्यक्तिगत और जातिगत पीड़ा को भी जब कला की चासनी में डूबोकर व्यक्त करते हैं, तो उसका व्यंग्य सम्पूर्ण सामाजिक-व्यवस्था को झकझोर देता है। ऊपर के गीत में व्यक्त भारतीय वर्ण-व्यवस्था में शूद्रों की, खासकर नाई जैसी छोटी जाति की मनो-सामाजिक और आर्थिक पीड़ा का वर्णन किया गया है। किन्तु लोककवि की मारक दृष्टि ब्राह्मण, क्षत्रिय और वैश्य वर्णों के झूठे जाति अभिमान को भी अंदर तक वेध डालती है। निश्चय ही शूद्र कही जानेवाली दलित-पिछड़ी जातियाँ ज्ञान और विद्या से हीन हैं;

किन्तु उन्हीं नान्ह जातियों का 'भिखारी' जैसा बड़ा लोककवि और कलाकार जब यह बात कहता है, तो उसकी संवेदना सीधे व्यंग्य में ढल जाती है। जिस कवि-कलाकार की कला के जादू पर देश की हजारों-लाखों जनता फिदा हैं, जिसकी बातों को लोग अमृत की तरह पी जाते हैं, जिसके नाटक और गीत लोकजीवन के आदर्श बन चुके हैं, जिसने अनेक सामाजिक बुराइयों पर प्रहार करके उसे सुधारने का रचनात्मक प्रयास किया है, वह व्यक्ति यदि अपने और अपने समाज को छोटा कहता है, तो उस समाज-व्यवस्था में बड़ा कौन है? लानत है, ऐसी समाज व्यवस्था पर! दलित-पिछड़ों की दुरवस्था के लिए यही समाज-व्यवस्था दोषी है और इस व्यवस्था के लिए दोषी हैं इसके नियामक ब्राह्मणादि तथाकथित ऊँची जातियाँ जो इसे अब भी बनाये रखना चाहती हैं।

भिखारी ठाकुर के सरोकार इसी समाज-व्यवस्था से है। उन्होंने अपने लोकनाटकों में भारतीय समाज को पूरे परिप्रेक्ष्य में देखा है। क्या स्त्री, क्या पुरुष, क्या सवर्ण, क्या अवर्ण, क्या हिन्दू, क्या मुस्लिम-उन्होंने सबको अपने नाटक और गीतों का विषय बनाया और पूरी ईमानदारी और निष्ठा से उनकी समस्याओं को अपने कला के माध्यम से व्यक्त किया। सामाजिक समस्याओं की यह ईमानदार अभिव्यक्ति उनकी कला की सार्थकता के प्रमाण हैं।

यह कितने आश्चर्य की बात है कि जिस काल में हिन्दी क्षेत्र में दयानंद सरस्वती और राजाराम मोहन राय के प्रगतिशील विचार भी खपाये नहीं खप रहे थे, उस कट्टर काल में 'भिखारी' ने ब्रिटिश काल में आये बंगाली नवजागरण को अपने लोकनाटकों में सीधे उतारकर हिन्दी-भोजपुरी जनता के दिलो-दिमाग में सीधे उतार दिया। 'विधवा-विवाह' सुनकर ही समाज की भौंहें तन जाती थी, 'बाल विवाह', 'बेटी बेचना', 'बहु विवाह', दलित-शूद्रों से छुआछूत, गंगा स्नानादि द्वारा शुद्धि और पुण्यप्राप्ति के धार्मिक आडम्बर-ये सब तो परम्परा के अंग ही थे। भिखारी ठाकुर ने न केवल इन विसंगतियों पर प्रहार किया, बल्कि बहुत सारी विसंगतियाँ उनके नाटक देखकर ही सुधरती चली गयीं। बेटी बेचने की प्रथा तो भोजपुरी समाज से लगभग खत्म ही हो गयी। यह प्रथा अपेक्षाकृत दलित-पिछड़े और गरीब सवर्ण समाज में अधिक थी। बेमेल विवाह के कारण विधवा समस्या सवर्ण समाज की ही समस्या थी, जिसके निदान के लिए भिखारी ठाकुर ने अपने नाटकों में सबसे अधिक जोर दिया। 'विधवा विलाप' सुनकर पुरुषों के दिल भी रो उठते थे। समाज ने भिखारी ठाकुर के नाटक देखकर ही इस विसंगति की त्रासद पीड़ा और

गंभीरता को महसूस किया। छोटे लोगों में विधवाओं के विवाह का प्रचलन तो पहले से ही था, अब लोग धड़ल्ले से विधवाओं के विवाह पर ध्यान देने लगे, बेमेल विवाह पर रोक लगी। हिन्दी और भोजपुरी समाज की स्त्रियाँ भिखारी ठाकुर के लोकनाटकों की ऋणी हैं। भारतीय समाज में स्त्रियाँ भी दलित ही होती हैं।

भिखारी ठाकुर जिस नाई परिवार से आते हैं, वह शूद्रों में सबसे निचले स्तर की जाति आज भी है। समाज की सबसे अधिक सेवा करने पर भी उसकी आर्थिक-सामाजिक स्थिति में कोई परिवर्तन नहीं हुआ। नयी पीढ़ी में जो भी थोड़ा-बहुत परिवर्तन हुआ है, आधुनिक शिक्षा और रोजगार के कारण ही। नाई समाज छुआछूत की श्रेणी में तो नहीं रहा, किन्तु उसकी हालत अछूत दलित भाइयों से अच्छी कभी नहीं रही। भिखारी ठाकुर ने इस सच्चाई को गहराई से देखा और भोगा था। इसलिए उनके लोकनाटकों में दलित-पिछड़े समाज की समस्याएँ शिद्दत के साथ आयी हैं। भिखारी ठाकुर जब अपने नाटक और गीतो की रचना करते हैं, तो स्वाभाविक तौर पर उनके सामने भारतीय समाज का वही दीन-हीन, दलित-पिछड़ा, अशिक्षित और उपेक्षित चेहरा होता है।

इस समाज की समस्याएँ अनेक थीं। बाल-विवाह, बेमेल विवाह, धन के लिए बेटी बेचना, संयुक्त परिवार का टूटना, भाई-भाई में बँटवारा, नशाखोरी, चोरी, जुएबाजी, स्त्री-पुरुषों में यौन-उच्छृंखलता, स्त्रियों का यौन-शोषण आदि अधिकांशतः इसी समाज की समस्याएँ थीं। इसके कारण दलित समाज गरीबी, कलह और अशिक्षा की गिरफ्त में था। शादी होते ही रोजी के लिए पति का परदेश चला जाना और घर में जवान बहू का दुख-दर्द दलित समाज की बहुत बड़ी समस्या थी, वेश्या समस्या और बहु-विवाह भी इसी के इर्द-गिर्द अन्य समस्याएँ थीं। कभी-कभी परदेश गये पति की प्रतीक्षा करते-करते दलित पत्नियाँ दूसरे मर्द कर लेती थी और उससे बाल-बच्चे भी हो जाते थे। फिर पुराने पति के परदेश से लौटने पर एक जटिल सामाजिक समस्या उत्पन्न हो जाती थी। व्यक्ति को वस्तु समझने की अमानवीयता सामने आ जाती थी, जिससे दलित-पिछड़े समाज को दो-चार होना पड़ता था। भिखारी ठाकुर ने जहाँ 'बिदेसिया' नाटक में स्त्रियों की पहली समस्या का चित्रण किया है, वहीं 'गबरघिचोर' लोकनाट्य में स्त्री-पुरुष सम्बंधों की दूसरी समस्याएँ आती हैं, जिसमें 15 वर्षों बाद परदेश से आये पति अपनी पत्नी के बेटे (जो उसके दूसरे पति से उत्पन्न है) पर अधिकार का दावा करता है।

भिखारी ठाकुर ने अपने नाटकों में इन समस्याओं का ऐसा सजीव चित्र खींचा कि दलितों के साथ-साथ समाज के अन्य वर्गों में भी इन विसंगतियों के विरुद्ध मानसिकता विकसित हुई। ऐसे कार्यों के प्रति समाज में घृणा-भाव का उदय हुआ। लोगों ने यथासंभव इन बुराइयों का प्रतिकार करना शुरू कर दिया। कई जगह तो स्त्रियों ने ही इसका विरोध किया। विधवाओं के पुनर्विवाह के प्रयास शुरू हुए। बहु-विवाह पर भी रोक लगा। बाल-विवाह को रोकने के लिए तो सरकार ने ही कानून (शारदा एक्ट) बना दिये।

भिखारी ठाकुर ने अपने आपको हर तरह से दलित-पिछड़ी चेतना से लैस करके इसे मजबूत और पुष्ट किया। इसके प्रमाण उनके नाटक और गीत हैं, जिनमें ऐसे विषय और प्रसंगों की बार-बार चर्चा हुई हैं। उनके नाटकों के वास्तविक और काल्पनिक दोनों ही पात्र दलित-पिछड़े समुदाय के ही हैं। जिस प्रकार प्रेमचंद ने अपने कथा साहित्य में दलित-पिछड़े पात्रों के नाम और गुण गिनाये हैं, भिखारी ठाकुर ने उनसे पहले ही यह काम कर दिया था। उनके नाटक के पात्रों के नाम हैं-विदेसी, बटोही, रेडी, देवर, दोस्त, घिचोर, गड़बड़ी, गलीज बहु, उपदर, उदवास, झांटुल, चटक, चेथरू, अखजो, लोभा आदि।

भिखारी ठाकुर के नाटकों में अभिनय करनेवाले अधिकांश पात्र दलित-पिछड़ी जाति के ही थे। उनमें से कई तो आज भी जीवित हैं। इनमें कुछ कलाकारों के नाम और जाति इस प्रकार हैं-बीन (मल्लाह) : बुद्धन महतो, सुकन महतो, भोला महतो, मुखलाल महतो आदि (सबसे अधिक), ग्वाला : राम लक्षण, जगदेव राय, भदई राय, ब्रह्मा राय, लालू आदि, नाई : बाबूलाल ठाकुर, महेन्द्र ठाकुर जुठन ठाकुर, गौरीशंकर ठाकुर, जमुना ठाकुर, रूखी ठाकुर, आदि, रविदास (चमार) : रामपति राम, भदई राम, तपन राम, सखिचन राम, फिरंगी राम, शामा, शिवजी आदि, लोहार : घिनावन शर्मा, किसुन देव आदि, कुम्हार : रामदास पंडित, जयनाथ, रामानांद पंडित, छबीला राम (जो कलकत्ता में बम से मारे गये) आदि, कहार : शिव राउत, रामाशीष, गोला, पुनदेव भगत आदि, मुस्लिम (दलित) : अली जान मियां, तफ़जुल मियां, रहीम (भांट) आदि, दुसाध : वैजनाथ, सोहराई राम, लखीचंद राम, रामचंद्र (बड़का), रामचंद्र (छोटका) आदि बारी : शिवबालक आदि. गोंड : जमुना साह, शिवजी, दारोगा साह आदि कायस्थ : रामचंद्र लाल आदि। इनमें से अधिकांश स्वर्गीय हो चुके

हैं, किन्तु कुछ आज भी जीवित हैं, जिनसे संवाद किया जा सकता है।

राजनेता और समाजसेवी जनता के शरीर पर राज करते हैं, किन्तु कलाकार और साहित्यसेवी जनता के मनो-मस्तिष्क पर शासन करते हैं। वे जनता के दिलो-दिमाग में बसे होते हैं। इसलिए कलाकार और साहित्यसेवी की बातों का जितना प्रभाव उनके मन पर पड़ता है, उतना अन्यों का नहीं। इस कसौटी पर लोककलाकार भिखारी ठाकुर भारत के सामाजिक-सांस्कृतिक इतिहास में दलित-पिछड़ी जनता के सच्चे चितेरा और मार्ग दर्शक के रूप में हमेशा जाने जाते रहेंगें।

इस प्रकार लोककलाकार भिखारी ठाकुर ने हिन्दी और भोजपुरी समाज को बहुत कुछ दिया। उनकी देन अमर है। खासकर हिन्दी क्षेत्र की दलित-पिछड़ी जनचेतना के वे संवाहक अग्रदूत थे।

7

परिवर्तन का नया समाजशास्त्र

देश की आजादी से लेकर आज तक देश की राजनीतिक-सामाजिक स्थितियों में बहुत सारे परिवर्तन हुए हैं। यदि मोटे तौर पर देखा जाये, तो ये सारे परिवर्तन दलित-पिछड़ों के हक में ही दिखायी पड़ते हैं। किन्तु गहराई से विचार करने पर ऐसा नहीं है। देश की आबादी की तीन-चौथाई जनता दलित-पिछड़ी जनता है, जिनके पास देश के संसाधनों का मात्र एक चौथाई हिस्सा ही है। सारी चल-अचल सम्पति, उद्योग धंधे, विकास के संसाधन और सरकारी आवंटनों पर केवल एक चौथाई साधन-सम्पन्न लोगों का ही कब्जा है। ऐसे में इनका विकास संभव नहीं दिखायी देता। इसलिए आर्थिक विकास अभी कोसों दूर है। हाँ, इन वर्गों का मनो-सामाजिक विकास हुआ है। उनमें चेतना आयी है। अब वे अपने अधिकारों के लिए बोलने लगे हैं। पहले तो जुबान ही नहीं थी। मुँह पर ताले पड़े थे। सामंती शोषण और जातीय भेदभाव के तले दबा यह विशाल समाज प्रभु वर्ग के सामने अपनी जायज मांग भी नहीं रख सकता था। और यह क्रम आजाद भारत में अभी हाल-हाल तक जारी रहा है। देश में जयप्रकाश आंदोलन, मंडल कमीशन, वी.पी. सिंह, कर्पूरी ठाकुर, देवगौड़ा, करुणानिधि, लालू प्रसाद यादव, मुलायम सिंह यादव, कांशीराम, शरद यादव, रामविलास पासवान, नीतीश कुमार, मायावती आदि के उदय और आंदोलनों के कारण स्थिति में थोड़ा सुधार हुआ है; अन्यथा इस वर्ग को कौन पूछनेवाला था?

किन्तु परिवर्तन केवल दलित-पिछड़े वर्गों की ओर से ही हो रहा है। ब्राह्मणवादी सोच में तो दुनिया आज भी गयी-गुजरी है। उनके लिए तो वैश्विक परिवर्तन का यह दौर आज भी कलियुग और पाश्चात्य अपसंस्कृति का ही दौर है। इसलिए आज के परिवर्तन को ईमानदारी से रेखांकित करने की जरूरत है। सामाजिक परिवर्तन आज की युवा पीढ़ी में स्पष्ट तौर पर देखा जा रहा है। आज उनका जीवन अपेक्षाकृत अधिक उन्मुक्त और स्वावलम्बी हो गया है।

क्या लड़कें, क्या लड़कियाँ-सभी अपने कैरियर के प्रति सजग दिखायी पड़ते हैं। पढ़े-लिखे युवक-युवतियों ने जाति-धर्म और वर्ण-वर्ग को नकार-सा दिया है। उनमें अंतजार्तीय विवाह की प्रवृत्ति बढ़ी है। यह शुभ संकेत है। बावजूद इसके क्या भारतीय समाज से जातियाँ टूटेंगी? एक सवाल बनता है, जिसका उत्तर युवापीढ़ी को ही देना होगा। यदि नहीं तो, हाशिये पर पड़े समाज के इस विशाल वर्ग को आगे आने का कौन-सा तरीका है? इन्हीं चिंता और चिंतनों के बीच आइए आज के परिवर्तनों पर एक नजर डाली जाये।

1. **हीन-भावना से मुक्ति की चेतना :** इतिहास गवाह है कि भारत में भक्ति आंदोलन (12 वीं शताब्दी से 17वीं शताब्दी) प्रकारान्तर से दलितों का ही आंदोलन था। यह समाज में दलित-पीड़ित जनता और उपेक्षित गुरुओं की आत्मा का विद्रोह था। समाज के मंदिर-मस्जिदों और धर्म-संस्थानों से दुत्कारे-फटकारे दलित-पिछड़ों ने अपने आपको निराकार ईश्वर को समर्पित कर अपने अंदर छुपे ज्ञान, अनुभव, जीवन-मूल्य और संवेदना की गहरी अभिव्यक्ति द्वारा दलितों में मान-स्वाभिमान और अस्मिता की अलख जगायी। कबीर, रैदास, नानक, नामदेव, तुकाराम आदि की वाणियों में यही दलित-पिछड़ी चेतना बोल रही थी। मध्यकाल के इस भक्ति-भावना ने दलितों के लिए पहली बार भक्ति के बंद दरवाजे खोले। इन संतों के भजन और गीतों में दलित समुदाय ने शांति और स्वाभिमान के सूत्र पाये। उत्तर मध्यकाल के सामंती दवाब में यह स्वर थोड़ा मंद पड़ता दिखायी पड़ा। किन्तु भक्तिकाल के इन संत कवियों के क्रांतिकारी और चुनौती भरे संदेशों ने आधुनिक काल में फिर से दलित-पिछड़े समुदायों को राह दिखाई।

नन्दनी गुप्तु का हवाला देते हुए विवेक कुमार लिखते हैं कि "19 वीं शताब्दी के उत्तरार्द्ध में अस्पृश्य जातियों के प्रवासियों ने उत्तर प्रदेश के कानपुर, वाराणसी, इलाहाबाद, लखनऊ आदि शहरों में कबीर पंथ तथा रविदासी समाज को जीवित कर अपनी पृथक अस्मिता स्थापित करने का प्रयास किया (गुप्तु-1993:278)।" (हंस, अगस्त, 2004) दलित समाज में भावात्मक परिर्वतन के लिए मठ, भजन, भंडारा और भगत जैसी संस्थाओं की स्थापना की गयी। इन संस्थाओं ने दलित-पिछड़ों में आत्म-सम्मान की भावना जगाकर उन्हें हीन-भावना से मुक्त करने का प्रयास किया। पुनर्जागरण काल में जब उत्तर भारत में आर्य समाज आंदोलन चल रहे थे, तो कुछ पढ़े-लिखे दलितों ने उसके सामानान्तर आत्मावलोकन आंदोलन चलाया, जिसके नेता स्वामी अछूतानंद

और राम चरनदास थे। अछूतानंद ने 1920 ई. के आस-पास 'आदि-हिन्दू' आंदोलन चलाया था, जिसका मूल स्वर स्वाभिमान था। उन्होने आक्रमणकारी आर्यों द्वारा दास बनाये गये दलित-पिछड़ों को भारत का मूलनिवासी बताया और उनमें स्वाभिमान की चेतना भरी। अछूतानंद (1879-1933) के पद दलित-पिछड़े पुरखों के ऐसे ही गौरव-गान से भरे पड़े हैं। इसी प्रकार राम चरनदास (1888-1938)ने भी दलित-पिछड़ों में स्वाभिमान की चेतना जगायी।

दलित-पिछड़ों ने अपनी अलग अस्मिता और स्वाभिमान हेतु लगभग सम्पूर्ण भारत में एक ही साथ आंदोलन खड़े किये। तमिलनाडु में 'आदि-द्रविड़' आंदोलन, आंध्र प्रदेश में 'आदि-आंध्र' आंदोलन, पंजाब में 'आदि-धर्म' आंदोलन, बंगाल में 'नामशूद्र आंदोलन', महाराष्ट्र में 'महार आंदोलन' और केरल में नारायण गुरु आदि के आंदोलनों ने दलितों में आत्म-स्वाभिमान और सामाजिक परिवर्तन की चेतना पैदा की। दलित संत, महात्मा और समाज सुधारकों ने "दलित समुदाय में सामाजिक परिवर्तन की शुरुआत की।" (ओम्बेट 1994:10).

दलित समुदाय ने अपने आत्मनिर्भर आन्दोलनों द्वारा अपने समाज में सामाजिक परिवर्तन के इस काल में, विशेषकर अपने आन्तरिक रहन-सहन, खान-पान पर ध्यान दिया। सर्वप्रथम वे अपने समाज में पैतृक व्यवस्था को छोड़ने के लिए चेतना जागृत की। कालान्तर में उन्होंने शिक्षण संस्थाएं स्थापित कर अपने समाज को शिक्षित करने का प्रयत्न किया। महात्मा फूले के आंदोलन से हम परिचित हैं। "सेना में (विशेष रूप से ब्रिटिश सेना में) 1890 के आसपास महार, दुसाध, माली, जाटव आदि सैनिक टुकड़ियों को पुनः बहाल करने का आग्रह किया गया। धर्म के क्षेत्र में उन्होंने (दलित-पिछड़ों ने) अपने खुद के भगवानों तथा देवियों को गढ़ा तथा अपने अलग मंदिरों के निर्माण करवाये।" (हंस, अगस्त, 2004). किन्तु दलित-पिछड़े समुदाय के इन प्रयासों के बावजूद भारतीय समाज में जनतांत्रिक मूल्यों के अभाव तथा सवर्ण अभिजात वर्ग के यथास्थितिवादी रवैये ने उनमें वांछित सामाजिक सुधार को कभी लागू होने नहीं दिया। फिर भी पढ़े-लिखे दलित-पिछड़ों में अपेक्षित चेतना जगी और उनके आचरण, रहन-सहन और व्यवहार में परिवर्तन हुए।

2. शिक्षा और सम्मान की चेतना : महात्मा फूले और पेरियार ने दलित-पिछड़े और स्त्रियों में शिक्षा और सम्मान का आंदोलन चलाया था, उसके प्रभाव उनमें परिलक्षित होने लगे थे। सत्यशोधक समाज के संदेशों को दलित-पिछड़ा समाज अपनाने लगा था। उनमें शिक्षा का प्रचार हुआ। उनके

लिए अलग स्कूल खोले गये, जिसमें अंग्रेजी सरकार ने बढ़-चढ़कर मदद की। ब्राह्मणवादी संस्कारों को छोड़कर दलित-पिछड़ा समाज अपने बीच से ही पंडित-पुरोहित उत्पन्न करने लगे थे। बिना पुरोहितों के ही सामाजिक अनुष्ठान शुरू हो चुके थे। दक्षिण के समाज में इसका अधिक प्रभाव पड़ा। उत्तर भारत के अछूतों और पिछड़ों में भी अपने बीच से ही पंडित-पुरोहित उत्पन्न होने लगे। कालान्तर में इन पंडित-पुरोहितों पर भी ब्राह्मणवादी संस्कार पड़ने लगे और वे भी ब्राह्मणी रीति-नीत के अनुरूप ही पूजा-अनुष्ठान और दान-दक्षिणा में विश्वास करने लगे। किन्तु एक सामानान्तर व्यवस्था जारी रही। दलित-पिछड़े समाज के लोग जो अंग्रेजी अफसर, छोटे-बड़े सामंत और राजा-महाराजाओं की सेवा और संपर्क में थे, उनके बच्चे भी अब पढ़ने-लिखने लगे। इस प्रकार पिछड़ों में शिक्षा और संस्कार की शुरुआत हुई। उनमें सम्मान भाव जगे।

3. पेशागत परिवर्तन : अंग्रेज़ो के पहले इस देश में दलित और पिछड़े समाज के लोग प्रायः समाज द्वारा निर्धारित वर्ण एवं जाति व्यवस्था के अनुरूप निर्धारित पेशों में ही रहने को विवश थे। अर्थात् एक चमार मरे हुए मवेशियों के चमड़ा खालने और चमड़े आदि का काम ही कर सकता था, एक धोबी कपड़ों की धुलाई, एक भंगी मल-मूत्र की सफाई और एक नाई बाल आदि काटने के काम करने को ही विवश थे। किन्तु अंग्रेजी शासन में पहली बार दलितों को सेना और कार्यालयों में नौकरी मिली। इससे उनकी पेशगत हीन भावनाओं में सुधार हुआ, उनका आत्मविश्वास और सामाजिक सम्मान बढ़ा। अब दलित-पिछड़े समाज के लोग अपने निर्धारित पेशों के अतिरिक्त भी समाज में दूसरे-दूसरे काम करने लगे। पेशागत काम के स्वरूप में परिवर्तन होने से भी उनमें सम्मान भाव का उदय हुआ। पहले इस समाज के लोग गाँव-गाँव घूमकर सामंत गृहस्थों और मालिकों के घर अपना पेशेगत सेवाकार्य करने जाते थे। किन्तु अब अंग्रेजों ने अपने देश के रीति-रिवाजों के अनुसार विभिन्न प्रकार के फुटपाथी दुकानों और सैलूनों का प्रचलन शुरू किया, जिससे दलित और शूद्र समाज के प्रगतिशील लोग अपने जातिगत पेशों के अनुसार सेवाकार्य के लिए सड़क और फुटपाथों पर दुकान लगाने लगे। जैसे-जूता मरम्मत के लिए मोची की दुकान, दाढ़ी-बाल काटने के लिए नाई की दुकान और छोटे-छोटे सैलून, पान की दुकान, धोबियों की लौंड्रियाँ आदि खुल गये। पहले ये पेशेवर लोग अपनी दुकान लगाने गाँव के बाजारों में जरूर जाते थे, किन्तु वहाँ भी उनके मालिक और गृहस्थ उनसे मुफ्त में ही काम करा लेते

थे। इस प्रकार पेशागत परिवर्तन और पेशे के स्वरूप में परिवर्तन से उनके मान-स्वाभिमान में वृद्धि हुई।

4. संस्कृतिकरण : आधुनिक काल में हिन्दू धर्म की बुराइयों से बचने के लिए डॉ. अम्बेदकर ने धर्म परिवर्तन किया था। किन्तु देश में दलित-पिछड़े समाज की विशाल आबादी के लिए इतनी बड़ी संख्या में धर्मान्तरण संभव नहीं था। एक तो सदियों के हिन्दू संस्कार उन्हें रोक रहे थे, दूसरे उनमें वैसा साहस नहीं था। हिन्दू समाज की ओर से धर्मान्तरण को रोकने के लिए अनेक आंदोलन भी चल रहे थे। दयानंद सरस्वती का **'आर्य समाज'** एक ऐसा ही आंदोलन था, जो हिन्दू धर्म का नया संस्करण था। इसमें छुआछूत और जाति-भेद का निषेध करके सभी हिन्दुओं को आर्य कहा गया। वर्ण-व्यवस्था को कर्मणा माना गया और हिन्दू धर्म में पौराणिक विकृतियों को दूर कर केवल शुद्ध वैदिक मान्यताओं को ही स्थान दिया गया। इसमें दलित समाज के लोग तो उतनी संख्या में नहीं आये, किन्तु पिछड़े वर्ग की भारी संख्या आर्य समाज में दीक्षित होती गयी। सुधार और धार्मान्तरण के विपरीत अधिकांश दलित-पिछड़ा समुदाय हिन्दू धर्म में रहकर ही अपने को श्रेष्ठ बनाने और मुख्यधारा की संस्कृति के अनुरूप अपने को ढालने का प्रयास करने लगा। समाजशास्त्रीय भाषा में इसे 'संस्कृतिकरण' कहते हैं।

अपने को श्रेष्ठ समझने के लिए दलित और पिछड़े समुदाय के लोग सवर्ण समाज की श्रेष्ठता के प्रतीक जनेऊ आदि को धारण करने लगे। ब्राह्मण आदि श्रेष्ठ कही जानेवाली जातियों के आचार अपनाने लगे। इस पर स्वामी विवेकानंद ने कहा था "यदि ब्राह्मण कहलाने से सभी जातियों को संतोष होता है तो उचित है कि वे अपनी-अपनी सभाओं में यह घोषणा कर दें कि हम ब्राह्मण हैं। इससे भारत को बहुत बड़ी शक्ति प्राप्त होगी। एक तो देश में जातियों का भेद आप-से-आप समाप्त हो जायेगा। दूसरे, सभी वर्णों के लोग ब्राह्मण संस्कृति को स्वीकार करके आज के सांस्कृतिक धरातल से स्वयंमेव ऊपर उठ जायेंगे।" (संस्कृति के चार अध्याय : दिनकर, पृष्ठ-593). देश के अनेक भागों में यह 'जनेऊ आंदोलन' मुख्यतः 1915 से 1930 तक चला था।

दलित-पिछड़ों ने ब्राह्मणादि सवर्णों के सांस्कृतिक प्रतीकों और आचारों को अपनाना शुरू किया। इसमें मांसाहारी भोजन का त्याग, हिन्दू परम्परा के

अनुसार पूजा अनुष्ठान, तिलक एवं जनेऊ को धारण करना, अपनी महिलाओं को कार्य पर जाने से रोकना, विवाह के समय दहेज आदि को अपनाना शामिल था।

किन्तु संस्कृतिकरण की प्रक्रिया केवल सवर्ण जातियों की नकल मात्र नहीं थी। इसे दलित-पिछड़े नजरियों से भी देखा जाना चाहिये। इसे दलित उत्थान का प्राथमिक प्रयास माना जा सकता है। यह प्रयास हिन्दू-धर्म जनित हीनता और अपमानबोध से मुक्ति की छटपटाहट थी, जिसे दलित-पिछड़े समाज जैसे-तैसे व्यक्त कर रहे थे। इसे सवर्ण समाज ने कभी स्वीकार नहीं किया। बाद में दलित -पिछड़े समाज ने भी इस प्रक्रिया को छोड़ दिया। और तो और आधुनिकता की दौड़ में सवर्ण समाज ने भी जनेऊ आदि छोड़ना शुरू कर दिया। क्योंकि दलित-पिछड़ों द्वारा इसे धारण कर लेने और आधुनिक वैज्ञानिक दौर में उसकी व्यर्थता सिद्ध हो जाने से अब उसका कोई महत्त्व नहीं रह गया था। आज के उदारवादी और शिक्षित सवर्णों में शायद ही कोई जनेऊ धारण करता हो। इसलिए यह स्पष्ट हो चुका था कि प्रतीकों को धारण करने और तथाकथित नकली संस्कृतिकरण से भी दलित-पिछड़े समाज में कोई खास परिवर्तन नहीं हो सकता। असल चिंता थी कि अपने साधन-संसाधनों के अनुरूप वे अपने आचरण और व्यवहार को कैसे बदलें कि वे भी श्रेष्ठ बन सकें। आधुनिकता और भावात्मक श्रेष्ठता के इन्हीं प्रयासों से अब दलित-पिछड़ों में विश्वास जम चुका था कि वे भी स्वच्छ तथा स्वस्थ जीवनचर्या अपना सकते हैं। कहने की आवश्यकता नहीं कि यदि किसी को जाति नहीं बतायी जाये, तो शिक्षित समाज में आचरण और व्यवहार की दृष्टि से आज दलित-पिछड़े और सवर्णों को पहचानना मुश्किल है।

5. अवसर की समानता और आरक्षण : संविधान की धारा 16 में रोजगार में अवसर की समानता का प्रावधान है। यह ध्यान देने की बात है कि इसमें अवसर की समानता को परिस्थिति की समानता के साथ परिभाषित किया गया है। डॉ. अम्बेदकर और अन्य संविधान निर्माता जानते थे कि विश्व के सर्वाधिक विषमतावाले इस भारत देश में बहुसंख्यक जनता दलित और पिछड़े वर्ग की हैं। अवसर की समानता दे देने पर भी वह विकास की दौड़ में आगे नहीं आ सकती। इसलिए उसमें परिस्थिति की समानता शब्द भी जोड़ दिया गया। क्योंकि मुख्यधारा के लोगों की तुलना में उनकी सामाजिक और शैक्षणिक परिस्थिति समान नहीं है। परिस्थिति की यही समानता आरक्षण है।

दलित और पिछड़े वर्गों को समाज में ऐसी परिस्थिति नहीं मिली है, जिससे वे सामान्य वर्ग के साथ प्रतियोगिता कर सके। खुली प्रतियोगिता से गैर-बराबरी भरे इस समाज में जो आगे है, वह सदा ही आगे बढ़ता जायेगा और पीछे छूटे लोग पीछे छूटते चले जायेंगे।

इसलिए सामाजिक और शैक्षणिक दृष्टि से कमजोर वर्ग, जो सदियों से पिछड़े हैं, के लिए आरक्षण का प्रावधान किया गया, जिससे विकास की मुख्यधारा में वह भी शामिल हो सके। दलितों के लिए आरक्षण तो संविधान लागू होने के साथ ही लागू हो गया, किन्तु अन्य पिछड़े वर्ग के लोगों के लिए आजादी के 45 वर्षों बाद भी काफी जद्दोजहद के बाद 1992-93 में आंशिक आरक्षण लागू हुआ। आज यद्यपि आरक्षण एक विवादास्पद मुद्दा बन गया है, इससे न तो दलित-पिछड़े वर्गों का अपेक्षित विकास हुआ है और न अगड़े वर्गों का असंतोष ही दूर हो सका है। फिर भी आरक्षण से जो पढ़ी-लिखी और नौकरीपेशा पीढ़ी निकली है, उसमें अपने वर्ग के बच्चों को शिक्षित करने से लेकर विकास की दौड़ में आगे बढ़ने की जबर्दस्त चेतना पैदा हुई है। एक अच्छी-खासी पीढ़ी शिक्षित होकर आगे आयी है। किन्तु अब भी अशिक्षा, गरीबी और बेरोजगारी इस वर्ग की मूल समस्या है। आरक्षण से अभी तक मात्र 7 से 10 प्रतिशत जनता को ही लाभ पहुँचा है।

आरक्षण विरोधी विद्वान इसे कभी वोटबैंक की राजनीति मानते, तो कभी देश को तोड़नेवाली पृथकतावादी चाल, कभी जातिवाद को बढ़ावा देनेवाली नीति कहते हैं, तो कभी प्रतिभाओं को पीछे ढकेलने का षड्यंत्र; और जब चारो ओर से घूम-थक कर कोई तर्क और नीति नहीं जुटा पाते, तो संविधान पर ही ऊँगली उठाने लगते हैं। समझ में नहीं आता कि जो संविधान अभी तक पूरी तरह लागू भी नहीं हुआ है, उसे बार-बार जोड़ने-तोड़ने और बदलने की बात क्यों की जाती है? खैरियत है कि 'मूल अधिकारों को बदला नहीं जा सकता' अन्यथा उसका भी संशोधन करके विधाता लोग दलित-पिछड़ों का बेड़ा पार कर दिये होते। समानता के नाम पर ले-देकर एक वोट का अधिकार बचा हुआ है, जिसके भय से सत्ताधारी पार्टियाँ कभी-कभार दलित और पिछड़ों की खबर ले लिया करती हैं; अन्यथा यहाँ तो संविधान के अनुरूप आचरण करने के बदले संविधान को ही बदल डालने की बातें होती हैं। घोर विषमता भरे इस विचित्र देश की कितनी बड़ी बिडम्वना है कि प्राचीन काल से अब तक यहाँ जो भी बड़े आंदोलन हुए, जो भी बड़ा असंतोष फूटा, वह दलित-पीड़ित

पिछड़े समाज की ओर से ही। किन्तु हर बार उसे तथाकथित उच्च वर्ग के लोगों और समाजशास्त्रीय भाषा में कहें, तो मनुवादी मानसिकता ने भुना लिया और इतिहास को अपनी सुविधा के अनुसार लिख डाला। जिस कबीर, फूले, पेरियार, शाहूजी, अम्बेदकर, सुभाषचन्द्र बोस और भगत सिंह ने देश में इतनी बड़ी क्रांति पैदा की, उसके लिए इतिहास में कितनी जगह है?

जिस देश में डॉ. अम्बेदकर जैसे प्रतिभावान लोगों के राष्ट्रव्यापी आंदोलन को 'शूद्र राज्य की स्थापना का प्रयास' कहा जाता हो, जहाँ भगत सिंह और सुभाष चन्द्र बोस जैसे क्रांतिकारियों को आतंकवादी माना जाता हो, जहाँ आजाद भारत में सर्वोच्च पद पर आसीन होने पर देश के प्रथम राष्ट्रपति को भी अपना शूद्रत्व दोष दूर करने के लिए पवित्र नगरी बनारस में सार्वजनिक तौर पर 200 ब्राह्मणों के पैर धोने पड़ते हों, (जाति और योनि के कटघरे, हिन्दू बनाम हिन्दू : डॉ. राम मनोहर लोहिया, लोकभारती प्रकाशन) उसी देश में आज आरक्षण दे देने मात्र से जातिवाद बढ़ने की बात की जा रही है। यहाँ जातिवाद कम कहाँ हुआ था, जो आज बढ़ रहा है? जिस आधुनिक भारत देश में आजादी के पूर्व से लेकर आज तक प्रकारान्तर से जातिवादी सरकारें ही बनती आयीं हों, उस देश में क्या आरक्षण दे देने से जातिवाद बढ़ जायेगा? सच तो यह है कि 'मंडल कमीशन' लागू होने से देश की सामाजिक और राष्ट्रीय एकता मजबूत ही हुई है। अलग-अलग सैकड़ों जाति, वर्ण और वर्गों में बंटे आधुनिक भारतीय समाज को आरक्षण ने केवल दो वर्गों में बाँट दिया है-दलित-पिछड़ा और अगड़ा वर्ग। यह विभाजन कोई जातीय और साम्प्रदायिक विभाजन नहीं है, यह वर्गीय विभाजन है, जो किसी भी समाज का यथार्थ होता है। फिर जातिवाद कहाँ से बढ़ रहा है?

डॉ. अम्बेदकर और सुभाष चन्द्र बोस भी इसी जातिवादी मानसिकता के शिकार हुए। इतिहास गवाह है कि यदि डॉ. अम्बेदकर और सुभाष चन्द्र बोस नहीं होते, तो इस देश में 'भारत छोड़ो' और 'करो या मरो' जैसा आंदोलन भी नहीं होता। 'डांडी मार्च' (1931-32) से लेकर 1942 के बीच देश में ऐसा कोई बड़ा कांड नहीं हुआ था, या अंग्रेजों ने वैसी कोई ज्यादती नहीं की थी, जिसके लिए 'करो या मरो' जैसे आंदोलन खड़ा करने की जरूरत पड़ती। फिर 'भारत छोड़ो' आंदोलन का कारण क्या था? इसके कारण थे-"डॉ. अम्बेदकर और सुभाषचन्द्र बोस। सुभाष बाबू सिंगापुर से 'दिल्ली चलो' और 'तुम मुझे खून दो, मैं तुम्हें आजादी दूँगा' के नारे दे चुके थे। लगे हाथों डॉ. अम्बेदकर

ने भी राष्ट्रव्यापी भ्रमण और प्रबोधन करके 20 जुलाई 1942 को नागपुर में दलित-पिछड़ों का महासम्मेलन कर डाला, जिसमें देश के विभिन्न भागों से लगभग एक लाख स्त्री-पुरुष शामिल हुए थे। इसी सम्मेलन में 'राष्ट्रव्यापी मुक्ति आंदोलन' की घोषणा की गयी। फिर क्या था, गाँधीजी और देश की ब्राह्मणवादी मानसिकता को लगा कि अब गेंद दूसरे पाले में चली जायेगी और आजादी का श्रेय अम्बेदकर-सुभाष को ही मिल जायेगा। बस, दो-तीन हफ्ते के अंदर ही 9 अगस्त 1942 को मुम्बई के 'इंडिया गेट' से गाँधीजी ने 'भारत छोड़ो' आंदोलन की घोषणा कर दी। अम्बेदकर यही तो चाहते थे। अत: इस आंदोलन से देश में यदि कोई एक व्यक्ति सबसे अधिक खुश हुआ, तो वह व्यक्ति था डॉ. भीमराव अम्बेदकर। बाबा साहब ने उसी दिन एक लेख लिखा, जो अगले ही दिन मराठी दैनिक में और फिर अंग्रेजी में और बाद में देश के प्राय: सभी अखबारों में छपा। उस लेख का शीर्षक था-'अच्छा हुआ महात्मा मर गया और मनुष्य बचा रहा।'' (बहुजनों का बहुजन भारत, 30.4.2006 में प्रकाशित वामन मेश्राम के भाषण के आधार पर) कहना केवल इतना है कि इस देश के निर्माण और विकास में दलित और पिछड़ों का योगदान किसी भी समुदाय से कम नहीं रहा है।

आजादी की लड़ाई में 70% से अधिक कुर्बानियाँ केवल दलित-पिछड़ों की है। केवल 1857 के संग्राम में शहीद हुए और जेल गये स्वतंत्रता सेनानियों की सूची देख लीजिए, भ्रम दूर हो जायेगा। और तो और मंगल पांडे को भी हीरो बनानेवाला मातादीन एक दलित ही था। गलती से लोटा छू जाने पर पांडे ने उसे भला-बुरा कहा था। इस पर उस भंगी सिपाही ने उसे ताना देते हुए कहा कि लोटा छू जाने पर तुम्हारा धर्म चला जा रहा है और रोज-रोज गाय और सूअर की चर्बियों से बने कारतूस को दांत से पकड़ने पर तुम्हारा धर्म नाश नहीं होता! इसी व्यंग्य पर तिलमिलाकर उसने विद्रोह किया था। और मंगल पांडे के साथ सबसे पहले फांसी पर चढ़नेवालों में वह भंगी सिपाही भी था। आजादी तो मिल गयी। पर इस वर्ग को कौन सी आजादी मिली? आज भी आजाद भारत के जेलों में दलित-पिछड़े कैदियों की संख्या देखी जा सकती है। वहाँ भी आपको 70 : 30 का अनुपात ही मिलेगा। फिर कैसी आजादी? कैसा विकास और कौन से आरक्षण की बात की जाये? विकास की राह में यह वर्ग केवल देश की जाति और वर्ण-व्यवस्था के कारण सदियों से पिछली कतार में खड़ा है। इसलिए उसके विकास के मार्ग की रूकावटों को

प्रशस्त किये बिना देश के विकास का खाका खींचना बेमानी है। और इस विकास का सबसे कारगर उपाय है-आरक्षण। इसके सिवा इस देश में दलित-पिछड़ों के विकास का फिलहाल कोई दूसरा विकल्प दिखाई नहीं देता। इसलिए आरक्षण आवश्यक है।

ज्ञातव्य हो कि मंडल कमीशन की दस सिफारिशों में केवल एक ही सिफारिश (नौकरी में आरक्षण) लागू हुई थी। उस समय इस आंशिक आरक्षण के विरोध में भी देश में कैसी आग लगी थी, सभी जानते हैं। अभी हाल ही में वर्ष 2006-07 में जब केन्द्रीय मानव संसाधन मंत्री अर्जुन सिंह ने उच्च शिक्षा एवं तकनीकी संस्थानों में नामांकन हेतु पिछड़ों के आरक्षण की बात की, तो फिर वही हाय-तौबा मची और मामला 'एम्स' जैसी संस्थाओं और देश के कई मेडिकल कॉलेजों के तथाकथित छात्र आंदोलन से होता हुआ सुप्रीम कोर्ट तक पहुँचा और फिर वही ढाक के तीन पात! अर्थात् नामांकन में भी 'क्रीमी लेयर' का रोड ब्रेकर।

उच्च शिक्षा और तकनीकि संस्थानों में प्रवेश के लिए आरक्षण कोई नयी बात नहीं है। यह मंडल कमीशन का ही एक प्रमुख सूत्र है, जिसे बहुत पहले लागू हो जाना चाहिए था। क्योंकि जब उच्च शिक्षा और तकनीकि डिग्रियाँ ही नहीं मिलेगी, तो इस वर्ग को उच्च श्रेणी की नौकरियों में जाने का अवसर कैसे मिलेगा? यदि 'क्रीमी लेयर' को लागू किया जाता है, तो पिछड़े वर्ग के रिक्सा पुलर और मजदूर-किसानों के कितने बच्चे एम.ए.-बीए. पास कर पाते हैं। उनकी हैसियत अधिक से अधिक मैट्रिक या इंटर से आगे नहीं जाती। फिर तकनीकी संस्थानों में किसी भी वर्ग के मेधावी छात्र ही जा पाते हैं। सामान्यतः ऐसे मेधावी लड़के-लड़कियाँ उन्हीं वर्गों से आते हैं, जिनके माता-पिता अच्छी नौकरी में हैं या साधन-सम्पन्न हैं। फिर सामान्य वर्ग के बच्चों के लिए ऐसी कोई व्यवस्था नहीं है, जिससे वे अच्छी संस्थाओं में नामांकित होकर मेधावी बने या तकनीकी संस्थानों में प्रवेश की योग्यता हासिल करें। इसलिए ऐसे आरक्षण का कोई अर्थ नहीं रह जाता।

सवाल आरक्षण का नहीं है, सवाल देश की बहुसंख्यक जनता को विकास की मुख्यधारा से जोड़ने का है, जनतांत्रिक मूल्यों की रक्षा और सांवैधानिक दायित्व के निर्वाह का है। नौकरी या शिक्षा में आरक्षण तो विकास मॉडल का एक छोटा सा अंग है, जिसमें मात्र 1% से 5% अवसरों में ही भागीदारी की

गुंजाईश है। असली मुद्दा तो चल-अचल सम्पति, आर्थिक संसाधन, सत्ता, शासन और न्याय में भागीदारी का है, जिसकी कोई संभावना दूर-दूर तक नजर नहीं आती। आरक्षण देकर तो कांग्रेस केवल अपनी उस भूल का प्रायश्चित करना चाहती है, जो उसने दलित और पिछड़ों के साथ आजादी के पूर्व से लेकर आज तक करती आयी है। उसे तो आरक्षण से आगे बढ़कर सामाजिक, आर्थिक, शैक्षिक और सांस्कृतिक विकास का वह मॉडल खड़ा करना चाहिए, जिसमें भूमि, उद्योग, शिक्षा, संस्कृति, सूचना, तकनीकी, मीडिया और व्यापार सभी क्षेत्रों में दलित-पिछड़ों को भी समुचित भागीदारी मिले। जिस देश की तीन चौथाई चल-अचल सम्पति पर एक चौथाई से भी कम लोगों का अधिकार हो, जिस देश में भूमि, उद्योग, मीडिया, आर्थिक संसाधन और तकनीकि ज्ञान तथा शिक्षा पर मात्र 15% लोगों का ही कब्जा हो, जहॉ पैसा, पहुँच और बाहूबल से डिग्रियाँ खरीदी जाती हों, जहाँ केपिटेशन की मोटी रकम देकर उच्च तकनीकि संस्थानों में नामांकन होता हो, जहाँ 'सिविल सर्विसेज' की परीक्षाओं और उच्च आयोगों को भी 'मैनेज' कर लिया जाता हो, वहाँ आप किस ज्ञान और योग्यता की बात करते हैं? जहाँ सामाजिक स्टेटस ही सबसे बड़ी योग्यता है, जहाँ दौलत से ही सब कुछ हो जाता हो, वहाँ योग्यता और ज्ञान की बात करना बेमानी है। जाति-व्यवस्था ही यहाँ सबसे बड़ी योग्यता है। योग्य होने के लिए आपको उच्च वर्ण का होना होगा। आपकी आधी योग्यता आपकी श्रेष्ठ जातियाँ तय करती हैं। शेष के लिए धनबल है, बाहुबल है, तथाकथित संस्कार है, पैरवी और पहुँच हैं और न जाने क्या-क्या है? दूसरी योग्यता है-धनबल। यदि प्रतिभा नहीं है, तो खरीद लो। आरक्षण का विरोध करो, मगर केपीटेशन की मोटी रकम देकर डिग्रियाँ ले आओ। कमीशन और आयोग को मैनेज कर लो। फिर पुरखे तो पहले ही से विश्वविद्यालय और कचहरियों में बैठे हुए हैं। डर काहे का? तीसरी योग्यता बाहुबल है-जिससे छूरा और चाकुओं के सहारे डिग्रियाँ अर्जित की जाती हैं, योग्यता ली जाती हैं। आप किस ज्ञान और योग्यता की बात करते हैं?

चलिये छोड़ दीजिए इन बातों को। आज की खुली प्रतियोगिता में हम केवल ज्ञान की बात करते हैं। माना कि आज के हाई-टेक वैश्विक युग ने ज्ञान की एक अलग सत्ता स्थापित की है। किन्तु आज का ज्ञान क्या है ? यह बहुत बड़े चिंतन, मनन और दर्शन का ज्ञान नहीं है। यह ज्ञान टेक्नॉलॉजी और सूचनाओं का संग्रह मात्र है, जिसे कोई भी प्रबुद्ध प्राणी थोड़े से शिक्षण-प्रशिक्षण

से ही प्राप्त कर सकता है। यद्यपि इस क्षेत्र में दलित-पिछड़ों की उपस्थिति कम हैं, फिर भी उनकी गुणवत्ता कहीं से कम नहीं है। इसलिए आरक्षण के साथ योग्यता का द्वन्द्व खड़ा करना एक बहाना है। योग्यता और न्याय के मानदंड केवल गरीबों की कसौटी है, प्रभु वर्ग के लोगों के लिए तो सारे रास्ते खुले हुए हैं। आरक्षण देने से किस योग्यता में कमी आ जाती है? आरक्षण का अर्थ अयोग्यता नहीं है, फिर भी आरक्षण के साथ बार-बार योग्यता का द्वन्द्व खड़ा किया जाता है।

आरक्षण से पहली नजर में समाज में जो संदेश जाता है, वह यही है कि योग्य लोगों के अवसरों को सीमित कर उसे अयोग्य लोगों से भर दिया जाना ही आरक्षण है। यदि ऐसा होता तो मंडल कमीशन लागू होने के बावजूद देश की आबादी के 60% पिछड़े वर्गों की संख्या आज नौकरी और शिक्षा में मात्र 12% से 20 % तक ही सीमित नहीं रहती। देश की आजादी के साथ ही आरक्षण का लाभ पा रहे अनुसूचित जाति/जनजाति की भी संख्या उपर्युक्त क्षेत्रों में क्रमशः 8% से 6 % तक से अधिक नहीं है। उच्च शिक्षा और तकनीकि क्षेत्रों में तो यह संख्या और भी शोचनीय है। यदि अयोग्य और न्यूनतम योग्यताधारी लोगों से ही आरक्षित सीटों को भरने की बात होती, तो आरक्षित वर्ग (अधिकतर अति पिछड़ा वर्ग और अनुसूचित जाति/जनजाति) के हजारों पदों का 'बैक लॉग' नहीं होता। वे खाली पड़े नहीं होते। सच्चाई तो यह है 'सिविल सर्विसेज' और 'उच्च तकनीनिकी' पदों के लिए आरक्षित वर्ग में योग्य उम्मीद्वार मिलते ही नहीं। पिछड़े वर्गों के खाली पदों को सामान्य उम्मीद्वारों से भर दिया जाता है। इसका मतलब यह नहीं है कि इस वर्ग में प्रतिभा ही नहीं है कि वे वहाँ तक पहुँच सके। उनके पास सब कुछ है केवल उचित संसाधन और अवसर का अभाव है। इसलिए आरक्षण अयोग्यता नहीं है। इसे एक ऐतिहासिक दृष्टांत से और भी आसानी से समझा जा सकता है। जब शाहूजी महाराज ने 1902 ई. में अपनी रियासत में दलित-पिछड़ों के लिए 50% आरक्षण लागू किया और जब ब्राह्मण समाज ने इसका विरोध किया, तो उन्होंने विरोधियों के सामने एक उदाहरण पेश किया। एक बड़े नाद में चारा और दाना भर दिया गया और पाँच घोड़ों को एक ही साथ दाना खाने के लिए खोल दिया गया। जैसा होता आया है, लोगों ने देखा कि मजबूत और तेज घोड़े ही दौड़कर सारे दाने खा गये। कमजोर घोड़ों को लड़-झगड़कर भी

थोड़ा ही दाना मिला। इस प्रकार उन्होंने योग्यता और अवसर को पारिभाषित करते हुए लोगों को समझाया कि योग्यता के लिए अवसर आवश्यक है।

इस आजाद देश में एक से बढ़कर एक अपराध और बड़े-से-बड़े हवाला-घोटाला करनेवाले हुए हैं। आज तक ऐसे किस राजनेता या बड़े अपराधी को सजा मिली है? अपराधी होने पर भी उनके अपराध सिद्ध नहीं हो सकते। अपराधी और अयोग्य केवल दलित, वंचित और गरीब ही होते हैं। ऐसे में ज्ञान-विज्ञान, शिक्षा और सम्पति से वंचित देश की 85% जनता के लिए आरक्षण क्या अनुचित है? यदि इन अभिवंचितों को आरक्षण नहीं मिलेगा, तो कौन सा रास्ता है, जिससे वे देश के विकास की मुख्यधारा में शामिल हो सकेंगे? अब तक का अनुभव यही बताता है कि दलित और पिछड़े वर्ग के योग्य से योग्य उम्मीद्ववारों को भी आगे आने से रोका जाता रहा है। 'पूजिये विप्र शील गुन हीना, शूद्र न गुन, गन, ज्ञान प्रवीना' से लेकर आज तक इस देश में यही होता आया है। प्राचीन और मध्यकाल को छोड़ भी दें, तो आजादी के पूर्व और बाद भी अब तक की सभी सरकारें प्रकारान्तर से जातिवादी ही रही हैं, जो थोक के भाव से अपनी-अपनी जाति और वर्ग के लोगों को नौकरशाही और सत्ता में शामिल करती रहीं। ले-देकर बात वहीं जाति और वर्ण-व्यवस्था पर आ जाती है।

लोहिया ने कहा था-" जाति और योनि (स्त्री, लिंग-भेद) समाज के दो कटघरे हैं, जिससे बाहर निकले बिना इस देश का विकास नहीं हो सकता। अम्बेदकर कहते हैं कि "अछूत या दलित जाति-व्यवस्था का बाई-प्रोडक्ट है। इसलिए जब तक यह जाति-प्रथा रहेगी, तब तक अछूत रहेंगे, निचली और पिछड़ी जातियाँ रहेगीं।" मैं इसमें जोड़ना चाहता हूँ कि जब तक जाति-प्रथा रहेगी, तब तक यह आरक्षण रहेगा। छुआछूत की तरह जाति-प्रथा को भी अपराध घोषित कर दीजिए, जातियों को मिटा दीजिए, रोटी के साथ-साथ बेटी का भी रिश्ता जोड़ दीजिए, भूमि और अचल सम्पतियों का समान बंटवारा कर दीजिए। फिर काहे का आरक्षण? कैसा आरक्षण? किन्तु हम जानते हैं कि व्यवस्था ऐसा नहीं होने देगी। इससे उनकी राजनीति और पंडिताई-दोनों खतरे में पड़ जायेगी। तो ऐसी व्यवस्था में आरक्षण सत्ता की मजबूरी है और इस बहुसंख्यक वर्ग की आवश्यकता भी। इसे आप चाहे राजनीति कह लीजिए या और कुछ - इस देश के विकास के लिए इससे बड़ा कोई और विकल्प नहीं

है। आरक्षण दलित और पिछड़ों ने नहीं मांगा था, तत्कालीन राजनीति और व्यवस्था ने दिया था। दलित समुदाय और उनके समाज-सुधारक तो जाति और वर्ण-व्यवस्था को ही मिटाना चाहते थे। स्मरण रहे बाबा साहब ने आरक्षण की मांग नहीं की थी। वे तो जाति-व्यवस्था को ही खत्म करना चाहते थे। उन्होंने कहा था कि जिस प्रकार छुआछूत अपराध है, उसी प्रकार जाति-प्रथा को भी अपराध घोषित कर दो, जातियाँ खुद मिट जायेंगी। मगर गाँधी जी और नेहरू आदि नेताओं ने उनकी एक न सुनी। उन लोगों ने आरक्षण की व्यवस्था कर दी। उन्होंने कानून मंत्री की हैसियत से हिन्दू कोड बिल' और 'मुस्लिम पर्सनल लॉ' दोनों का विरोध किया था, और जब उनकी बात नहीं सुनी गयी, तो उन्होंने कानून मंत्री पद से ही इस्तीफा दे दिया था। बाबा साहब तो अलग निर्वाचक मंडल द्वारा इस वर्ग की सुरक्षा और हितों की रक्षा करना चाहते थे, जिसे अंग्रेजों ने मान भी लिया था। यदि गाँधी जी जेल में अनशन नहीं करते, तो साचिये, इस देश की तस्वीर क्या बनती?

यहाँ का प्रधानमंत्री केवल कोई नेहरू ही नहीं, अम्बेदकर और लोहिया जैसे लोग भी होते। किन्तु ऐसा नहीं हुआ, गाँधी की जान की कीमत पर अम्बेदकर ने दलित हितों की कुर्बानी दे दी। याद कीजिए "पूना पैक्ट' को। इस समझौते के माध्यम से अंग्रेजों द्वारा देश के दलितों को मिली सुविधा (आरक्षण) 'कम्युनल अवार्ड' भी छीन लिया गया। इस देश में ऐसा ही होता रहा है। यदि कोई 'एकलव्य' बड़ा धनुर्धर बनना चाहे, तो उसका अंगूठा काट लो, कोई 'शम्बूक' तपस्या करे, तो उसकी गर्दन उड़ा दो। कोई अम्बेदकर अधिकार मांगे, तो अनशन की आग से उसे जला दो। और कोई पिछड़ा और दलित ऊँची शिक्षा और तकनीकि ज्ञान की बात करे, तो उसका रास्ता बंद कर दो। उसे यहाँ तक पहुँचने ही नहीं दो। आरक्षण न देना या मिले हुए आरक्षण पर बवाल माचाना ऐसा ही कुठाराघात है। आरक्षण तो अर्जुनों के ही घोषित-अघोषित अस्त्र है, जिससे पता नहीं, कितने एकलव्यों के अँगूठे कटते रहेंगे।

संविधान की आत्मा की रक्षा और भारत की बहुसंख्यक जनता के कल्याण के लिए अनेक आयोगों की विवादास्पद रिपोर्टों के खारिज हो जाने के बाद अंततः 'मंडल आयोग' की सर्वसम्मत रिपोर्ट आयीं, जिसे तत्कालीन सरकार ने लागू करने का मन बनाया। किन्तु संसद में घोषणा के बावजूद वर्षों तक यह

ठंडे बस्ते में पड़ा रहा। और जब जे.पी. आंदोलन के बाद बनी वी.पी. सिंह की कल्याणकारी सरकार ने इसे लागू करना चाहा, तो पूरे देश में आग लग गई। ले-देकर वी.पी. सिंह मंडल कमीशन की एक ही सिफारिश लागू कर सके। अन्य सिफारिशों को लागू करने का मौका ही नहीं मिला। तब तक आरक्षण की बलि वेदी पर सरकार ही चली गयी। और अब उसी मंडल कमीशन की एक अन्य महत्वपूर्ण सिफारिश सवाल बनकर खड़ी है। मंडल कमीशन की अन्य सिफारिशें थीं- सरकारी नौकरियों में शामिल ओबीसी कर्मचारी एवं पदाधिकारियों को प्रोन्नति में भी 27% आरक्षण, संविधान की धारा 15.14 के अनुरूप केन्द्र और राज्य सरकारों के अधीन चलने वाले तमाम विश्वविद्यालयों, वैज्ञानिक, तकनीकि तथा व्यावसायिक शिक्षण संस्थानों में दाखिले के लिए अन्य पिछड़े वर्ग के छात्र-छात्राओं के लिए 27% आरक्षण, अन्य पिछड़े वर्गों की आबादी वाले क्षेत्रों में वयस्क शिक्षा केन्द्र तथा पिछड़े वर्ग के छात्र-छात्राओं के लिए आवासीय विद्यालय की व्यवस्था, रोजगारपरक शिक्षा, पारम्परिक तथा जातिपरक पेशों में लगी हुई पिछड़े वर्गों की विशाल आबादी की दयनीय आर्थिक हालात देखते हुए इन्हें संस्थागत वित्तीय तकनीकी सहायता देने तथा इनमें उद्यमी दृष्टिकोण विकसित करने के लिए सभी राज्य सरकारें वित्तीय तथा तकनीकी संस्थानों का जाल बिछायें, प्रत्येक जातिपरक पेशे के लिए सहाकरी समितियाँ गठित की जायें, जिनके तमाम कार्यकर्त्ता, कर्मचारी और अधिकारीगण उसी जातिगत पेशे से जुड़े हों, जमींदारी प्रथा को खत्म करने के लिए रेडिकल भूमि-सुधार कार्यक्रम लागू किया जाये, इस वर्ग के कल्याण कार्यक्रमों के लिए राज्य सरकारों को केन्द्र सरकार द्वारा पर्याप्त वित्तीय सहायता, न्याय व्यवस्था और जन-प्रतिनिधित्व में भी पिछड़े वर्गों के लिए 27% का आरक्षण, केन्द्र तथा राज्य सरकारों में पिछड़े वर्गों के हितों की सुरक्षा के लिए अलग मंत्रालय/विभागो की स्थापना, अनुशंसाओं के कार्यान्वयन और परिणाम के लिए प्रत्येक 20 वर्षों पर उसकी समीक्षा आदि।

इस प्रकार आरक्षण का उद्देश्य केवल दलित और पिछड़े वर्ग के लोगों को नौकरियों में आरक्षण देना नहीं है; बल्कि जीवन के हर क्षेत्र में विकास का अवसर देकर उन्हें समाज और राष्ट्र की मुख्यधारा से जोड़ना है। वर्तमान आरक्षण केवल उच्च एवं तकनीकी शिक्षा में इस वर्ग के छात्र-छात्राओं के प्रवेश का आरक्षण है। हजारों वर्षों तक जिस वर्ग को शिक्षा और ज्ञान के अधिकार से वंचित रखा गया, जिसके साधन-संसाधन पर बाहुबलियों का राज

रहा, जो आज भी सामाजिक, शैक्षिक और आर्थिक रूप से गुलाम है, ऐसे लोगों के लिए यदि उच्च शिक्षा में प्रवेश का आरक्षण दिया जा रहा हो, तो कौन-सा पहाड़ टूट रहा है, जिसके लिए इतना बवाल मचाया गया। इस देश की किसी भी सरकार की नैतिक और कानूनी जबावदेही है कि वह मंडल आयोग की सभी सिफारिशों को लागू करें, अन्यथा आनेवाली पीढ़ी उन्हें कभी माफ नहीं करेगी। इस देश के निर्माण और विकास में दलित-पिछड़ों का योगदान किसी से कम नहीं है, जिसका संकेत पीछे दिया जा चुका है। विश्व के इस सबसे बड़े लोकतंत्र में लोकतांत्रिक मूल्यों को लागू करना होगा। वह लोकतांत्रिक मूल्य है- सर्वोदय और अंत्योदय द्वारा समता, बंधुत्व और स्वतंत्रता की भावना का विकास। जीवन और जगत् के समुचित निर्माण और विकास के लिए दुनिया में दो मौलिक मूल्य और सिद्धांत प्रचलित हैं। एक है-'सर्ववाइवल ऑफ द फिटेस्ट', अर्थात् सर्व समर्थों की सत्ता ; जैसे जंगल में शेर और भेड़िये का राज होता है। हिटलर और मुसोलिनी की तानाशाही को दुनिया कब का नकार चुकी है। इसलिए आज यह फासीवादी मूल्य मान्य नहीं हैं। दूसरा है-सर्वोदय और अंत्योदय जैसे प्रजातांत्रिक मूल्य, जिसे अमेरिका से जापान तक और रूस से हिन्दुस्तान तक सारी दुनिया मानती है। आज के वैश्विक युग का यही सत्य है। यह सर्वोदय और अन्त्योदय विकास की राह में अंतिम कतार में खड़े व्यक्ति की खबर लेता है। संतुलित विकास इसी अंतिम व्यक्ति के विकास से होगा। अंतिम व्यक्ति को आगे लाने के लिए न तो किसी धक्का-मुक्की की आवश्यकता है और न पहली पंक्ति को धकेल कर स्थान बनाने की जरूरत है। उसके लिए रास्ता बनाओ, उसे आने दो, ताकि वह भी पहली पंक्ति में खड़ा हो सके। यही आरक्षण है। इसलिए आरक्षण कोई दया-सहानुभूति या भीख नहीं है; बल्कि एक जनतांत्रिक देश की बहुसंख्यक जनता को विकास की मुख्यधारा में शामिल करने का एक कारगर उपाय है।

6. **संवैधानिक अधिकार और सत्ता में भागीदारी :** दलित-पिछड़ों का शासन और सत्ता में भागीदारी भी संवैधानिक अवधारणा का ही अंग है। 'पूना-पैक्ट' के बाद दलितों के लिए दिये गये आरक्षण केवल जनप्रतिनिधित्व का आरक्षण है, जिसके तहत आज दलित जातियों से देश की संसद और राज्यों की विधान सभाओं में प्रतिनिधि चुनकर जाते हैं। यह दावे के साथ कहा जा सकता है कि यदि इस आरक्षण को समाप्त कर दिया जाये, तो इस वर्ग का कोई प्रतिनिधि शायद ही संसद या विधान सभाओं के मुँह देख सके!

क्योंकि देश की सामाजिक संरचना के अनुरूप समाज में वही जातिवादी-वर्णवादी मानसिकता व्याप्त है। पार्टियों के सिद्धांत चाहे कुछ भी हों, आज भी जाति और वर्ण के आधार पर ही मतदान होते हैं। और चूंकि दलित-पिछड़ों की आबादी का वितरण समान नहीं है, अर्थात् किसी भी क्षेत्र में दलित प्रतिनिधियों के चुनाव के लिए उनके वर्ग का वोट निर्णायक नहीं है, वे विभिन्न क्षेत्रों में बिखरे पड़े हैं। इसलिए बाबा साहब ने दलितों के लिए दोहरे मतदान और प्रतिनिधिनित्व की बात की थी, जिसे गाँधीजी के अनशन ने 'पूना-पैक्ट' में बदल दिया।

बाबू जगजीवन राम और अम्बेदकर के विचारों में हमेशा मतभेद रहे। कहने की आवश्यकता नहीं कि जगजीवन बाबू कांग्रेस की नीतियों के अनुरूप मुख्यधारा के साथ चलना चाहते थे, किन्तु अम्बेदकर का रास्ता स्वतंत्र था। बहुत दिनों तक दलित समाज इसी द्वन्द्व में फंसा रहा और अम्बेदकर के बाद वह कांग्रेस का ही वोट-बैंक बनकर रह गया। कांग्रेस ने जगजीवन राम का उपयोग अम्बेदकर की नीतियों के खिलाफ किया। धर्मान्तरण और 'कम्युनल अवार्ड' का जगजीवन राम ने विरोघ किया और 'पूना-पैक्ट' के अनुरूप दलित और गैर-दलितों को ढालने की कोशिश की। किन्तु कांग्रेस, गाँधी, मालवीय और जगजीवन जी का 'हरिजन सेवक संघ' भी कुछ नहीं कर सका।

बाबजूद इसके 'पूना-पैक्ट' के तहत संसद और विधान सभाओं में प्रतिनिधि तो हैं, गाहे-बगाहे वे दलित समस्याओं को उठाते भी हैं, किन्तु व्यापक तौर पर दलित कल्याण की बात करने से वे कतराते हैं। उन्हें भय रहता है कि ऐसा करने से कहीं गैर-दलित मतदाता हमारा विरोध न कर बैठे। इसलिए वे अपनी पार्टी की नीति के अनुरूप ही दलित इश्यू पर विचार करते हैं या मुख्यधारा जो चाहती है, दलित उत्थान का एजेण्डा उसी के अनुसार बनता है। फिर भी आजाद भारत में शासन, सत्ता और सरकार में दलित प्रतिनिधित्व के कारण एक नैतिक और वैधानिक दबाव पड़ा है, जिससे दलित-पिछड़े समाज का कल्याण हो सके।

किन्तु पिछड़े वर्गों के लिए तो वह भी नहीं है। उनके लिए जनप्रतिनिधित्व में कोई आरक्षण नहीं है। कहा जा सकता है कि बिना आरक्षण के ही वे सामान्य सीट से ही काफी संख्या में जीतकर संसद और विधान सभाओं में चले जाते हैं। किन्तु पिछड़ों में किस वर्ग के लोग ऐसा कर पाते हैं? देखनेवाली

बात यह है। उन्हीं वर्गों के पिछड़े नेता चुनाव जीत पाते हैं, जातीय्र गणित में जिनकी संख्या अधिक हैं। नाई, कहार, तेली, तांती, कुजरा, कबारी, बढ़ई, बरई आदि जातियों के लोग प्राय: जनप्रतिनिधि नहीं हो पाते, क्योंकि उनकी जाति के लोगों की संख्या कम और बिखरी हुई है।

7. **राजनीतिक दल** : मुख्यधारा की मनुवादी मानसिकता से बचने और अपने आपको सशक्त बनाने के लिए दलित-पिछड़े आंदोलन के कई सपने थे, जिनमें से एक सपना अपना राजनीतिक दल संगठित करना भी था। खुद डॉ. अम्बेदकर ने 'इंडिपेंडेंट लेबर पार्टी' की स्थापना करके और उससे चुनाव लड़कर दिखा दिया था। दक्षिण में 'डी.के' और 'डी.एम.के' जैसी पार्टियाँ भी दलित-पिछड़ों की ही पार्टी बनी। उत्तर भारत में राम मनोहर लोहिया ने 'प्रजा सोशलिस्ट पार्टी' से इस्तीफा देकर 'सोशलिस्ट पार्टी', की स्थापना की थी। देश की आजादी के तुरत बाद सितम्बर 1947 में बिहार में आर. एल. चंदापुरी ने 'बिहार राज्य पिछड़ा वर्ग संघ' नामक एक राजनीतिक-सामाजिक संगठन बनाया, जो 1957 में 'भारतीय राष्ट्रीय पिछड़ा वर्ग संघ' में बदल गया। कुछ ही दिनों बाद इस राष्ट्रीय संगठन का विलय लोहिया की पार्टी 'सोशलिस्ट पार्टी' में हो गया। इसके बाद 'प्रजा सोशलिस्ट पार्टी', 'संयुक्त सोशलिस्ट पार्टी' आदि समाजवादी पार्टियों का एक लम्बा सिलसिला चला। दलित-पिछड़ों के चर्चित और जुझारू नेता कर्पूरी ठाकुर के नेतृत्व में 'लोकदल' और फिर बाद में 'दलित मजदूर किसान पार्टी' (दमकिपा) का गठन हुआ, जिसके बैनर तले बिहार में सत्ता परिवर्तन हुआ।

बाबा साहब ने कहा था-'शिक्षित बनो, संगठित हो और संघर्ष करो।' थोड़ा ही सही, दलित-पिछड़ों ने आधुनिक भारत में तीनों ही स्तरों पर विकास किया है। यह परिवर्तन आज साफ-साफ दिखाई पड़ रहा है। 'बामसेफ' नामक सामाजिक संगठन से निकलकर कांशीराम ने 'बहुजन समाज पार्टी' नाम से दलितों की एक अलग पार्टी बनायी, जो आजाद भारत में दलितों की पहली राजनीतिक पार्टी है। इसकी वर्तमान अध्यक्षा मायावती को कौन नहीं जानता? इसने दलित राजनीति में एक भूचाल पैदा कर दिया। स्वतंत्र भारत में पहली बार कोई स्वतंत्र दलित नेतृत्व उभरा। अनेक कमियों और सवर्णों के समर्थन के बावजूद यह दलित समाज की पहली बड़ी उपलब्धि है। बिहार में अलग-अलग

दलों में रहते हुए भी रामविलास पासवान और लालू प्रसाद यादव, नीतीश कुमार रमई राम आदि को दलित-पिछड़ों का ही नेता कहा जा सकता है।

दलित चेतना के उभार के कारण ही रामविलास पासवान ने 'लोकतांत्रिक जनता पार्टी' (लोजपा) बनायी। बिहार में सबसे जबर्दस्त और मजबूत दलित चेतना लालू प्रसाद यादव ने पैदा की, जिसने पहले 'जनता दल' और फिर 'राष्ट्रीय जनता दल' के बैनर तले दलित-पिछड़ों में क्रांति ला दी। शरद यादव और नीतीश कुमार की पाटी जनता दल (यू) यद्यपि शुद्ध रूप से दलित-पिछड़ों की पार्टी नहीं है, फिर भी यह दलित-पिछड़ों के कल्याण के लिए ज्यादा ही चिंतित दिखायी पड़ती हैं।

लालू प्रसाद यादव की विचारधारा और नेतृत्व ने बिहार में दलित-पिछड़ों को पहली बार वोट डालने का व्यवहारिक अधिकार और हीन भावना से मुक्त होकर साहसपूर्वक बोलने की वाणी दी। दलित-पिछड़ों में यह अधिकार चेतना और अन्याय के प्रतिरोध की चेतना पहली बार उत्पन्न हुई थी। चाहे बाबरी मस्जिद कांड का विरोध हो, चाहे मंडल कमीशन की रिपोर्टों को लागू करने की बात, लालू प्रसाद यादव ने इन मुद्दों को राष्ट्रीय बनाने और उनके कार्यान्वयन में बढ-चढ़कर हिस्सा लिया। देश की राजनीति में लालू प्रसाद यादव एक़ चमकते सितारे के रूप में उभरे। किन्तु बाद में वे भी सत्ता की कमजोरियों और भाई-भतीजावाद के शिकार हुए और 2005 के चुनाव में उनकी पार्टी चुनाव हार गयी। फिर भी वे केन्द्र में रेलमंत्री बने रहे। दलित-पिछड़ों और अल्पसंख्यकों के मसीहा के रूप में लालू प्रसाद यादव की एक राष्ट्रीय छवि बन चुकी है।

बाद में नीतीश कुमार के नेतृत्व में पिछड़ों की सरकार अवश्य बनी, किन्तु वे अगड़े-पिछड़ों के द्वन्द्व में फंसे दिखाई दे रहे हैं। सबसे अच्छी बात यह हुई है कि उन्होंने विकास का मार्ग चुना है। राज्य में कानून का शासन उनका मिशन बन गया है। अपराधियों को सजा दिलवाकर वे बिहार को अपराध मुक्त राज्य बनाना चाहते हैं। किन्तु पंचायत और नगर निकाय चुनावों में महिलाओं के लिए 50 प्रतिशत और अति पिछड़े वर्ग के लोगों को 20 आरक्षण देकर उन्होंने देश में एक नया प्रतिमान खड़ा किया है। दलितों में अधिक दलित को 'महादलित' की कोटि में रखकर उनके लिए अलग से शिक्षा और विकास के कार्य की शुरूआत इनकी सराहनीय पहल कही जायेगी। यदि उनके विकास कार्य इसी प्रकार जारी रहते हैं, तो उनका भविष्य टिकाऊ

हो सकता है। अन्यथा देश की जातिवादी राजनीति में देखना यह है कि वे कहाँ तक टिक पाते हैं। उत्तर प्रदेश में मुलायम सिंह यादव भी पिछड़ों के प्रतिनिधि के रूप में ही चिह्नित हैं। दक्षिण में करुणानिधि और देवेगौड़ा भी अपनी-अपनी पार्टियों के साथ इसी वर्ग के प्रतिनिधि हैं। इसी प्रकार कुछ अन्य राज्यों में दलित-पिछड़ों के कुछ ऐसे ही नेतृत्व उभरते रहे हैं।

इस प्रकार स्वतंत्र भारत में राजनीतिक दृष्टि से दलित-पिछड़ों की स्थिति पहले से मजबूत हुई है। किन्तु शैक्षणिक, सामाजिक, सांस्कृतिक और आर्थिक स्तरों पर देश में उनकी स्थिति अत्यंत ही कमजोर और दयनीय है।

8. मंडल कमीशन और 90 के दशक का सामाजिक परिवर्तन : देश में आरक्षण की राजनीति और सामाजिक न्याय के नारों ने दलित-पिछड़े समाज में क्रांतिकारी परिवर्तन किया। अभी हाल ही में मंडल कमीशन को लागू करनेवाले तत्कालीन प्रधानमंत्री वी.पी. सिंह की पुस्तक आयी है-'मंजिल से ज्यादा सफर', जिसमें उन्होंने मंडल कमीशन लागू होने के बाद देश में हुए सामाजिक परिवर्तन को रेखांकित किया है। मंडल कमीशन लागू होने के बाद यह मामला सुप्रीम कोर्ट गया था और सुप्रीम कोर्ट ने थोड़ा संशोधन करके उसे लागू कर दिया। विश्वनाथ प्रताप सिंह लिखते हैं कि "सुप्रीम कोर्ट ने उसका अनुमोदन किया, वहाँ बहस हुई। जाति के आधार पर हमारे समाज में ज्यादातर लोगों को वंचित किया गया था। यह फैसला करनेवाले सभी न्यायधीश सवर्ण थे। उनकी राय थी कि अगर सजा जन्म और जाति के आधार पर मिली है, तो दवा (भी) उसी आधार पर देनी होगी। ...मंडल के बाद देश में जो राजनीतिक बदलाव आया है, उससे पंचायत से लेकर संसद तक सामाजिक संरचना बदल गयी है। यह आजादी के बाद की सबसे बड़ी राजनीतिक क्रांति है।" (हिन्दुस्तान, 29.6.2006).

विश्वनाथ प्रताप सिंह आगे कहते हैं कि "उच्चतम न्यायालय ने कहा है कि यदि जन्म के आधार पर किसी को पीड़ित किया जाता है, तो पीड़ित की पहचान और उसे न्याय दिलाने के लिए जन्म को विचार में लाना होगा। यह जातिवाद नहीं है, बल्कि अतीत के अन्याय को दूर करने के लिए जाति का हवाला देने की विशेषता है।...यह भारत की विशेषता है कि जहाँ अन्य राष्ट्रों में वंचित अल्पसंख्यक होते हैं, वहाँ हमारे देश में बहुसंख्यक वंचित है। यह जाति-व्यवस्था की देन है।" (मंजिल से ज्यादा सफ़र, राजकमल प्रकाशन, नई दिल्ली, पृष्ठ-384).

निश्चय ही 20वीं सदी के अंतिम दशक की यह क्रांति आजाद भारत की सबसे बड़ी क्रांति है, जिससे देश में न केवल राजनीतिक बदलाव आया, बल्कि सामाजिक-सांस्कृतिक परिवर्तन भी स्पष्ट तौर पर देखा जा सकता है। इसके पूर्व समाज और राजनीति में सवर्णों के वर्चस्व थे। लेकिन फूले, अम्बेदकर आदि के आंदोलनों के परिणामवरूप समाज और राजनीति में दलित-पिछड़ों की भागीदारी की कोशिशें जोर पकड़ने लगी थीं। अनेक कारणों से उनको मुख्यधारा की राजनीति और समाज में समुचित स्थान नहीं मिल रहा था। राजनीतिक दल ऊपर से तो सिद्धांतवादी दिखायी पड़ते थे, किन्तु भीतर से वे अपनी-अपनी जातियों के उत्थान में ही लगे रहें। मंडल कमीशन लागू होते ही देश की राजनीति और समाज एकबारगी अलग-अलग जातियों से सिमटकर केवल दो वर्गों- अगड़े और पिछड़े में बँट गया।

'मंडल कमीशन' ने पूर्व के सारे सामाजिक-राजनीतिक समीकरणों को ध्वस्त करते हुए देश में पहली बार अगड़े और पिछड़े की राजनीति का सूत्रपात किया। इससे सैकड़ों जातियों में बँटा देश एकबारगी दो बड़े वर्गों में सीमित हो गया-अगड़ा और पिछड़ा। सदियों से हाशिये में पड़ी दलित और पिछड़ी जातियाँ केन्द्र की ओर बढ़ने लगी। यद्यपि वी.पी. सिंह ने 'मंडल कमीशन' के अनुरूप जनप्रतिनिधित्व में आरक्षण का प्रावधान नहीं किया, किन्तु सामाजिक संरचना के अनुरूप भावात्मक तौर पर और संख्या में अधिक होने के कारण गणितीय रूप से दलित-पिछड़ों की राजनीतिक भागीदारी स्वत: बढ़ गयी। किन्तु सामाजिक-आर्थिक स्थिति में कोई उल्लेखनीय सुधार नहीं हुआ। यह अलग बात है कि अपनी दयनीय सामाजिक-आर्थिक स्थिति के प्रति उनमें जागरूकता बढ़ी है, वर्ग और वर्ण-चेतना का विकास हुआ है और जाति-जनित हीन भावना में कमी आयी है। इस वर्ग में बुनियादी परिवर्तन अभी बाकी है, फिर भी केवल एक-डेढ़ दशकों का यह परिवर्तन कम नहीं है। और इस परिवर्तन का श्रेय निश्चय ही विश्वनाथ प्रताप सिंह और जनता पार्टी की सरकार को जाता है। इसने देश में दलित-पिछड़ों में सामाजिक न्याय की सामाजिक-राजनीतिक चेतना पैदा कर दी।

यदि वी.पी. सिंह नहीं होते, तो क्या यह परिवर्तन नहीं होता? होता, पर देर से होता। दक्षिण में तो यह परिवर्तन पहले ही हो चुका था। उत्तर में भी डॉ. राम मनोहर लोहिया, कर्पूरी ठाकुर, आर.एल. चंदापुरी आदि के प्रयत्न से यह काम लगातार हो रहा था। बिहार में भी कर्पूरीजी ने यह काम कर दिया

था। अन्य प्रांतों में भी यह बदलाव आने लगा था। पर राष्ट्रीय स्तर पर यह काम होना बाकी था, जिसके लिए लगातार प्रयत्न जारी थे। इस काम को कांग्रेस को करना था। वह इसे देर-सवेर करती भी; क्योंकि मंडल कमीशन की रिपोर्ट आने के बाद सरकार पर दबाव बढ़ने लगा था। खुद कांग्रेस के अंदर से दलित-पिछड़े नेताओं का असंतोष बढ़ रहा था। 74-77 के आंदोलन की पृष्ठभूमि और परिस्थिति यही थी। यह आंदोलन कांग्रेसी शासन के विरुद्ध सामाजिक और राजनीतिक परिवर्तन का आंदोलन था, जिसका सीधा लाभ समाजवादियों को मिला और वी.पी. सिंह ने वह काम खुशी-खुशी कर डाला, जिसे कांग्रेस मजबूरी में करती। इसने दलित-पिछड़ी राजनीति का मार्ग प्रशस्त कर दिया। यदि इस काम को विश्वनाथ प्रताप सिंह नहीं करते, तो आनेवाले समय में 74 की तरह पिछड़ों की दूसरी बड़ी क्रांति होती, क्योंकि दलित-पिछड़ों के अनेक राष्ट्रीय नेता उभर चुके थे और यह असंतोष बढ़ता ही जा रहा था।

संदर्भ ग्रंथों की सूची

(क) कोशादि संदर्भ-ग्रंथ

1. वेद : ऋग्वेद, अथर्व वेद
2. स्मृति-ग्रंथ : मनुस्मृति, व्यास स्मृति, गौतम स्मृति, अत्रि स्मृति
3. सूत्र-ग्रंथ : आश्वलायन श्रौतसूत्र, कात्यायन श्रौतसूत्र, वेदांत सूत्र
4. पुराण साहित्य : वायु पुराण, भविष्य पुराण, वामन-पुराण, कूर्म-पुराण, श्रीमद् भागवत् पुराण, विष्णु पुराण, शिव पुराण. हरिवंश पुराण
5. नाट्यशास्त्र : भरत मुनि
6. अन्य वैदिक ग्रंथ : 'छंदोग्य उपनिषद्', अत्रि संहिता, श्रीमद् भागवतगीता
7. महाकाव्य : महाभारत (आदिपर्व, वनपर्व): वेद व्यास, रामायण : वाल्मीकि-दोनों भाग.
8. बौद्ध साहित्य : विनय पिटक : दीघ निकाय, सं. राहुल सांकृत्यायन, अंगुत्तर निकाय
9. भारतीय संस्कृति कोश : सं. लीलाधार पर्वतीय, राजपाल एण्ड संज, नयी दिल्ली
10. भारतीय मिथक कोश : डॉ. उषा पुरी विद्यावाचस्पति, नेशनल पब्लिशिंग हाउस, नयी दिल्ली,
11. दलित न्यू कल्चर कंटेक्स्ट फॉर ऐन ओल्ड वर्ल्ड, कंट्रीब्यूशन टु एशियन स्टडीज : इलियनर जिलियट, 11, 1978
12. महात्मा जोतिबा फुले रचनावली : डॉ. एल.जी. मेश्राम 'विमलकीर्ति', राधाकृष्ण प्रकाशन, नई दिल्ली, भाग-1-2
13. अभिनव भारती : अभिनव गुप्त, प्रकाशक-हिन्दी विभाग, विश्वविद्यालय प्रकाशन, दिल्ली विश्वविद्यालय
14. गुरुग्रंथ साहब

15. हिन्दी साहित्य कोश : भाग-1-2, ज्ञानमंडल लिमिटेड, वाराणसी
16. भारत की खोज : पं. जवाहर लाल नेहरू, सस्ता साहित्य मंडल,
17. संस्कृति के चार अध्याय : रामधारी सिंह दिनकर, लोकभारती प्रकाशन, इलाहाबाद
18. इतिहास प्रवेश : जयचंद विद्यालंकार
19. सातवलेकर, श्रीपाद दामोदर : ऋग्वेद का सुबोध भाष्य
20. भारत में जाति-प्रथा : बाबा साहेब डॉ. अम्बेदकर
21. बाबा साहेब डॉ. अम्बेदकर: सम्पूर्ण वाङ्मय खण्ड-1-22, कल्याण मंत्रालय की ओर से, प्रकाशन विभाग, सूचना एवं प्रकाशन मंत्रालय, भारत सरकार द्वारा प्रकाशित.
22. कल्चरल रिवोल्ट इन ए कॉलोनियल सोसाइटी : जे.एल. नोमवेट्स.
23. 'हिन्दी काव्यधारा' : राहुल सांकृत्यायन
24. भारतीय साहित्य की भूमिका : रामविलास शर्मा, राजकमल प्रकाशन, नयी दिल्ली.
25. भारत का इतिहास : रोमिला थापर, राजकमल प्रकाशन, नयी दिल्ली
26. धर्मग्रंथों का पुनर्पाठ : मुद्राराक्षस, इतिहासबोध प्रकाशन, इलाहाबाद संस्कृत साहित्य का इतिहास : डॉ. राजकिशोर सिंह एवं देवीशंकर मिश्र, प्रकाशन केन्द्र, लखनऊ.
27. शूद्रों का प्राचीन इतिहास : रामशरण शर्मा, राजकमल प्रकाशन, नयी दिल्ली.
28. हिन्दी जाति का इतिहास : रामविलास शर्मा, राजकमल प्रकाशन, नयी दिल्ली.
29. भगवान बुद्ध और उनका धम्म : डॉ. अम्बेदकर.
30. कबीर : डॉ. हजारी प्र. द्विवेदी, राजकमल प्रकाशन, नयी दिल्ली
31. कबीर वचनावली : अयोधया सिंह उपाधयाय 'हरिऔंध
32. हिन्दी साहित्य का इतिहास : आ. रामचन्द्र शुक्ल, नागरी प्रचारिणी सभा, वाराणसी

33. हिन्दी साहित्य का दूसरा इतिहास : बच्चन सिंह, राधाकृष्ण प्रकाशन, नयी दिल्ली.

34. स्वर्ग पर धावा : बिहार में दलित आंदोलन, ले.-प्रसन्न कुमार चौधरी और श्रीकांत वाणी प्रकाशन, नयी दिल्ली

35. भारतीय संस्कृति का इतिहास : सत्यकेतु विद्यालंकार, श्री सरस्वती शरण नयी दिल्ली

36. भिखारी ठाकुर के नाटक : भिखारी ठाकुर, सं.-प्रो. वीरेन्द्र नारायण यादव एवं नागेन्द्र प्रसाद, बिहार-राष्ट्रभाषा-परिषद्, पटना

37. कबीर ग्रंथावली : श्यामसुंदर दास

38. आधुनिकता के आईने में दलित : सं. अभय कुमार दूबे, वाणी प्रकाशन, नयी दिल्ली

39. आर्ट एण्ड कल्चर ऑफ तमिलनाडु : आर. नागस्वामी

40. आजादी के बाद का भारत : विपीन चंद्रा, हिन्दी माध्यम कार्यान्वय निदेशालय, दिल्ली विश्वविद्यालय

41. इनसाक्लोपीडिया अमेरिकाना, वॉलम-1-32

(ख) प्रमुख पुस्तकें और ग्रंथ

1. हिन्दू बनाम हिन्दू : डॉ. रामनोहर लोहिया, लोकभारती प्रकाशन, इलाहाबाद.

2. गांधी, जयप्रकाश एवं अम्बेदकर के जीवन दर्शन का तुलनात्मक अधययन : डॉ. आलोक कुमार.

3. हू वेयर शूद्राज : डॉ. अम्बेदकर, एथनालाजी ऑफ महाभारत (जी. जे.हेल्ड), स्टडीज इन इंडियन सोशल पालिटी.

4. भारत में ब्राह्मणराज और पिछड़ा वर्ग आंदोलन : आर.एल. चंदापुरी, मिशन प्रकाशन, पटना, बिहार.

5. शूद्र कौन थे ? : डॉ. भीमराव अम्बेदकर. (हिन्दी अनुवाद).

6. कबीर के आलोचक : डॉ. धर्मवीर, वाणी प्रकाशन, नयी दिल्ली.

7. एनाहीलेशन ऑफ कास्ट : डॉ. भीमराव अम्बेदकर.

8. हरिजन से दलित : राजकिशोर, वाणी प्रकाशन, नयी दिल्ली
9. गुलामगीरी : जोतिबा फूले
10. साहित्य के समाजशास्त्र की भूमिका : मैनेजर पाण्डेय
11. हिन्दी साहित्य की भूमिका : डॉ. हजारी प्र. द्विवेदी
12. श्री बाल्मीकि प्रकाश : अमीचंद शर्मा, गौतम बुक सेंटर, दिल्ली
13. दलित सोच : सं. रमणिका गुप्ता, नवलेखन प्रकाशन हजारीबाग, झारखंड
14. विवेकानंद : सुमित सरकार, राजकमल प्रकाशन, नयी दिल्ली
15. कबीर ग्रंथावली : राम किशोर शर्मा, लोकभारती प्रकाशन, इलाहाबाद,
16. भारत में जाति भेद : आचार्य क्षितिमोहन सेन
17. भक्ति आंदोलन के इतिहास पर पुनर्विचार : श्याम कश्यप
18. पुरा भारती : डॉ. आशा किशोर एवं डॉ. प्रमोद कुमार सिंह, अनुपम प्रकाशन, पटना.
19. डिसेंट प्रोटेस्ट एण्ड रिफॉर्म इन इंडियन सिबिलाइजेशन : एस. एस. सी. मल्लिक
20. मैंने हिन्दू धर्म क्यों छोड़ा? : डॉ. अम्बेदकर
21. भारत के सामाजिक क्रांतिकारी : देवेन्द्र कुमार बेसन्त्री, दलित साहित्य प्रकाशन संस्था, नई दिल्ली,
22. मंजिल से ज्यादा सफर, लेखक : विश्वनाथ प्रताप सिंह, राजकमल प्रकाशन, नई दिल्ली,
23. सूत्रधार : संजीव, राधाकृष्ण प्रकाशन, नई दिल्ली
24. सामंत का मुंशी : प्रेमचंद, डॉ. धर्मवीर, वाणी प्रकाशन, नई दिल्ली

(ग) पत्र-पत्रिकाएँ

1. युद्धरत आम आदमी, नई दिल्ली, सं.-रमणिका गुप्ता.
2. आजकल, प्रकाशन विभाग, भारत सरकार
3. कल के लिए, दिसम्बर, 1998

4. राष्ट्रीय सहारा
5. शिखर की ओर, सं. डॉ. ए.एन. सिंह, 1997.
6. कथाक्रमः दलित विशेषांक, नवम्बर, 2000.
7. वागर्थ, भारतीय भाषा परिषद्, कोलकाता
8. पूर्वग्रह-103.
9. डॉ. अम्बेदकर, दलित साहित्य सम्मेलन पत्रिका, 17, जन. 1976.
10. वसुधा-58, दलित विशेषांक, जुलाई-सितम्बर, 2003.
11. दलित साहित्य वार्षिकी : 2005, संपादक : जयप्रकाश कर्दम
12. हंस, जून-1999 से सितम्बर 2006 तक के अधिकांश अंक
13. कादम्बिनी : स्वाधीनता विशेषांक, अगस्त, 1998. हिन्दुस्तान टाइम्स प्रकाशन, नयी दिल्ली,
14. आलोचना : अक्टूबर-दिस.-1986, राजकमल प्रकाशन, नयी दिल्ली
15. दैनिक 'हिन्दुस्तान', पटना, 14 अप्रैल, 2006.
16. हिन्दुस्तान दैनिक, पटना, प्रतिबिम्ब परिशिष्ट, 13 अप्रैल, 2006.
17. स्मारिका, अवर्ण साहित्यकार विशेषांक, 1996, पटना,
18. बहुजनों का बहुजन भारत, सं.- वामन मेश्राम
19. निरंतरता और परिवर्तन, 'उद्‌भावना', अंक-75, 1857 विशेषांक
20. दैनिक जागरण, कसौटी, 28 जुलाई, 2006.
21. समकालीन जनमत, अक्टु-दिस.-2002.
22. पश्यन्ती, जुलाई-सित.-2004.
23. परस्पर, जबलपुर, मध्यप्रदेश, जुलाई-2006,
24. दक्षिण समाचार, साप्ताहिक, हैदराबाद, 3 अप्रैल, 2002
25. अपेक्षा, त्रैमासिक, सं.-तेज सिंह. दिल्ली, अनेक अंक.
26. अम्बेदकर इन इंडिया : सं.-दयानाथ निगम, कई अंक.
27. दलित टुडे, मासिक, सं.-महीपाल सिंह, गाजियाबाद, (उ.प्र.)
28. बयान : मोहनदास नैमिशराय

4. [illegible]
5. [illegible], 19[illegible]
6. [illegible], 2006
7. [illegible]
8. [illegible]
9. [illegible], 1970
10. [illegible], 2003
13. [illegible]
14. [illegible], 200[illegible]
15. [illegible], 1990
18. [illegible]
22. [illegible], 2001
23. [illegible], 2000
24. [illegible], 2002
25. [illegible]
26. [illegible]
27. [illegible] (उ.प्र.)
28. [illegible]